普通高等教育"十三五"规划教材·铁道交通类
铁道机车、车辆类专业精品规划教材
全国行业紧缺人才、关键岗位从业人员培训推荐教材

内燃机车柴油机

主　编　王国松　张万成　潘京涛
副主编　宫君庆　沙金成　孙　蕾

北京交通大学出版社
·北京·

内 容 简 介

本书共 8 个模块，具体内容包括：内燃机车柴油机基本知识，柴油机总体布置，柴油机动力传递，柴油机燃油系统，柴油机进、排气与配气机构，柴油机调节与控制系统，柴油机机油系统，柴油机冷却水系统。

本书可作为高职高专铁道机车专业学生的教材，也可供铁路内燃机车司机及其他机车爱好者学习参考。

图书在版编目（CIP）数据

内燃机车柴油机/王国松，张万成，潘京涛主编 . —北京：北京交通大学出版社，2019.9

ISBN 978 - 7 - 5121 - 4025 - 7

Ⅰ.①内… Ⅱ.①王… ②张… ③潘… Ⅲ.①内燃机车-机车柴油机-高等职业教育-教材 Ⅳ.①U262.11

中国版本图书馆 CIP 数据核字（2019）第 182487 号

内燃机车柴油机
NEIRAN JICHE CHAIYOUJI

策划编辑：张　亮　　　责任编辑：黎　丹

出版发行：北京交通大学出版社　　　　电话：010 - 51686414　　　http：//www.bjtup.com.cn

地　　址：北京市海淀区高粱桥斜街 44 号　　邮编：100044

印 刷 者：艺堂印刷（天津）有限公司

经　　销：全国新华书店

开　　本：185 mm×260 mm　　印张：12.5　　字数：320 千字

版　　次：2019 年 9 月第 1 版　　2019 年 9 月第 1 次印刷

书　　号：ISBN 978 - 7 - 5121 - 4025 - 7/U·388

印　　数：1~3 000 册　　定　　价：62.00 元

本书如有质量问题，请向北京交通大学出版社质监组反映。对您的意见和批评，我们表示欢迎和感谢。

投诉电话：010 - 51686043，51686008；传真：010 - 62225406；E-mail：press@bjtu.edu.cn。

前　言

　　本书是根据高职高专教育的发展现状，结合企业对技能型人才的培养需求，充分考虑高职高专学生的文化背景和学习能力编写的。

　　本书采用模块化形式，以简单、实用、好用为原则，结合技能实践项目编写。全书共8个模块，具体包括：内燃机车柴油机基本知识，柴油机总体布置，柴油机动力传递，柴油机燃油系统，柴油机进、排气与配气机构，柴油机调节与控制系统，柴油机机油系统，柴油机冷却水系统，主要介绍了目前主流内燃机车柴油机的工作原理、部件认知和常见基本故障。

　　本书由黑龙江交通职业技术学院王国松、张万成、潘京涛担任主编，由宫君庆、沙金成、孙蕾担任副主编。其中，王国松负责全书内容的组织和定稿。具体编写分工如下：宫君庆编写模块1，沙金成编写模块2，王国松编写模块3、模块6、模块8，潘京涛编写模块4，张万成编写模块5，孙蕾编写模块7。

　　本书主要适用于高职高专铁道机车专业学生，也可供铁路内燃机车司机及其他机车爱好者学习参考。

　　本书在编写过程中参考和借鉴了其他铁路专业书籍、资料，在此一并对原作者表示感谢！

　　由于编者水平有限，书中难免存在错误和不当之处，敬请读者指正。

编　者

2019 年 7 月

目录

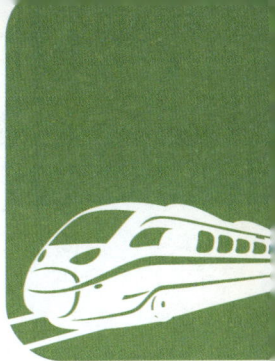

模块 1 内燃机车柴油机基本知识

🚈 **学习目标**

- 了解柴油机的发展现状；
- 掌握柴油机的基本知识；
- 掌握柴油机的工作原理；
- 了解 16V240ZJB 型柴油机的主要技术参数；
- 了解 GEVO16 型柴油机的主要技术参数。

每天都有无数的发动机在使用，最常见的发动机是用来驱动轿车的发动机。本书主要介绍铁道内燃机车采用的柴油机。

内燃机，是通过燃料在机器内部燃烧，将其释放的热能直接转换为动能的热力发动机。内燃机车是以内燃机作为原动力，通过传动装置驱动车轮的机车。在我国铁路上采用的内燃机绝大多数都是柴油机。柴油在气缸内燃烧，将热能转换为曲轴输出的机械能，但并不直接驱动车轮，而是通过传动装置转换为适合机车牵引特性要求的机械能，再通过走行部驱动机车动轮在轨道上转动。

将某种能量转变为机械能而驱动别的机械做功的机器，称为发动机或动力装置。按照能量转换的不同形式，发动机可分为热力发动机、风力发动机、水力发动机、太阳能发动机及原子核裂变发动机等。热力发动机是将燃料的化学能通过燃烧释放出热能，再通过机器本身将热能转变为机械能而输出的机器（简称热机）。热机又分为外燃机和内燃机两大类。燃料在发动机做功场所（如气缸）外部燃烧的热机称为外燃机，如蒸汽机和蒸汽轮机等；燃料在发动机做功场所内部燃烧而释放工质的内能，由工质的内能直接转变为机械能的热机称为内燃机，其中以所用燃料的不同又分为汽油机、煤气机及柴油机等。

柴油机是一种用柴油作燃料的内燃机。柴油机属于压缩点火式发动机，由于它的主要发明者是鲁道夫·狄塞尔，所以它又被称为狄塞尔发动机。柴油机在工作时，吸入柴油机气缸内的空气，这些空气由于活塞的运动而受到较高程度的压缩，达到 500~700 ℃ 的高温，然后将燃油以雾状喷入高温空气中，与高温空气混合形成可燃混合气，自动着火燃烧。燃烧时释放的能量作用于活塞顶面上，从而推动活塞并通过连杆和曲轴转换为机械能。图 1-1 是柴油机之父鲁道夫·狄塞尔。

1893 年，德国的鲁道夫·狄塞尔发明了世界上第一台柴油机。蒸汽机发明以后，鲁道夫·狄塞尔在慕尼黑工业大学上学时就对"蒸汽机"表现出了极大的兴趣。1892 年，年仅 34 岁的鲁道夫·狄塞尔就取得了将空气压进容器并且和煤粉充分混合直至被压燃而

图 1-1　柴油机之父鲁道夫·狄塞尔

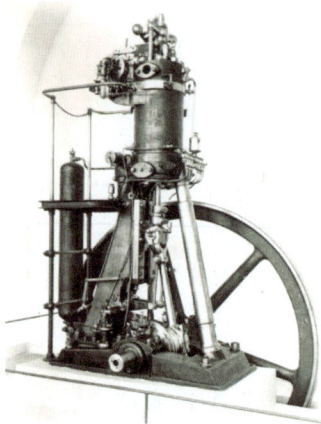

图 1-2　第一台柴油机外形

提供动力的机械装置的发明专利。次年，位于德国奥古斯堡的 MAN 公司根据这一专利制造出了世界上第一台柴油发动机的原型机，并将它命名为狄塞尔发动机。如同所有新生事物一样，狄塞尔发动机从诞生到完善经历了一个漫长的过程。不幸的是，狄塞尔 55 岁去世，没能亲眼见到他发明的发动机装在汽车上。10 年之后，MAN 公司终于在柏林的汽车展览会上推出了第一台装在卡车上的狄塞尔发动机。后来，设在曼海姆的奔驰公司制造出了带预燃室的狄塞尔发动机，并且将它装在了自己的卡车上。1936 年，奔驰公司制造出了第一台装有狄塞尔发动机的轿车。图 1-2 是第一台柴油机外形。

任务 1.1 柴油机发展现状

100 多年来，柴油机技术得以全面的发展，应用领域越来越广泛。大量研究成果表明，柴油机是目前被产业化应用的各种动力机械中热效率最高、能量利用率最好、最节能的机型。柴油机被广泛应用于船舶动力、发电、灌溉、车用动力等广阔的领域。

1. 我国柴油机产业的现状与发展

我国柴油机产业自 20 世纪 80 年代以来有了较快的发展，随着一批先进机型和技术的引进，一些国外柴油机近几年开始采用的排放控制技术在少数国产柴油机上也有应用。最新开发投产的柴油机产品的排放水平已经达到欧 I 排放限值要求，一些甚至可以达到欧 II 排放限值要求。但是我国柴油机产业的整体发展仍然面临着许多问题。

① 我国重型柴油车的产量在逐年增加，中型、轻型车柴油化步伐也在加快，但在微

型汽车、轿车领域，柴油车所占比例仍为零。此外，我国中型柴油机市场已呈现供大于求的状况，轻型柴油机市场也趋向饱和，但骨干企业正在生产的多数产品从技术角度来说已是淘汰产品，发展潜力不大。

②柴油机行业投入不足，严重制约了生产工艺水平、规模发展和自主开发能力的提高。现在，我国柴油机技术基础薄弱，整体技术水平落后于国际先进水平10～20年，也落后于国内车用汽油机的发展，还不具备完整的全新柴油机产品和关键零部件开发能力。许多国外已经普遍采用的技术在我国仍处于研究阶段，有些甚至仍是空白。

③我国柴油机技术落后、产品质量差及车辆使用中维修保养措施不力，导致低性能、高排放柴油车在使用中对城市环境和大气质量造成了不良影响，使社会上产生了"厌柴"心理。

④柴油品质差，柴油标准的制定、修订严重滞后于汽车工业发展的需要，对柴油机技术的发展及改善柴油机排放措施的应用造成了障碍。

2. 柴油机的特点

与其他形式的热机相比，柴油机具有以下主要特点。

（1）热效率高，节能效果显著

柴油机的工作热效率通常可达36%～41%，甚至还可达到50%以上。在热机中柴油机的工作经济性最好。例如，汽油机的热效率为30%，蒸汽轮机的热效率为30%～35%，固定式蒸汽机的热效率为16%，运输式蒸汽机的热效率则更低。作为铁路牵引用的机车，机车的总效率代表了机车的设计与制造的综合水平，它是在热机工作热效率的基础上"打一个传动效率的折扣"。例如，蒸汽机车的总效率为6%～9%，内燃机车的总效率为27%～35%，后者为前者的4倍多，而且在机车启动前及停车后可做到不消耗燃料。实践表明，在交通运输的动力装置中内燃机车的工作经济性最好。

（2）用途广泛，功率和转速可调范围大

现代柴油机的输出功率为0.59～40 440 kW。大型低速船用柴油机的转速仅为每分钟几十转到每分钟一二百转，而机车用柴油机的标定转速在850～1 600 r/min。柴油机的品种、规格繁多，能适应多种用途的需要。

（3）结构紧凑，适合用作多种交通工具的动力装置

铁路机车用动力装置要求输出功率大和机组空间体积小，以满足在机车轴重限度内将它安置于车体内，并且还要兼顾在车体内进行检修工作的空间要求，这对有些动力装置来说相当困难，而柴油机能满足以上要求。对中等以上功率的机车柴油机来说，所耗用的材料重量一般为5～8 kg/kW，有的还可降低到4 kg/kW以下，单位气缸容积输出的功率一般为13～17 kW，柴油机的最大宽度不超过1.8 m，最大高度不超过3 m。

（4）启动迅速，操纵简便

柴油机启动前的准备时间短，启动一般只要几秒钟，并能较快地达到全负荷运转。柴油机操纵简便，能自动遥控，并设有多种安全保护装置。

（5）燃料、机油和冷却水的消耗量少

内燃机车通常只附挂6～11 m³的燃油箱，加满燃油一般可供机车全功率运转600～800 km。机油和水的损耗量不大，机油的损耗量为1.55 g/(kW·h)，机车换油里

程通常在（5~15）×10⁴ km；冷却水可循环使用，所以对缺水和水质不良的地区特别适用。

（6）使用可靠，有较长的工作寿命

柴油机的工作寿命是指两次大修间的工作时间或折合成机车行车里程数，机车柴油机的工作寿命一般为 15 000 ~ 30 000 h 或（60 ~ 120）×10⁴ km，少数能达到（140~160）×10⁴ km。机车柴油机当前仍在不断地采用新技术、新工艺、新材料及微电脑控制等技术，自动检测柴油机的工作状态，对故障进行预报，这一方面减少了检修工作量，另一方面还能进一步提高使用可靠性和延长大修里程数。

任务 **1.2** 柴油机基本知识

1. 机车用柴油机

机车用柴油机是一种往复活塞式、压缩燃烧式内燃机。图 1-3 为单缸柴油机的构造示意图。在一个圆筒形的气缸内，活塞做上下往复运动，连杆通过活塞销将活塞和曲轴连接起来，它们将活塞的往复运动转变为曲轴的旋转运动，以使气缸内工质的一部分能量以机械能的方式输出。在气缸顶部安装了气缸盖，在气缸盖内部安装有喷油器、进排气门及气门驱动装置等零部件。气缸、气缸盖、曲轴及另外一些零部件安装在柴油机机体内。气缸和气缸盖等部件内部有冷却水流通，运动零部件之间有机油润滑，以确保柴油机工作可靠和持久。

2. 柴油机气缸

柴油机气缸是柴油机燃油燃烧做功的工作场所，通常设有气缸套。气缸套为一薄壁圆形筒体，它的内圆孔直径称为缸径，以符号 D 表示，单位为 mm。缸径也是活塞的公称直径，它决定了活塞顶的承压面积，而且在一定程度上决定了柴油机零部件的大小和重量，在其他条件相同的情况下也决定了柴油机输出功率的大小。图 1-4 是气缸的结构。

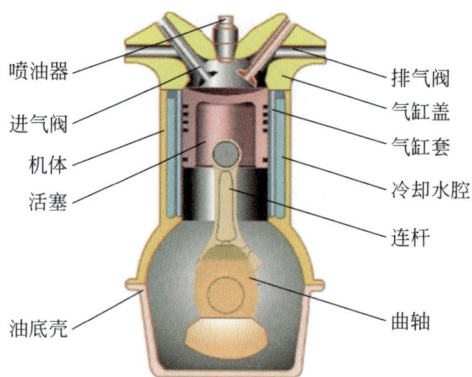

图 1-3　单缸柴油机的构造示意图

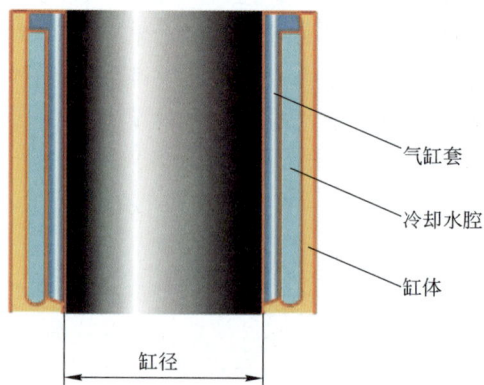

图 1-4　气缸的结构

3. 止点

活塞在气缸内运动的极端位置称为止点，也称为死点。活塞距曲轴中心线最远时的位置称为上止点，活塞距曲轴中心线最近时的位置称为下止点。活塞在上、下止点时运动速度为零，并即将改变运动方向。图 1-5 为止点位置。

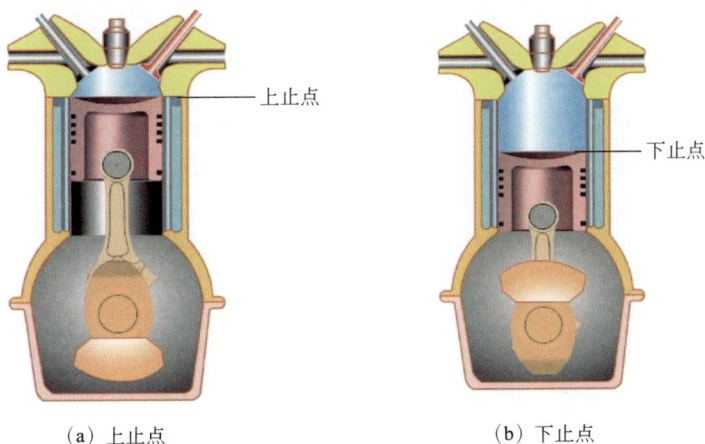

(a) 上止点　　　　　　　　　　　　(b) 下止点

图 1-5　止点位置

4. 活塞行程

活塞行程也称为活塞冲程，是指上止点和下止点之间的距离，用符号 s 表示，单位为 mm。四冲程柴油机活塞移动一个行程时曲轴相应旋转 180°，行程值为曲柄半径（r）的 2 倍，即 $s = 2r$。

5. 几何压缩比

气缸总容积与压缩室容积的比值，称为几何压缩比或名义压缩比，以符号 ε 表示。几何压缩比表示工质在气缸内被压缩的程度，它也是柴油机的重要结构和工作参数，对机器的运转可靠性和经济性有较大的影响。柴油机的几何压缩比一般为 12∶1~22∶1，机车用增压柴油机的几何压缩比为 12∶1~14.5∶1。

6. 四冲程柴油机和二冲程柴油机的区别

根据气缸内完成工作循环的工作方式不同，柴油机可分为四冲程和二冲程两种形式。如果柴油机完成一个工作循环，活塞的运动需要往返 4 个冲程（或曲轴相应转 2 圈），则称为四冲程柴油机；如果柴油机完成一个工作循环，活塞的运动需要往返 2 个冲程（或曲轴相应转 1 圈），就称为二冲程柴油机。

7. 柴油机的工作过程

柴油机的工作循环包括进气、压缩、燃烧-膨胀和排气等过程。柴油机的工作是由进气、压缩、燃烧-膨胀和排气这四个过程来完成的，这四个过程构成了一个工作循环。

8. 16V240ZJB 的含义

16V240ZJB 表示：16 缸、气缸呈 V 形排列、四冲程、缸径 240 mm、增压、水冷及机车用柴油机，B 是变型代号。

9. 柴油机的基本组成

内燃机车上的动力装置是指以柴油机为主体的一整套联合工作的动力设备。各种不同的柴油机动力设备有不同的结构特点，但它们都是由下述部件组成的。

（1）运动件

运动件主要是指柴油机中做功、传递和输出功率的曲柄连杆机构，即由活塞组、连杆组和曲轴组等部件组成。

（2）固定件

固定件是柴油机安装和支承各种机件的基础，为柴油机提供燃烧做功的场所，它主要由机体、主轴承、气缸、气缸盖、油底壳及安装支承座等组成。

（3）配气机构

配气机构主要包括凸轮轴、挺柱、推杆、摇臂、气门及气门弹簧等部件。配气机构能正时地开闭气门，及时排出废气和充入新鲜空气，为柴油机循环工作创造条件。

（4）进、排气系统

进气系统一般由空气滤清器、压气机、中冷器、储气室或稳压箱及进气管道等组成。排气系统一般由排气支管、排气总管、涡轮机及排气消声器等组成。

（5）燃油系统

燃油系统根据柴油机的运转工况，保证在适当的时机向气缸喷入一定量的雾状燃油。燃油系统一般由燃油箱、燃油输送泵、燃油滤清器、喷油泵、喷油器及有关管路等组成。

（6）调控系统

机车司机根据运行的需要，通过调控系统对柴油机进行调速及控制输出功率，并能自动防止柴油机发生过载及飞车等意外情况。调控系统主要有调速器或调节器、杠杆系统、超速保护装置及紧急停车装置等机件。

（7）机油系统

机油系统使相对运动的零件的摩擦表面得到润滑和冷却，从而保证柴油机正常和可靠地工作。机油系统主要包括启动机油泵、主机油泵、机油滤清器、热交换器及机油管道等。

（8）冷却水系统

冷却水系统保证柴油机各主要受热机件的冷却，例如对气缸、气缸盖、涡轮增压器、中冷器及机油的冷却等，以确保柴油机正常和持久地运转。冷却水系统一般由膨胀水箱，高、低温水泵，中冷器，机车散热器及管路等组成，通常还随车安装有机油和水系统的预热设备。

10. 柴油机的分类

由于柴油机具有广泛的用途，因而也具有不同的结构形式和工作特点。机车用柴油机大致有如下分类。

（1）按照气缸排列形式分类

① 立式柴油机。单列直立式气缸，气缸中心线与地面垂直。

② U 型柴油机。双列直立式气缸，两列气缸平行，每列气缸有一根曲轴，两根曲轴的功率通过齿轮系合并后集中输出。

③ 对动活塞式柴油机。单列直立式气缸，上下两曲轴平行且同步运转，每根曲轴驱动上下各一方的活塞连杆组，上下活塞对向运动，两轴功率由同步装置合并后集中于下轴输出。

④ V 型柴油机。左、右两列气缸的中心线相交，呈 V 形，在 V 形角中心处由一根曲轴输出功率。

此外，国外机车柴油机还有三角形、正方形、W 形及 X 形等气缸布置形式。通常 V

型柴油机为内燃机车广泛采用，因为它的结构紧凑，空间利用性好，在重量及功率强化指标方面有一定优势。

（2）按完成工作循环所需的冲程数分类

按完成工作循环所需的冲程数分类，柴油机可分为四冲程柴油机和二冲程柴油机。

（3）按曲轴转速及活塞平均速度分类

按曲轴转速（n）分类，柴油机大致可分为：低转速柴油机，$n \leqslant 300$ r/min；中转速柴油机，$300 < n \leqslant 1\ 000$ r/min；高转速柴油机，$n > 1\ 000$ r/min。

按活塞平均速度（C_m）分类，柴油机可分为：低速柴油机，$C_m < 6$ m/s；中速柴油机，$C_m = 6 \sim 9$ m/s；高速柴油机，$C_m = 9 \sim 13$ m/s。

单一的 n 或 C_m 值都不能全面地反映柴油机特征，必须两者兼顾，综合评判。

机车柴油机的曲轴转速一般为 $750 \sim 1\ 500$ r/min，活塞平均速度为 $7.5 \sim 11.5$ m/s，因此机车柴油机都属于中速或高速的类型，有的还是具有中、高速双重特性的中间类型。

（4）按进气状态分类

按空气进入气缸的状态分类，柴油机可分为非增压柴油机和增压柴油机。

新鲜空气未经预先压缩直接吸入气缸，或二冲程柴油机为排出废气而设扫气泵使低压空气进入气缸，这些皆属于非增压柴油机类型。

增压柴油机用专门设备将新鲜空气预先压缩后送入气缸。增压柴油机又分为带中间空气冷却器增压柴油机和不带中间空气冷却器增压柴油机两种。预压后的新鲜空气温度升高，在它进入气缸前的中间通路上用专门设备对空气进行冷却，这种中间空气冷却器简称为中冷器。

（5）按压气机的驱动方式分类

按压气机的驱动方式分类，柴油机可分为机械增压柴油机和废气涡轮增压柴油机。

机械增压柴油机是由柴油机自身曲轴驱动压气机而增压。

废气涡轮增压柴油机是由柴油机自身排出的燃气驱动涡轮机-压气机而增压。

（6）按空气被增压的程度分类

按空气被增压的程度不同，柴油机可分为以下几类。

① 低增压柴油机。是指增压空气压力（P_k）$\leqslant 166.6$ kPa 的柴油机。

② 中增压柴油机。是指 $166.6 <$ 增压空气压力（P_k）$\leqslant 245$ kPa 的柴油机。

③ 高增压柴油机。是指 $245 <$ 增压空气压力（P_k）$\leqslant 343$ kPa 的柴油机。

④ 超高增压柴油机。是指增压空气压力（P_k）> 343 kPa 的柴油机。

（7）按燃烧室的结构特征分类

按燃烧室的结构特征不同，柴油机可分为直接喷射燃烧室式柴油机和分隔燃烧室式柴油机。

11. 内燃机产品名称和型号编制及曲轴转向

为了便于内燃机的生产管理和使用，我国对内燃机名称和型号的编制方法重新进行了审定并颁布了国家标准（GB/T 725—2008）。该标准的主要内容如下。

① 内燃机产品名称均按所采用的燃料命名，如柴油机、汽油机、煤油机、沼气机、双（多种）燃料发动机等。

② 内燃机型号由阿拉伯数字、汉语拼音字母和 GB/T 33192—2016 中关于气缸布置所规定的象形字符组成。

③ 内燃机型号由下列四部分组成。

- 首部：包括产品系列代号、换代符号和地方、企业代号，由制造厂根据需要自选相应字母表示，但需要经行业标准化归口单位审核、备案。
- 中部：由缸数符号、气缸布置形式符号、冲程符号和缸径符号（气缸直径的毫米数取整数）组成。
- 后部：结构特征和用途特征符号，分别按规定表示。
- 尾部：区分符号。同系列产品因改进等原因需要区分时，由制造厂选用适当符号表示。

例如：

16V240ZJB——16 缸、V 形、四冲程、缸径 240 mm、增压及机车用柴油机，B 为变型代号。

10E207J——10 缸、二冲程（E 表示二冲程，四冲程不标符号）、缸径 207 mm、水冷式机车用柴油机。

G6300DC——G 系列、6 缸、缸径 300 mm、曲轴可逆转的船用四冲程柴油机。

国外产柴油机的型号编制不按此规定，由各制造厂自行规定。

GB/T 726—1994 对柴油机曲轴转向的规定：相对于功率输出端的另一端为自由端。站在功率输出端向自由端看，凡输出端曲轴顺时针旋转的称为"右转"，逆时针旋转的称为"左转"。多轴式柴油机的转向以主输出轴的转向为准。

GB/T 726—1994 还规定了柴油机气缸的编号规则：由功率输出端向自由端看，以垂直于输出轴中心线的水平线为基准，从该水平线右侧逆时针方向依次决定气缸列数 I、II 等。气缸的编号均从 I 列自由端开始，由前向后依次编号。整台柴油机的气缸号码应连续。

V 型柴油机右边（第 I 列）自由端的气缸为第 1 缸，以后顺次为 2，3，…，n。左边（第 II 列）自由端开始为 $n+1$，$n+2$，…，$2n$。国外引进柴油机的气缸编号由制造厂独自规定。图 1-6 是常见的气缸编号方法。

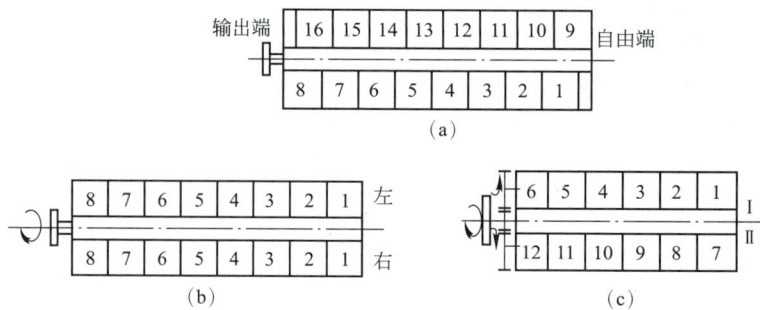

图 1-6 常见的气缸编号方法

任务 1.3 柴油机工作原理

柴油机的工作循环包括进气、压缩、燃烧-膨胀及排气四个过程，这些过程相互衔接、前后交错。

1. 四冲程柴油机的工作原理

柴油机的工作是由进气、压缩、燃烧-膨胀和排气这四个过程来完成的，这四个过程构成了一个工作循环。活塞走完四个过程才能完成一个工作循环的柴油机称为四冲程柴油机。

图 1-7 为四冲程柴油机的工作过程。

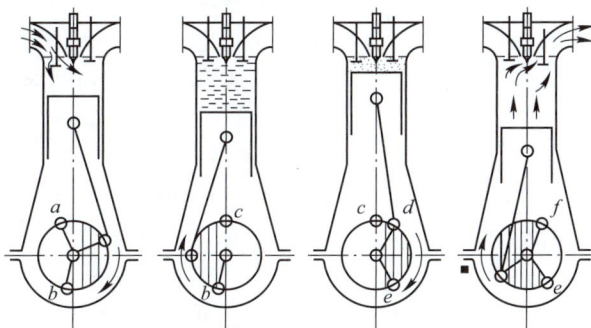

图 1-7　四冲程柴油机的工作过程

（1）进气过程

柴油机气缸内的燃烧就是燃油与氧气化合的放热过程，因此首先要使新鲜空气充入（吸入）气缸，这是工作循环的第一步。

当活塞由上止点附近逐渐转向向下止点方向运动时，进气门也逐渐由小开到大开，气缸容积不断扩大，造成缸内低压状态，外界的新鲜空气源源不断地经进气门吸入缸内，此进气过程一直要延续到活塞过下止点之后进气门全闭而结束。

在进气过程中，新鲜空气以较高的速度流经管道及气门处而产生阻力，因此充入缸内的气压值总是低于缸外供气源的气压值。

气门的启闭从开始到全开或全闭有一个过程。为了使气缸内尽可能地多充气，使开始充气时能减少活塞运动的阻力，在活塞开始下行时减少气流进入气缸的阻力，进气门的开启始点应提前于活塞上止点前某一角度。从进气门开启始点到活塞运动到上止点时的曲轴转角称为进气提前角（α）。为了利用进气流动惯性继续增加充气量，减少活塞在下止点前的运动阻力，进气门延迟到活塞下止点后某一角度时才完全关闭。从下止点到进气门全关时的曲轴转角称为进气滞后角（β）。

（2）压缩过程

进气过程结束时活塞已上行，此时进、排气门都处于关闭状态，气缸内工质的容积由于活塞上行而不断缩小，工质的压力和温度随之升高，这就是压缩。压缩过程在活塞到达上止点时结束，这时气缸的容积（V_c）仅为压缩初的十几分之一，在柴油机最低工作转速下，压缩终点工质的压力通常达到 2 500～3 500 kPa，压缩终点工质的温度达到780～1 000 K。压缩过程为燃油迅速着火、提高热效率及增加柴油机输出功率创造条件。

（3）燃烧-膨胀过程

燃烧-膨胀过程也称为做功过程，在压缩过程后期活塞到达上止点前，喷油器开始向气缸内喷入雾状燃油，不久油气混合物开始着火燃烧，这时气缸内工质的气压和气温急剧上升。在活塞过上止点后不久燃油停止喷射（图 1-7 中 d 点），以控制燃烧过程适时结束。由于燃烧初期气缸容积较小及活塞继续上行，使活塞在上止点稍后处达到工质气压最高值。在标定工况下，机车柴油机的最高气压通常可达 10 000～14 000 kPa，这个气压值称为最高爆发压力（最高燃烧压力）。气缸内工质的最高燃烧温度可达1 700～2 100 K。

燃油燃烧的同时，高温和高压的工质作用于活塞、气缸套及气缸盖上，由于此时进、排气门都密闭着，工质推动活塞下移，使气缸容积扩大，缸内工质的气压和气温相应下降，在这期间动力通过连杆传到曲轴，其中一部分动力由旋转着的曲轴输出，驱使从动机械工作，这就是工质的膨胀做功。这样，燃烧时燃油将其化学能转变成工质的热能，然后又通过活塞的运动转换为机械能，部分机械能通过曲轴对外输出，即柴油机对外界做功。

（4）排气过程

为了使柴油机连续做功，必须使膨胀后的工质排出气缸，为新的工质进入气缸创造条件。这些排出气缸的燃气，习惯上称为废气。

为了彻底清除废气，排气门必须提前开启，即活塞下行到下止点前某一角度时排气门开始打开（图1-7中 e 点），使尚有一定压力和温度的燃气迅速冲出气缸。从排气始点到活塞下止点为止的曲轴转角称为排气提前角（γ）。此后，活塞由下止点转向上行，气缸内的燃气由于与外界存在压差而继续外流，同时也借助于活塞上行的推力被驱赶出来。排气门在活塞过上止点后某一角度时完全关闭，排气过程结束（图1-7中 f 点）。从活塞上止点到排气终点为止的曲轴转角称为排气滞后角（δ）。

2. 四冲程柴油机的实际工作循环的特点

进气过程和排气过程的持续时间皆超过一个冲程的时间；进气门和排气门的启闭皆有早开、迟关的规律，其开启提前角和关闭滞后角的大小随机型不同而不同。在活塞上止点附近，由于进气门的早开和排气门的迟关，出现了同一气缸的进、排气门同时开启的情况，这段时间用曲轴转角来度量，称为进、排气重叠角或气门重叠角。

进、排气门重叠开启使部分新鲜空气吹扫燃烧室，驱赶死角处的残余废气，降低排气温度，同时使气缸内部受热机件冷却，减少充入气缸的新鲜空气与热机件之间的热交换量，这对柴油机的工作有好的影响。

四冲程柴油机的工作循环正好是在四个活塞冲程的距离或当量的时间（曲轴转2转）内完成的，其中进气过程、压缩过程及排气过程都是消耗能量的必要辅助过程，燃烧-膨胀过程是做功的过程，但前者都是为做功做准备的阶段，后者是在前者的基础上释放、转化和输出能量的动力过程。曲轴输出的能量只是从气缸内所释放出来的总能量中的一部分，另一部分还要克服零部件的运动阻力，提供辅助过程消耗，带动本身附件工作及热损失等能量消耗。

既然辅助过程及本身附件的工作要消耗能量，所以柴油机一开始不能自身动作，而必须借助于外力来启动，如借助人力扭转摇手柄，或借助电动机来驱动曲轴，或利用高压空气充入气缸推动活塞运动等方法来启动柴油机。一旦柴油机曲轴运转达到发火转速，气缸内工质的膨胀做功就可提供曲轴自身连续运转的动力。

在柴油机一个工作循环中，进气门和排气门各启闭一次，向气缸内喷油一次，故控制进、排气门及喷油泵工作的凸轮轴的转速在四冲程柴油机上仅为曲轴转速的一半。

任务 *1.4* 16V240ZJB 型柴油机的主要技术参数

16V240ZJB 型柴油机的主要技术参数如下。

- 型号：16V240ZJB；
- 型式：四冲程、直接喷射燃烧室、废气涡轮增压、增压空气中间冷却；
- 缸径×行程：240 mm×275 mm；
- 缸数及排列：16 缸、V 形、夹角 50°；
- 气缸总排量：199.05 L；
- 几何压缩比：12.5：1；
- 额定转速：1 000 r/min；
- 怠速转速：430 r/min；
- 额定功率：2 650 kW；
- 发火方式：间隔发火；
- 装载车型：DF_{4B}机车（见图 1-8）。

图 1-8　DF_{4B}机车

任务 *1.5* GEVO16 型柴油机的主要技术参数

GEVO16 型柴油机的主要技术参数如下。

- 型号：GEVO16；
- 型式：四冲程、直接喷射燃烧室、废气涡轮增压、增压空气中间冷却；
- 缸径×行程：250 mm×320 mm；
- 缸数及排列：16 缸、V 形、夹角 45°；
- 气缸总排量：251.3 L；
- 几何压缩比：16.8：1；

- 额定转速：1 050 r/min；
- 怠速转速：440 r/min；
- 额定功率：4 660 kW；
- 燃油消耗率：214 g/(kW·h) ±3%（排放优先模式），200 g/(kW·h) ±3%（油耗优先模式）；
- 质量：24 857 kg；
- 外形尺寸：5 105 mm×1 771mm×2 603 mm；
- 装载车型：HX_N5 机车（见图1-9）。

图1-9　HX_N5机车

复习思考题

1. 简述几何压缩比的含义。
2. 简述四冲程柴油机与二冲程柴油机的区别。
3. 什么是中速柴油机？
4. 简述柴油机的工作循环过程。

模块 2　柴油机总体布置

学习目标

- 了解柴油机基本布置；
- 熟悉 16V240ZJB 型柴油机的总体布置；
- 熟悉 GEVO16 型柴油机的总体布置。

内燃机车上的动力装置是指以柴油机为主体的一整套联合工作的动力设备。不同类型的柴油机，其动力设备有不同的结构特点。

任务 2.1　16V240ZJB 型柴油机总体布置

16V240ZJB 型柴油机为系列内燃机车用柴油机。该柴油机是内燃机车的动力来源和发电设备的动力来源，其标定功率为 2 940 kW。柴油机的正常运行不仅能保证内燃机车的正常运行，还关系着机车内部电力的正常供应及相应控制部分的正常运行。一旦柴油机出现故障，必然会影响内燃机车工作，柴油机毫无预警的停车甚至会引起重大灾难性的后果。因此，系统全面地分析柴油机的各个组成部分、提高柴油机运行可靠性是保障内燃机车运行的安全重点。

1. 柴油机总体布置

16V240ZJB 型柴油机（见图 2-1）为四冲程、V 形、16 缸、直接喷射燃烧室、定压涡轮增压系统及增压空气采用中间冷却的大功率中速柴油机。

柴油机机体主轴承座采用整体铸钢件，在其上组焊钢板而成铸焊式六面体形的机体，横截面大，侧板厚，曲轴箱主轴承孔中心到机体底面的高度为 450 mm，在机体和主轴承盖之间增设了横拉螺栓，这就使机体在横向和纵向方面的刚度进一步提高，改善了主轴承座龙门拐角处的应力状态，因而大大地改善了主轴承的工作条件。

机体的 V 形夹角为 50°，同列气缸中心距为 400 mm，左、右列气缸的错缸距为 74 mm，为避免焊缝处的腐蚀及改善冷却条件，气缸组采用了薄壁水套形成的冷却水腔。

柴油机采用整体薄壁球墨铸铁活塞、锻铝活塞、钢顶铝裙组合式活塞，球墨铸铁活塞组顶面具有浅 U 形燃烧室凹穴，在环槽部安装了 3 道气环和 1 道油环，其中第一、二道气环为矩形环，第三道气环为锥面环，油环为螺旋撑簧式组合环，安装在活塞销座上方，这就使活塞裙部能得到充分润滑，提高了活塞组的气密性，同时又克服了球铁材料

图 2-1　16V240ZJB 型柴油机

容易拉缸的缺陷。

　　左、右气缸内安装着结构相同的并列连杆组，主轴瓦和连杆瓦都采用薄壁高锡铝合金轴瓦，这种瓦具有较大的承载能力和工作寿命。

　　柴油机的结构的特征之一是采用廉价的稀土铜钼合金球墨铸铁曲轴，曲轴轴系采用硅油弹簧减振器及弹性联轴节等减振与避振措施，有效地消减了原来比较严重的扭振振幅，因而为柴油机改用间隔发火顺序创造了条件。弹性联轴节的从动盘与牵引发电机转子相连接，机体输出端是连接箱，与牵引发电机定子相连接，盘车机构及盘车刻度处于曲轴输出端。

　　正时齿轮系统置于柴油机自由端，由曲轴正时齿轮通过中间齿轮传动左、右两侧凸轮轴，通过传动主动齿轮驱动机油泵、高温及低温水泵。

　　气缸盖上设置了进气门和排气门（各 2 个），同名气门布置在纵向串联的气道内，通过横臂实现同名气门的同步动作。

　　柴油机 V 形夹角中央上部设置了一根纵向布置的大截面排气总管，总管两端分别与两个 45GP802-1A 型涡轮增压器相连，柴油机前 8 缸与后 8 缸的排气支管以相反倾角与总管连接，分别通入前、后增压器。中冷器为扁管肋片式水-空冷却器，空气经中冷器后进入机体 V 形夹角上部稳压箱，然后通过各进气支管、气缸盖及进气门充入气缸内。

　　机体顶面安装了 16 个单体式喷油泵，喷油泵采用直径为 18 mm 的单螺旋边柱塞偶件。喷油器采用长针阀多孔式针阀偶件，针阀体上均布有 8 个直径为 0.45 mm 的喷孔，燃油在油压（25 500+490）kPa 下以雾化状态进入气缸。

　　16V240ZJB 型柴油机侧视图如图 2-2 所示，16V240ZJB 型柴油机横剖视图如图 2-3 所示。

　　柴油机自由端左侧设置调控传动箱，传动箱内安装有超速停车装置和紧急停车装置，箱外装有紧急停车按钮和复原手柄，传动箱上部安装有无级调速、全制液压、C 型功率转

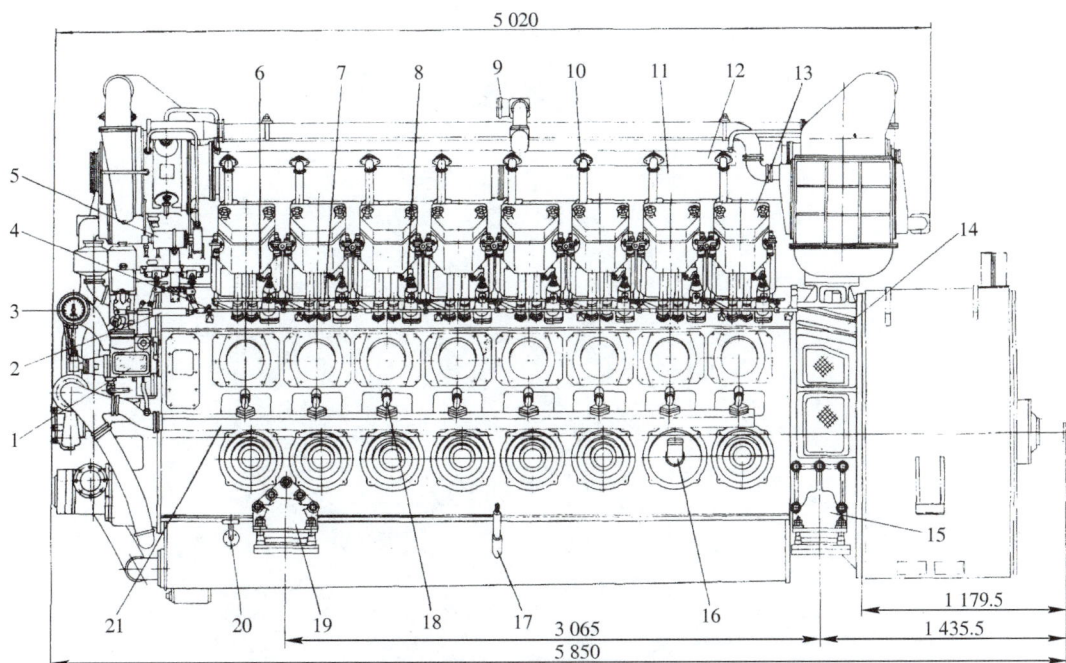

1—调控传动箱；2—弹性连接杆；3—转速表；4—左侧供油拉杆；5—增压器用机油滤清器；6—高压油管；
7—左侧燃油总管；8—喷油泵；9—出水管接头；10—出水支管；11—排气总管；12—左出水总管；
13—气缸盖；14—连接箱；15—后弹性支承；16—加油口；17—油尺；18—进水支管；
19—前弹性支承；20—辅助机油泵吸油管口；21—左进水支管。

图 2-2　16V240ZJB 型柴油机侧视图

速联合调节器，可以使柴油机转速控制在 430~1 000 r/min，并在每一转速下有预定的功率、转速和喷油量。

柴油机自由端的下部安装有离心式高温水泵和中冷水泵，水泵的流量分别为147 m³/h 和 100 m³/h，柴油机最高出水温度不大于 88 ℃，中冷器最高进水温度在 64 ℃ 以下，两个水系统属于常温、开式冷却系统。人字齿轮式主机油泵安装在自由端下部中央，机油泵在转速为 1 510 r/min 时流量不少于 95 m³/h，在标定转速下主油道末端油压不小于 392 kPa，最高出口油温不大于 88 ℃。

柴油机发电机组由安装在机体下部前、后 4 个锥形橡胶弹性支承与机车车架连接，使机车的振动和柴油机的振动互不干扰，并得到缓冲。

2. 固定件组成

柴油机的固定件通常由机体、主轴承、气缸结合组、气缸盖、机座（油底壳）、曲轴箱防爆安全装置等部件组成。

3. 机体

柴油机机体（见图 2-4）是由气缸体和曲轴箱两部分构成的一个整体式刚性构架，其上安装柴油机的其他零部件，以保证各运动机件之间相互位置的正确性。在机体内部有气道、油道和水道，以满足柴油机进气、润滑及冷却的需求。它还承受气体压力、运动惯性力、惯性力矩、倾覆力矩及各部件紧固所需预紧力等各种载荷。柴油机对机体的基本要求是必须具备足够的强度和刚度、良好的加工工艺及吸振性能，以减小变形和裂纹，从而提高柴油机的工作可靠性。

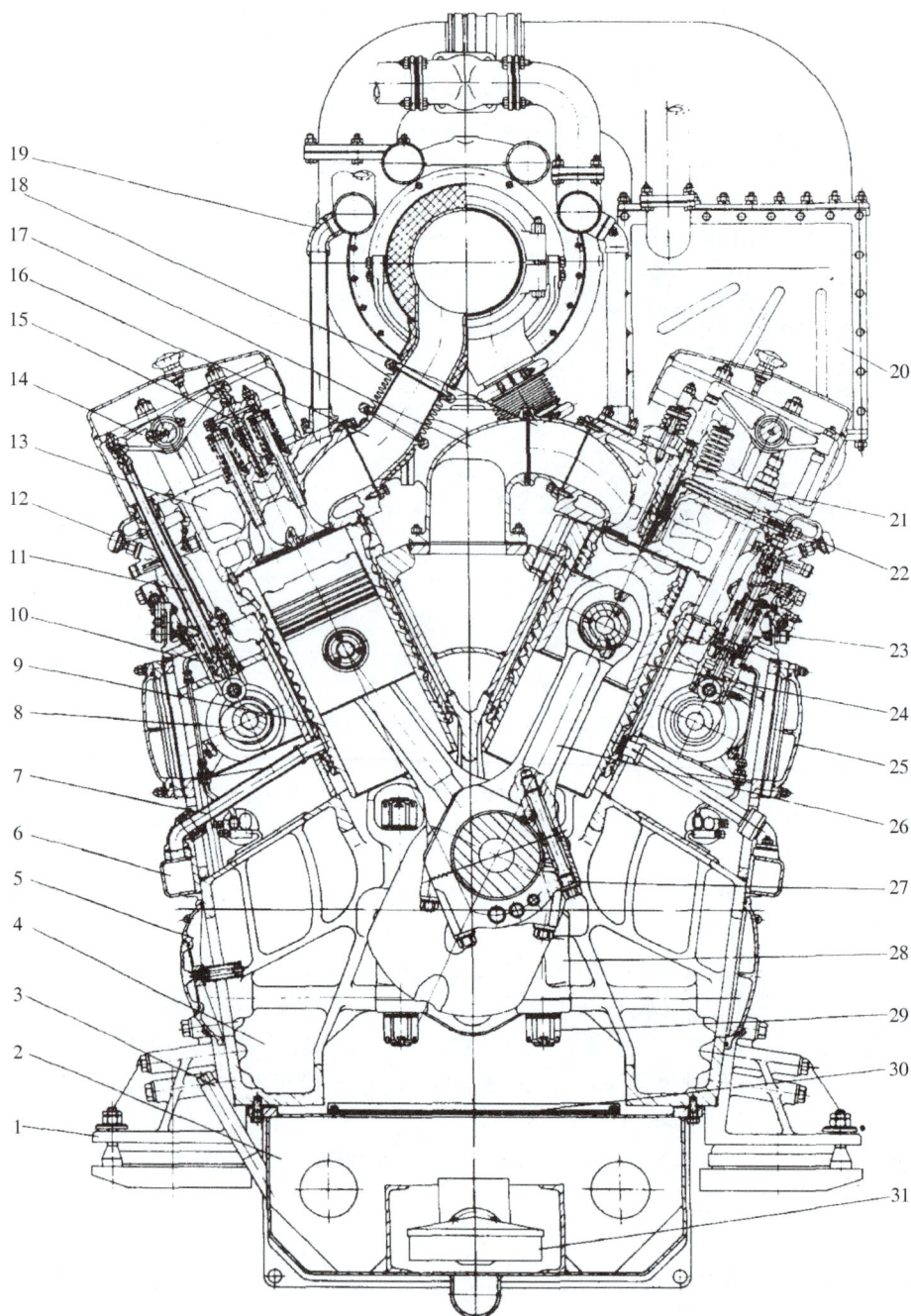

1—前弹性支承；2—油底壳；3—油尺；4—机体；5—曲轴箱防爆阀盖；6—进水总管；7—进水支管；
8—凸轮轴；9—气缸；10—气门挺柱；11—推杆；12—示功阀；13—气缸盖；14—摇臂；15—横臂；
16—排气支管；17—进气稳压箱；18—进气支管；19—出水支管；20—中冷器；21—喷油器；
22—高压油管；23—喷油泵；24—活塞组；25—凸轮轴检查孔；26—连杆组；27—连杆螺栓；
28—主轴承盖；29—主轴承螺栓；30—滤网；31—吸油口。

图 2-3   16V240ZJB 型柴油机横剖视图

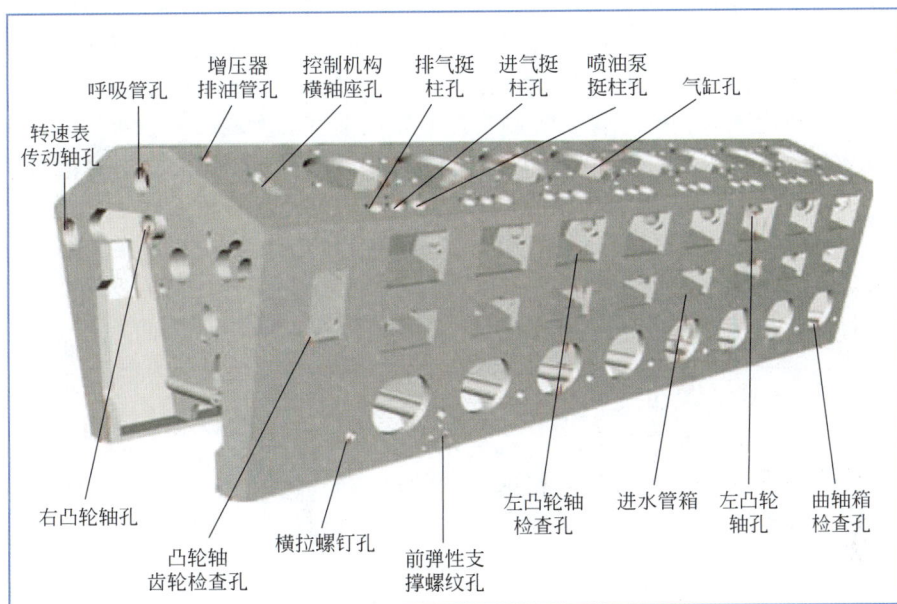

图 2-4　柴油机机体

（1）机体的结构形式

柴油机机体通常采用的结构形式有以下 3 种。

① 隧道式机体。整体式主轴承孔为非剖分式的，各挡主轴承座孔排列成深长"隧道"形，由于机体主轴承孔是全封闭的，因此有利于增大机体的刚度。隧道式机体的曲轴主轴承一般采用滚动轴承。

② 龙门式机体（半隧道式机体）。主轴承孔分为两半，一半在主轴承座内，另一半在轴承盖内，主轴承盖由螺栓紧固在主轴承座上，使曲轴悬挂在曲轴箱内。为了增大机体的刚度，将机体与机座（或油底壳）分开的底平面延伸到曲轴中心线以下。此种机体主轴承一般采用滑动轴承。

③ 气缸体与曲轴箱。气缸体与曲轴箱为两个独立体，两者由螺栓联结在一起。安装气缸的气缸体可以是多缸整体式，也可以是各缸呈单体式。安装与支承曲轴的曲轴箱为多缸整体式，但有的采用悬挂式轴承盖，有的采用上置式轴承盖。

（2）主轴承座

主轴承座采用框架式的整体铸钢结构，它的纵横筋板使 9 挡主轴承座板按一定的间隔连成一个整体，并成为端板、侧板及气缸箱体的焊接框架，因此主轴承座相当于柴油机的一道龙骨。主轴承座的底面与油底壳紧固，分界面在主轴承孔中心线以下，轴承座板的两侧各有一个横拉螺栓孔。

（3）机体夹角的利用

机体的 V 形夹角空腔，由隔板隔成上、下两层，上层为进气稳压箱的一部分，下层为主机油道。稳压箱的另一部分是用铸铁制成的长方形的空气箱，用螺栓紧固在中顶板上部。在机体中顶板上开设了长方形孔，使稳压箱上、下两部分相互贯通。为了排出稳压箱底部的污液，在机体输出端板的左侧设有排污管接头。

机油从机体自由端垂直板右侧下方的总进油口引到主机油道，在每一个主轴承座中央钻有垂直孔与主机油道相通，孔内装有扩口油管，油管顶部高出主机油道底面，以防杂质进入各主轴承内。在主机油道两端有盖板密封，打开后可清洗主机油道。

（4）凸轮轴箱、挺柱箱和曲轴箱检查孔

机体外侧为凸轮轴箱和挺柱箱，每侧有9个焊在垂直板上的凸轮轴承座，轴承座孔为隧道式结构。在凸轮轴箱与曲轴箱之间焊有连通管，可以使泄漏在凸轮轴箱内的机油流回油底壳。在外侧板上部有8个凸轮轴检查孔，用来检查凸轮及拆装轴承。检查孔由铝质盖板密封。在机体主轴承座左、右侧各有8个曲轴箱检查孔，用来拆装主轴承及检查曲轴、连杆及气缸等部件，检查孔由铝质盖板密封，其中左侧7个孔盖上设有7个防爆安全阀，在左、右侧检查孔盖上各设有1个加油口，用来向油底壳添加机油。

在机体前、后端左右两侧有弹性支承的安装螺栓孔，其中后端两侧为安装工艺支承座用。

（5）机体前、后端及底面

机体前端第一垂直板与端板之间构成一个传动齿轮箱，供安装传动齿轮系及硅油簧片减振器之用。端板下方安装泵支承箱，左上方设有调控传动箱的连接法兰，右上方有转速表的安装孔。机体前端如图2-5所示。

图2-5　机体前端

机体后端法兰与连接箱、曲轴密封盖、凸轮轴孔端盖、主机油道端盖和盘车机构等部件紧固。机体底面与油底壳用72个螺栓紧固连接，为保证装配时准确定位，在两端对角方向设有2个锥形定位销。

4. 主轴承

柴油机的主轴承用来支承曲轴，并使曲轴得到径向和轴向定位。按作用来分，主轴承可分为径向支承轴承和轴向止推轴承两种；按结构及工作特点来分，主轴承可分为滑动轴承和滚动轴承两种。

两个相对运动的零件表面之间存在不同的滑动摩擦状态：干摩擦、液体摩擦及半干摩擦。

干摩擦是指两个零件之间无任何润滑剂，表面直接接触，相对运动时摩擦阻力最大，表面金属磨损严重，发热量多，长期工作难以持久。

液体摩擦是指两个零件之间有足够的润滑剂，两表面被润滑剂隔开，相对运动时仅发生表面与润滑剂黏性分子间的摩擦，这时摩擦阻力最小，磨损和发热也最少，工作效能高且持久。

半干摩擦（半液体摩擦）是指两个零件之间有少量润滑剂存在，但两表面仍有局部直接接触，相对运动时发生的摩擦介于干摩擦和液体摩擦之间。

工作时，滑动轴承的轴颈与轴瓦之间应处于液体摩擦状态，即必须形成一层有足够厚度的油膜。

（1）16V240ZJB 型柴油机的主轴承

主轴承均采用滑动轴承，其中第 1～8 挡为径向支承主轴承，第 9 挡除起径向支承作用外，还起轴向止推作用。支承主轴承由主轴承座、主轴瓦、主轴承盖、主轴承螺栓、螺母及横拉螺栓等组成；止推主轴承除上述组件外，还有止推环和定位销钉。

横拉螺栓将机体下部与主轴承盖紧固成一体，使主轴承盖在受力时可将力直接传到机体两侧，在几乎不增加机体重量的情况下增加机体的刚度，同时也增大了主轴承盖的抗弯刚度，减小了主轴承座孔的变形，改善了主轴承座水平支承面与垂直支承面拐角处圆角的应力状态，减少了此处疲劳裂纹的产生。因此，这种结构形式为现代中、高速机车柴油机所广泛采用。

（2）主轴瓦与止推环

16V240ZJB 型柴油机的主轴瓦由上、下两个半圆形轴承衬套组成。主轴瓦下瓦为工作瓦或受力瓦，其内表面无油槽或油孔，仅在瓦口两端设过渡油槽，以保证它有足够的承载面积；上瓦为非受力瓦或非工作瓦，内表面中央有一条油槽，槽内设有进油孔。下瓦背面有一定位销孔，与主轴承盖上定位销配合定位，在上、下瓦瓦口端面设有定位销和销孔，以防轴瓦转动和移动，保证上、下瓦不发生轴向错位。在安装主轴瓦时，定位销的一侧应靠近柴油机的输出端。

为了使主轴瓦在工作中具有良好的导热能力和承载能力，保证轴瓦内孔呈正圆形，这就要求瓦背与座孔表面贴合良好。为此，在安装主轴瓦前，每块瓦必须留有一定的压装紧余量。紧余量的测定应在专用量具中进行，测量方法是：将主轴瓦置于标准量具内，使瓦口的一端顶在量具的固定凸肩上，另一端面上施加均匀压力，这时测得瓦口高出标准量具半圆平面的量为紧余量（又称余面高度或半圆周长公差），如果紧余量过小，将使轴瓦与轴承座孔的接触面积减小，贴紧程度不足，造成导热不良及承载能力降低；如果紧余量过大，易使座孔变形，瓦口产生严重的内缩变形，出现较大的椭圆度和锥度，造成轴颈拉伤、轴瓦偏磨和局部过热，同时紧固螺栓将承受不必要的高应力。

轴瓦的弹涨量是指轴瓦在自由状态和安装状态时瓦口距离的差值。轴瓦弹涨量可保证瓦背对孔座有一定的压装弹力。

柴油机在工作时，为了使主轴瓦与主轴颈之间形成油膜和防止瓦口向内凸起而造成轴颈擦伤，在瓦口附近铣有弧形凹面。从瓦口以下，瓦的厚度逐渐变薄，在瓦口下，其壁厚与轴瓦中部壁厚的差值称为削薄量。削薄量应打印在轴瓦一侧端面上，以便装配时选用。为了建立适当厚度的油膜，必须使主轴瓦与主轴颈之间保持适当的间隙。若轴瓦间隙过小，润滑油的流动阻力就会增加，流量就会下降，从而使轴瓦温度升高，油膜过薄，有时会造成局部接触的偏磨现象。若轴瓦间隙过大，会使轴瓦两侧大量漏油，主油道油压降低，油膜厚度变薄，从而使轴瓦在高负荷下不能可靠工作。

轴承两侧装有止推环的轴承称为止推轴承。止推环由两个半圆环组成，采用铸造锡青铜材质，表面镀有锡或铅锡层。

图 2-6　气缸

5. 气缸

气缸（见图 2-6）由气缸套、出水套管、螺旋筋、环形凸台、水套和橡胶封水圈等组成。冷却水在水套与气缸套外壁之间的水腔内通过，与气缸套外壁直接接触，而不与机体内壁接触，这种形式称为带水套的湿式气缸套。气缸装入机体气缸孔时，为了保证气缸套进水管孔对准机体的进水管，要求气缸套上定位刻线相对机体气缸孔纵向中心线的偏差在 0.5 mm 范围内。通过气缸盖螺栓将气缸盖、气缸套上部支承法兰压紧在机体上，而气缸套下部可自由伸缩，为气缸套提供热胀冷缩的余地。

气缸套内表面、活塞顶面及气缸盖底面共同组成柴油机燃烧室，气缸套内表面还起到活塞做往复运动的导向作用。在柴油机工作时，气缸套受到周期性变化的高温、高压气体的作用，承受活塞运动时交替变化的侧压力及摩擦力的作用，使气缸套发生振动和变形，导致气缸套外壁穴蚀破坏，气缸套内表面严重磨损，所以气缸套要求采用强度高、耐热、耐磨和耐腐蚀的特种合金铸铁材质。气缸套壁厚呈变截面形式，即上部较厚，下部较薄。内表面为圆筒形，表面进行激光淬火、磷化及珩磨加工，以提高防腐和抗磨能力。为了在组装时引导活塞环进入气缸，在气缸套内表面上边缘加工出气缸套顶面凸肩，与气缸盖底内凹面相互配合，用作装配时定位，用来安装调整垫片，并传递气缸盖的安装预紧力。改变此调整垫的厚度可变更气体的几何压缩比。支承面上还有 12 个水孔，孔内装有出水套管，管外套有橡胶密封垫圈，垫圈压在气缸盖与气缸套之间，这样冷却水经套管流至气缸盖内，防止了水流外泄。气缸套支承法兰边缘的半圆形凹穴是为避开气缸盖螺栓而设的。气缸套外壁面铸有螺旋筋，它与水套内表面构成螺旋形冷却水道，使水自下而上地均匀流动，增加了冷却面积，并有增加气缸套的强度、刚度及减轻穴蚀的作用。为了使活塞在上止点第一气环得到良好的冷却，在气缸套支承法兰内的水腔高于此时气环的位置。水套由无缝钢管与法兰焊接而成。水套内圆上下定位面与气缸套外圆上下定位面之间分别过盈配合，并在气缸套下设有封水圈，在水套顶法兰面与气缸套之间安装封水圈，两面涂以密封胶，以防止冷却水外泄。水套在套装前应加热，在套装后水套的上下定位面应进行精加工，以保证与螺旋形冷却水道同轴度。图 2-7 是气缸分解图。

为保证气缸套的强度和密封性，每个气缸套在精加工前都要进行不同要求的水压试验：内表面全部长度范围内进行 1 470 kPa 的低

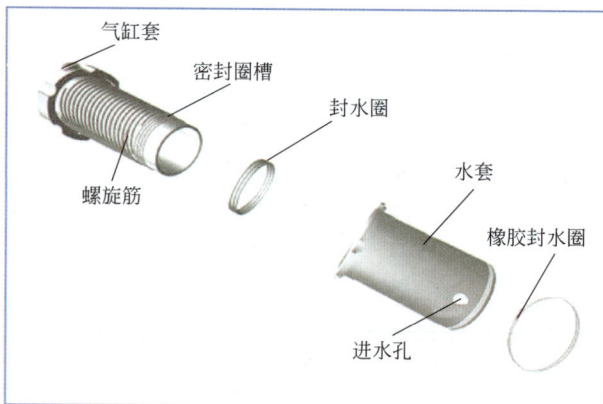

图 2-7　气缸分解图

压试验，顶部到 120 mm 长度内的燃烧室部分进行 17 640 kPa 的高压试验，5 min 内都不允许有漏水或渗水现象。套装水套后的气缸冷却水腔要进行 392 kPa 的水压试验，保压 10 min，以检验水封圈的密封质量。

6. 气缸盖

（1）气缸盖的工作条件

气缸盖密封气缸顶面，并与气缸内表面及活塞顶部组成燃烧室。在气缸盖内部布置有进气管、排气管及冷却水道，安装有气门机构和喷油器等部件，侧壁装有进气管、排气管及示功阀（检爆阀）等部件，因此气缸盖是一个结构较复杂的构件。

在柴油机工作时，气缸盖承受较大的周期性交变的机械应力和热应力。气缸盖接触燃气的底面（又称火力面），直接承受周期性变化的燃气压力和温度，火力面上的薄弱部位经常出现疲劳裂纹。由于气缸盖各处的冷却情况不同，局部区域存在较大的热应力和热变形。气缸盖上还作用有较大的螺栓预紧力及气门关闭时的高频冲击力，气门座与气门间的磨损导致气缸盖孔座向内凹陷。图 2-8 是气缸盖示意图。

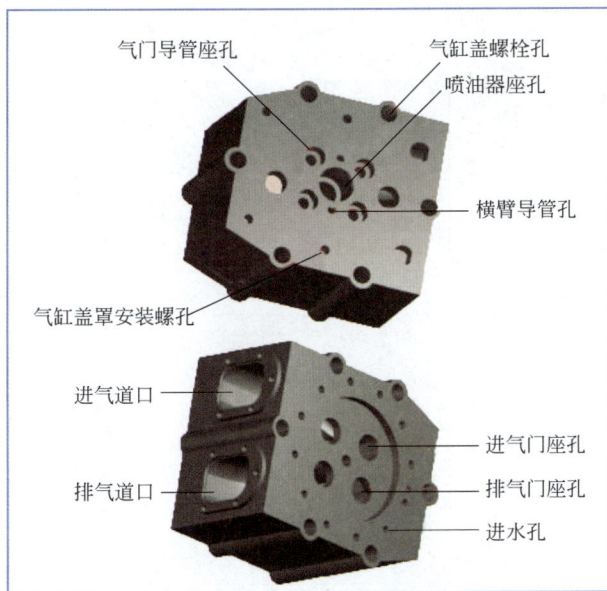

图 2-8　气缸盖示意图

（2）16V140ZJB 型柴油机的气缸盖

16V140ZJB 型柴油机的气缸盖由石墨铸铁整体铸成。16 个气缸盖为结构相同的单体式气缸盖，气缸盖中央为喷油器安装座孔，此孔四周分布有 2 个进气门座孔和 2 个排气门座孔，座孔外部制成斜面。进、排气门座孔中压装有气门座圈。气缸盖凹底面为圆形底平面，凹入深度为 5 mm 的凹圆肩面与气缸套顶部凸肩相配合定位。在气缸盖与气缸套之间由镀铜软钢环作为几何压缩比调整垫，并传递安装紧固力及密封。在凹底面外周有 12 个进水孔与气缸套顶面的出水孔相对应。在凹底面上还有示功阀通孔，气缸盖侧壁上安装的示功阀与此通孔相通，用来测量工作时气缸内的压缩压力、爆发压力及甩车时排出缸内的积水和积油。

气缸盖中央为阶梯形的喷油器安装座孔，座孔上部有水平布置的喷油器进油管孔。对应于气门座孔中心，气缸盖的中上部设置了气门导管座孔，气缸盖顶面还有横臂导杆

21

压装孔。气缸盖内侧有进、排气支管的安装法兰。在气道的顶面有 2 个出水孔，其中一个用盖板封住。在顶面和侧面共设置了 13 个清砂孔堵，有的清砂孔堵上还镶嵌有锌块，以减轻水腔内铸件的化学腐蚀。

气缸盖内腔铸有水平隔板，因而分成上、下两腔，冷却水从底面 12 个进水孔进入下水腔，然后由四周向中间流动，经水平隔板与喷油器孔座间环形通道进入上水腔，最后经出水口排出。由于 V 型柴油机气缸盖斜置，缸盖内侧高于外侧，为避免气泡聚积在内死角，特在进、排气道边缘钻有 4 个小孔，将隔板钻通，并用螺堵封住底面螺孔，这可使死角处的气泡排至上方。

对内部水腔应进行密封性水压试验，且不应有渗漏或冒水珠等现象。现在使用的新气缸盖具有六角形的底面，缸盖铸腔有所修改，加强了水冷却效果。气缸盖底面如图 2-9 所示，气缸盖顶面如图 2-10 所示。

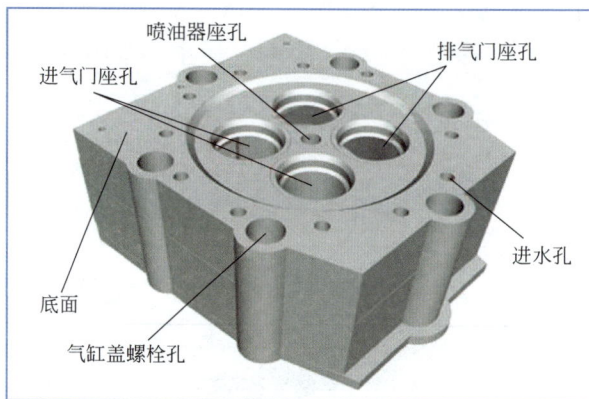

图 2-9　气缸盖底面

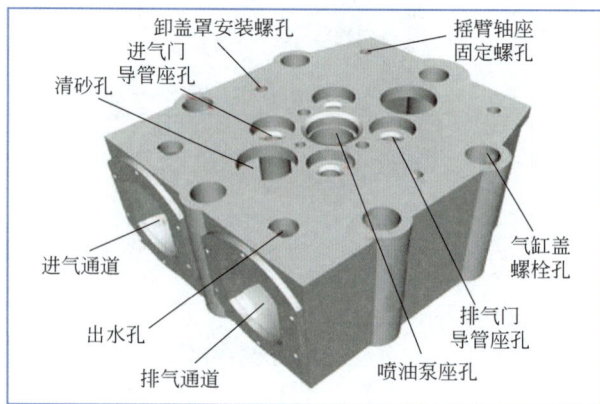

图 2-10　气缸盖顶面

7. 机座及油底壳

机座是刚性或半刚性的构件，通常还兼作油底壳。机座用以支承机体，承受及传递柴油机的垂直载荷、弯曲力矩及由输出扭矩产生的倾覆力矩等。柴油机要求机座重量轻、刚度大，并设有强固的支承座，所以机座常做成薄壳承载式焊接箱体。

柴油机的机体增大了从主轴孔中心到底面的高度，增加了机体的横截面，因而具有较大的结构刚度，弹性支承上座用螺栓直接紧固到机体上，同时在机体的底部安装了一个薄壁油底壳，用以储存及汇集由上方掉落的机油，并可收集掉落的金属碎块、检验油及排放污油等。

柴油机的油底壳（见图 2-11）为薄钢板焊成的盆状薄壳构件。左、右顶板较厚，板面上钻有螺栓孔和定位销孔，以便与机体、泵支承箱及密封盖正确定位组装。为增加油底壳的刚度及减小机车运行时油液晃动对壳体的冲击，在油底壳体内焊有横隔板。

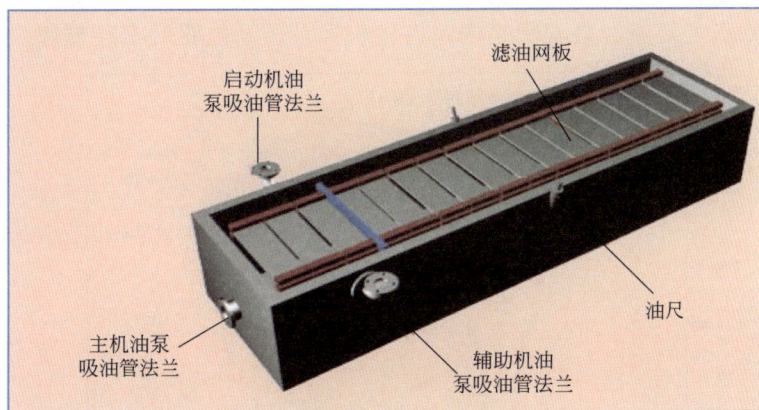

图 2-11　油底壳

在壳体的内上部铺设有滤油网板，由双头螺栓紧固在滤网安装板上。滤油网板的作用是粉碎泡沫，阻挡上部掉落的杂物进入油内。

在前端板下部中央焊有主机油泵吸油管法兰，左上方焊有机油回油管法兰。油底壳右前侧焊有启动机油泵吸油管法兰，左前侧焊有辅助机油泵吸油管法兰。主机油泵吸油管从油底壳的中部通向吸油口，从油底壳中部吸油，可以消除机车在运行时由于制动或坡道较大时对泵吸油的影响。吸油管端的进油口，其上方和两侧面由薄板覆盖，以防将上部油面的泡沫吸进主机油泵，端面及下方设有滤网，可防止粗大杂物吸进主机油泵。从纵向看，油底壳底面略向前下倾斜，底部前端焊有放油管。为检查油位，在油底壳中部两侧设有油尺，柴油机运转时的正常油位应保持在油尺上下刻线之间。柴油机油底壳的顶面和侧面如图 2-12 所示。

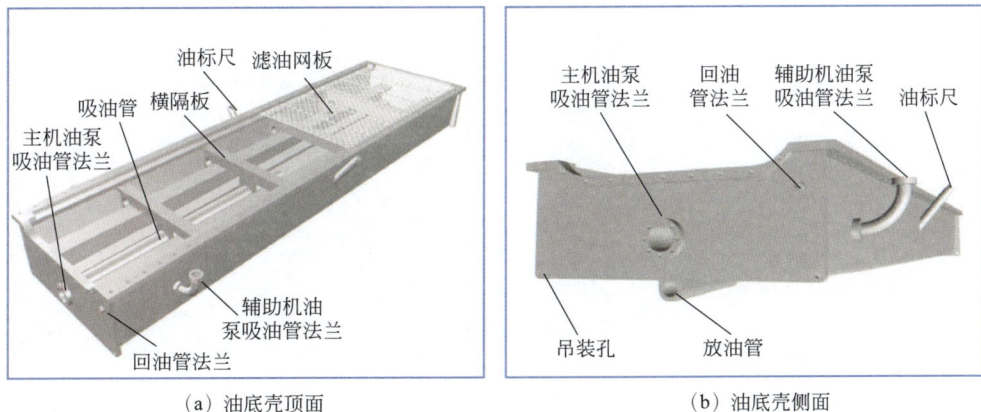

（a）油底壳顶面　　　　　　　　　（b）油底壳侧面

图 2-12　柴油机油底壳的顶面和侧面

8. 泵支承箱

柴油机的泵支承箱由铸钢整体铸成，安装在机体的前端，用双头螺栓、定位销与机体前端板及油底壳前端板定位固定，其上方与端盖相连。

在泵支承箱（见图 2-13）上部对称地布置有高、低温冷却水泵的安装座孔，中部为油封盖（俗称小油封）的座孔，下部为主机油泵的安装座孔。泵支承箱左侧是检查传动齿轮用的长方形检查孔，泵支承箱右侧有机油离心式精滤器安装支座及精滤后回油孔，顶部有燃油精滤器支架座，泵支承箱内铸有主机油泵传动装置的安装支座。

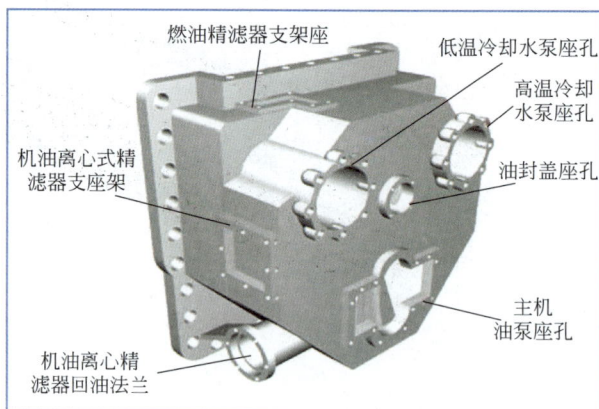

图 2-13　泵支承箱

端盖在泵支承箱的上方，与机体前端板及泵支承箱用螺栓紧固连接。为避免配气正时齿轮系统中的介轮支架轴的悬臂状态，特在端盖相应位置处设有支承座孔，并可根据需要微调其支承的位置。

9. 连接箱

连接箱位于机体和发电机之间，它是由铸钢整体铸成的刚性构件（见图 2-14）。箱

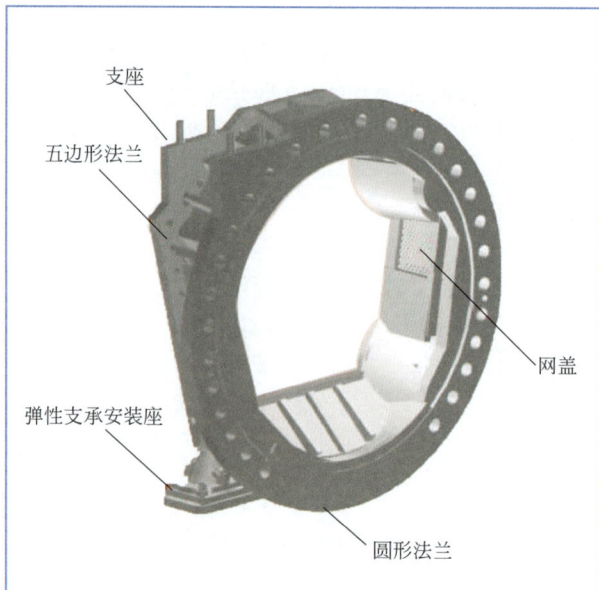

图 2-14　连接箱

的一端用螺栓与机体后端紧固，另一端与牵引发电机定子连接，其后端面上有环形凸肩。连接箱顶部有后增压器及后中冷器的安装支座，左右两侧窗孔用来检查箱内机件的状态，右窗孔处可以伸入盘车套筒和检查盘车刻度。连接箱下部左右两侧设有柴油机牵引发电机组后弹性支承的安装座。

10. 弹性支承

柴油机发电机组不宜直接刚性地安装在机车车架上，以避免车架的变形、机车的振动和动力机组的振动、变形互相影响，故通常用既具有隔振或吸振性能，又能传递较大垂向载荷的弹性支承作为中间支承。弹性元件一般有圆柱螺旋弹簧、锥形橡胶元件及钢板橡胶堆等形式。

DF$_{4B}$型机车用前弹性支承由支承上座、锥形橡胶元件、支承下座、支承座板、调整垫片、螺栓及限位挡圈等组成。图 2-15 是前、后弹性支承。

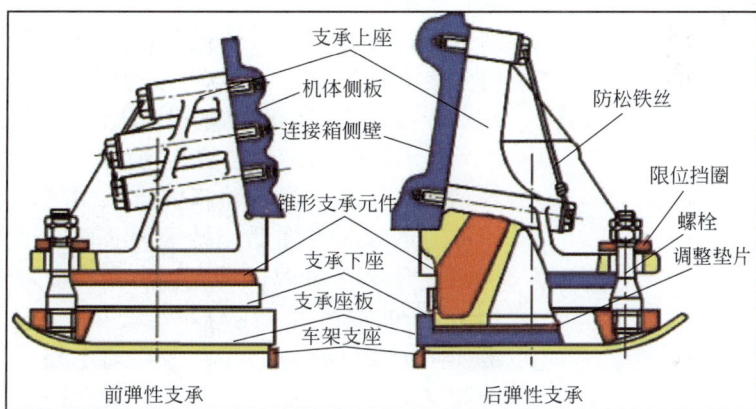

图 2-15　前、后弹性支承

在支承上、下座之间夹装一个锥形支承元件。支承上座由螺栓紧固于机体上，支承下座安装在支承座板圆形凹槽中，两者之间有垫片，以调整同一台柴油机发电机组的各弹性支承的高度。支承座板组装定位后焊接在机车车架上。支承座板上的螺栓穿过支承上座螺孔，此螺栓并非紧固之用，而是在整机吊装时使支承下座、座板与支承上座挂在一起。在螺栓上有一个限位挡圈，当弹性支承受压后限位挡圈与支承上座的表面应留有间隙。

柴油机发电机组的重量分别由四个弹性支承负担，由支承上座经过锥形支承元件、支承下座、调整垫片及支承座板传递到车架上。

11. 曲轴箱压力高的处置办法

针对在运行过程中压力过高的情况，16V240ZJB 型柴油机设置了曲轴箱防爆装置。曲轴箱防爆装置主要包括：呼吸器、差示压力计和防爆安全阀。

柴油机工作时，经润滑后机油从上部掉落或从轴承间隙中甩出，遇转动的机件而飞溅到四周，由于汇集到油底壳的机油温度较高、机油中易挥发的成分蒸发出来等原因，最后形成颗粒细、温度高的油雾并充满整个曲轴箱。在柴油机运转时，通常总有少量的燃气通过活塞环泄漏到曲轴箱，特别是当活塞环密封性能差或活塞出现裂纹时，从而使燃烧室内燃气大量下泄，曲轴箱内气压急剧增高，进而引起曲轴箱爆炸。所以，一般柴油机都设有曲轴箱防爆安全装置。

（1）呼吸器

16V240ZJB 型柴油机中，从油气分离器出来的管道与机车排烟道相连，使曲轴箱变为正压状态，在柴油机正常工作时曲轴箱内的气压值略高于外界气压值。呼吸装置使曲轴箱与大气相通，可以减缓曲轴箱内升压的速度和幅度，从而起到一定的保护作用。

（2）差示压力计

在 16V240ZJB 型柴油机正常运转时，如果曲轴箱内压力超过一定范围而继续上升，这就潜伏着一定的危险，必须提前采取措施，以防曲轴箱爆炸事故的发生。因此，在柴油机上设置了差示压力计。差示压力计以一定的曲轴箱内气压与外界气压的差值作为控制动作的起点和信号，迫使柴油机自动停机。

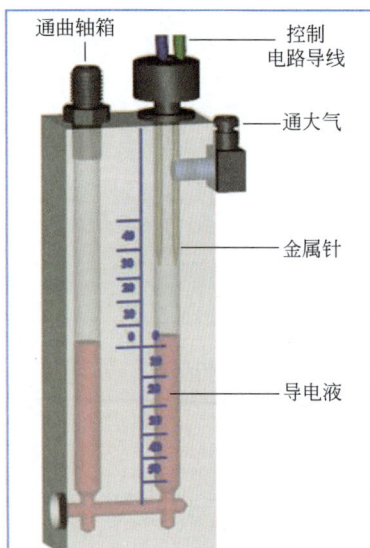

图 2-16　差示压力计

差示压力计（见图 2-16）是用有机玻璃制成的压力计，体内具有 U 形通道，通道内注入带颜色的导电液，通道的一端管接头与曲轴箱连通，另一端插入两根金属针并有通大气的接头，金属针下端位于玻璃管内一定高度位置，其上端与机车有关控制电路连接。差示压力计中央刻度可表明液面的高度读数。

U 形通道两侧液柱高度差，反映了大气压力与曲轴箱内气压差。当曲轴箱内进入燃气时，差示压力计一侧通道的液面降低，另一侧液面则上升。当另一侧液面上升 30 mm 时，即左、右侧液柱差达 60 mm 水柱（相当于曲轴箱内气压与外界压力差达 0.588 kPa）时，液面与金属针接触，导电液接通电路，通过电路中的中间继电器，切断联合调节器的电磁联锁，使电磁联锁电源失电，使柴油机迅速停机。

差示压力计安装在 DF$_{4B}$ 型机车动力室端墙上，其通大气的管接头本来与动力室相通，由于冷却风扇运转时对动力室内大气的抽吸作用，使室内气压处于负压状态，且随百叶窗及冷却室侧门的开闭而波动，因此差示压力计会不规则地提早动作。为此将此处接头引到车架横梁的箱形空间内，并由此空间与大气相通（此箱形空间的气压不受机车行驶方向、机车速度、风向及风扇运转的影响）。

（3）防爆安全阀

当曲轴箱内压力再继续上升超过一定值时，防爆安全阀自动打开，迅速排出压力空气，使曲轴箱内降压，从而防止曲轴箱爆炸。

16V240ZJB 型柴油机左曲轴箱检查孔盖中有 7 个带有防爆安全阀（见图 2-17）。在铸铝的检查孔盖上铸出防爆安全阀的阀座，在座与阀之间由橡胶圈密封，阀杆拧紧在安全阀盖中，装在阀杆弹簧座与箱盖座之间的弹簧将安全阀撑紧在阀座上。弹簧座与阀杆尾部以螺纹相配，由开口销使两者定位。弹簧被压缩的高度决定了预紧力的大小，即控制了安全阀开启的气压值。如果曲轴箱内气压作用到安全阀盖上的总力超过弹簧预紧力，则安全阀盖被顶开，曲轴箱内压力迅速降低，当降到小于弹簧预紧力时，安全阀盖自动关闭。防爆安全阀组件如图 2-18 所示。

图中标注：通曲轴箱、控制电路导线、通大气、金属针、导电液

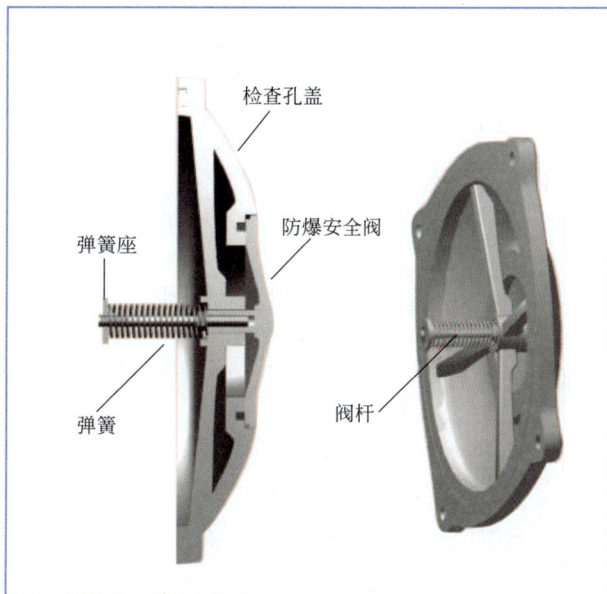

图 2-17　防爆安全阀

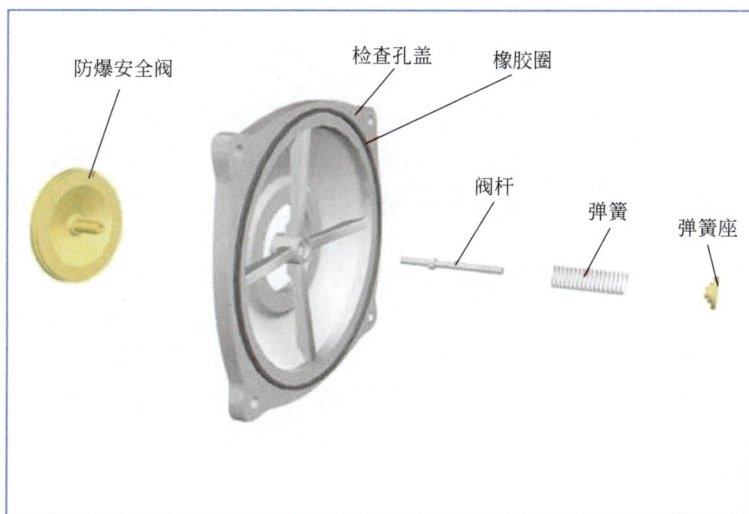

图 2-18　防爆安全阀组件

任务 2.2　GEVO16 型柴油机总体布置

为适应美国环保局（EPA）针对机车制定的Ⅱ级排放规定，通用电气公司于 1998 年开始开发 GEVO16 型柴油机。GEVO16 型柴油机为 16 缸、V 形、四冲程、水冷却柴油机，采用动力组结构，功率等级与目前国内的机车用柴油机（R16V280ZJ）处于同等水平。GEVO16 型柴油机是 GEVO 柴油机的系列产品，具有该系列柴油机的优点，其额定功率为4 660 kW，可以满足我国铁路运输对机车柴油机装车功率的要求。

1. 总体布置

GEVO16 型柴油机具有如下结构特点。

两列气缸呈 V 形 45°夹角布置，这样设计的目的是允许较大缸径的柴油机封装在一个较窄的机车宽度里。

独立的动力组件安装于半隧道式的曲轴箱上。通过卸去最少数量的紧固件，可将包括气缸盖、气缸套、加强套、活塞、连杆、高压油泵、气门挺柱和气门推杆的动力组件整体从柴油机中取出。此结构，可方便柴油机维护，缩短检修周期，避免冷却水对润滑油的影响等。

前端盖组件集中安装了增压器、中冷器、水泵、润滑油泵等部件，前端盖组件内还布置了空气、水、润滑油通道；柴油机 V 形夹角里，从下至上设置有柴油机总的进水腔、进气道和出水总管。这就为油、水、气管路布置提供了便利条件，可大大简化外部管路的设置，使柴油机外观整洁，也便于维修。

GEVO16 型柴油机采用电子控制燃油喷射（EFI）系统，主要由电子控制喷射装置、柴油机控制单元（ECU）和多种传感器组成。电子控制喷射装置的高压油泵和喷油器分别安装在加强套和气缸盖上，两者由高压燃油管连接。高压油泵向喷油器的供油，由柴油机控制单元通过装在高压油泵上的电磁阀控制。电子控制燃油喷射系统改变了柴油机喷油控制方式，全面监测柴油机运行状态，实施精确的反馈调控。

较深的曲轴箱可提高机体的刚性，这是主发电机直接安装在机体上所需要的。采用每个气缸对应一节凸轮轴的分段组合式结构，每节凸轮轴外侧有一个盖板，打开盖板就可以方便地观察和拆检凸轮轴。大的曲轴箱观察孔盖位于曲轴中心的上方，以便连杆维修时易于接近。

由钢顶和球墨铸铁活塞销座及铝活塞裙构成的组合活塞，可以满足重量轻和承受高峰值压力的要求。在曲轴上分段焊接大小不同的平衡重，有利于减轻曲轴的重量。减小曲轴重量可提高柴油机轴系的自振频率，从而为减小柴油机扭转振动提供有利因素。

在气缸套中镶入一个抗抛光减磨环，以提供耐久运行表面。对连杆杆身与连杆大端之间的过渡进行了优化，以获得最大刚度。气缸盖具有加厚的火力板及合理的内部结构、尺寸经过优化的排气门座圈冷却孔和为避免应力集中而采用的圆滑过渡区，从而使气缸盖具有更高的可靠性。

在 GEVO 柴油机开发的初步阶段，改进燃油管理，提高几何压缩比和峰值压力承受能力，优化配气定时，改善涡轮增压器效率和提高进、排气道流量系数，以及优化进气冷却和燃烧室几何形状，被确定为达到开发目标的关键要素。改善排放的同时还要与燃油效率折中。为了抵消因延迟喷射定时而引起的燃油消耗率的增加，需要对燃油喷射系统参数进行升级，并结合优化燃烧系统设计。电子控制的整体式喷油泵和通过优化凸轮型面、喷油始点、喷油器容量和流量，经过验证的燃油喷射装置可达到排放要求和燃油效率要求。采用的涡轮增压器能在较高压力水平下具有足够喘振裕度，可以较高的几何压缩比和宽广的流量特性满足柴油机的性能要求。除了关键的性能参数外，柴油机的可靠性和耐久性也至关重要。因此，每个部件和系统都要通过可靠性设计程序的验证，然后再进行广泛试验。

通过破坏性试验，可以确认关键零部件的设计余量。一些大的结构部件，如曲轴、连杆、活塞、气缸盖和涡轮增压器，均在专门设计的试验台上进行破坏性疲劳循环试验。

柴油机的 16 个气缸分成左、右两列，两列气缸呈 V 形 45°夹角。

在柴油机自由端，前端盖组件紧固于机体前端面。在前端盖组件的上面安装左、右两台增压器；在增压器下面的前端盖组件内各安装一个抽屉式的中冷器；在自由端下面的左侧安装一台水泵，右侧安装一台润滑油泵；在左侧下方，装有一个加油口和油尺。GEVO16 型柴油机外形如图 2-19 所示。

图 2-19　GEVO16 型柴油机外形

由气缸盖、气缸套和加强套组成的气缸组件安装在机体各个气缸孔上，为左、右两列，从而组成柴油机上部的 V 形结构。气缸组件的顶部是气缸罩盖，松开气缸罩盖上的手轮，可以看到摇臂和气门组件，并可用摇臂上的调节螺钉来调整气门冷态间隙。

曲轴置于机体的主轴承上。在柴油机气缸内，空气与燃油混合燃烧后推动活塞做往复运动，并通过连杆推动曲轴做旋转运动。曲轴输出端由压装于曲轴轴颈上的法兰盘通过螺栓与主发电机的转子连接，将柴油机的做功传给主发电机。曲轴输出端的轴颈上还压装有曲轴齿轮，通过惰轮带动凸轮轴齿轮，驱动凸轮轴运转。与曲轴自由端法兰连接的齿轮带动水泵齿轮和润滑油泵齿轮，驱动水泵和润滑油泵运转。曲轴自由端还安装了一个调整柴油机扭转振动的减振器。

两根凸轮轴分别置于机体左、右两侧的凸轮轴轴承上。凸轮轴的配气凸轮推动气门驱动机构，控制气门的开闭；凸轮轴的燃油凸轮推动喷油泵下体的滚轮，使喷油泵产生高压燃油。装在喷油泵外侧的电磁阀，接受电子控制燃油喷射系统发出的信号，控制喷油泵的供油定时和供油量。喷油泵输出的高压燃油经由高压油管和喷油器向气缸喷油，供柴油机燃烧做功。

在柴油机 V 形结构的左、右两侧，布置燃油进油总管和燃油回油总管，并在柴油机左、右两侧的机体平面上从上至下各装有 8 个凸轮轴检查孔盖和曲轴箱检查孔盖。打开这些盖可检查凸轮轴和曲轴的情况，曲轴箱检查孔盖还设置了曲轴箱的防爆装置。

机体 V 形夹角内的下部铸有冷却水腔，在其上面安装了一个进气和出水管组件，其下部为进气总管，上部为出水总管。经过中冷器冷却的空气，经由安装中冷器的前端盖组件内腔进入进气总管，再送入各气缸。出水总管与接有增压器出水管的过渡管连接，将柴油机的出水送入机车的散热器进水管路。在进气和出水管组件上方，靠外侧布置着两根排气总管，左、右各气缸的排气经各支管接入该侧的排气总管，再由过渡管与增压器的涡轮进气口连接，将高温的压力气体送入增压器，供涡轮做功。柴油机的横剖面如图 2-20 所示。

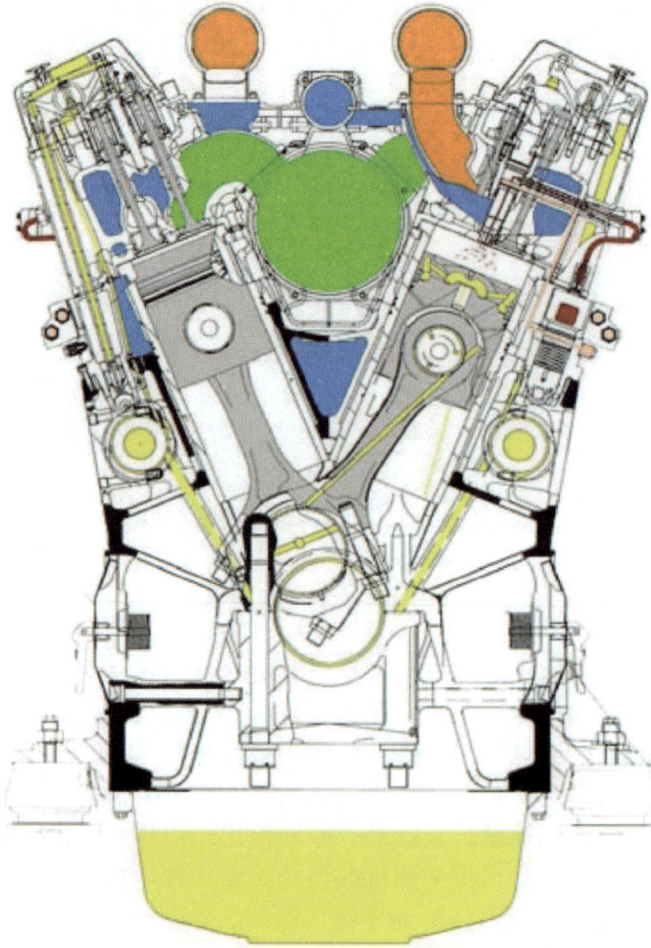

图 2-20　柴油机的横剖面

在柴油机输出端，机体左后侧的凸块上安装有两个曲轴转速传感器，在曲轴后端的法兰盘上有一个 89 齿（另加一个缺失齿）的齿圈。曲轴转速传感器通过检测齿圈上的齿来确定曲轴在旋转过程中的位置，提供给柴油机的电子控制燃油喷射系统，以确定供油时刻。

柴油机上安装有电子控制燃油喷射系统的各种传感器，它们向计算机提供多种信息，计算机依此向电磁阀发出信号，操纵电磁阀的动作，从而控制柴油机的功率和转速，并实现各种保护功能。

靠近输出端的右侧，安装有柴油机的盘车机构。油底壳装在机体的底面。柴油机的四个支承，分别装于机体自由端底部两侧和主发电机底部两侧。柴油机吊运时，将起重吊钩拧入柴油机两侧的柴油机支承螺孔，和安装于机体输出端顶面的起重吊钩一起与柴油机吊具连接后，便可起吊柴油机。

2. 机体总成

机体总成主要由机体、主轴承盖、气缸套、加强套、前端盖组件、各类轴承及螺栓、各种盖板等机体及附件组成。

3. 机体及附件

机体及附件的结构如图 2-21 所示。

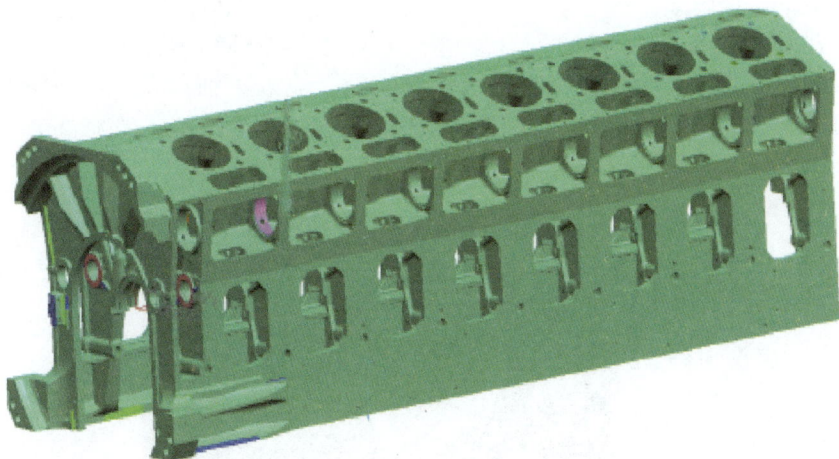

图 2-21　机体及附件的结构

机体由球墨铸铁制成，是一个半隧道式的曲轴箱。其横截面大体呈六边形，底面与曲轴中心线有较大的距离，并且有整体加厚的底板，这就使机体有较大的横向刚度和纵向刚度。

机体顶部有两个安装气缸组件的加工斜面，其中有安装气缸组件、夹角成 45° 的气缸孔，斜面还有紧固气缸组件的螺栓孔和将冷却水引入气缸组件的出水孔等。

机体夹角中，有纵向贯通的冷却水腔，冷却水由此经机体顶部斜面的出水孔流入气缸水套，用于冷却气缸套。

机体设有 9 挡主轴承（见图 2-22），锻钢制成的主轴承盖安装在机体的每个横向构件

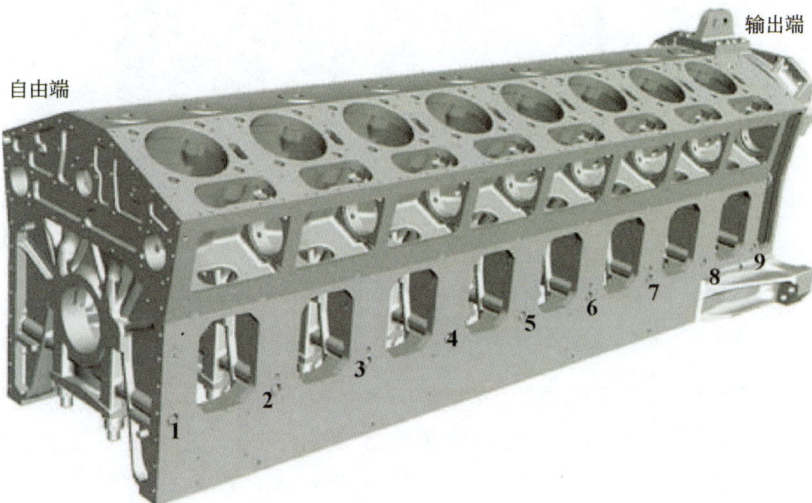

图 2-22　9 挡主轴承

上，止推轴承设在输出端。每个主轴承盖用两个螺柱和螺母紧固在机体上，每个主轴承盖与机体的结合面上有两个定位销，用于与机体的定位。两个横拉螺栓穿入机体两侧，拧入主轴承盖，能进一步紧固主轴承盖并且提高了机体主轴承孔的刚度。在输出端，机体和止推轴承盖的主轴承孔两侧各安装有一组止推轴承。

机体的每个横向构件的左、右侧上方布置有凸轮轴轴承孔，用于支撑凸轮轴。9 挡凸轮轴轴承孔中，仅自由端一挡孔径较小，其余各挡孔径均相同。一片凸轮轴止推轴承置于输出端，并用一个螺栓紧固于机体上。左、右各挡凸轮轴轴承孔均有钻孔通向主轴承孔，中空凸轮轴里的润滑油经凸轮轴轴承孔和该钻孔流入主轴承孔。各凸轮轴轴承孔还有一个钻孔通向机体的顶部斜面，由此，润滑油进入加强套再流入气缸盖，去润滑气门摇臂机构。发动机机体剖视图如图 2-23 所示。

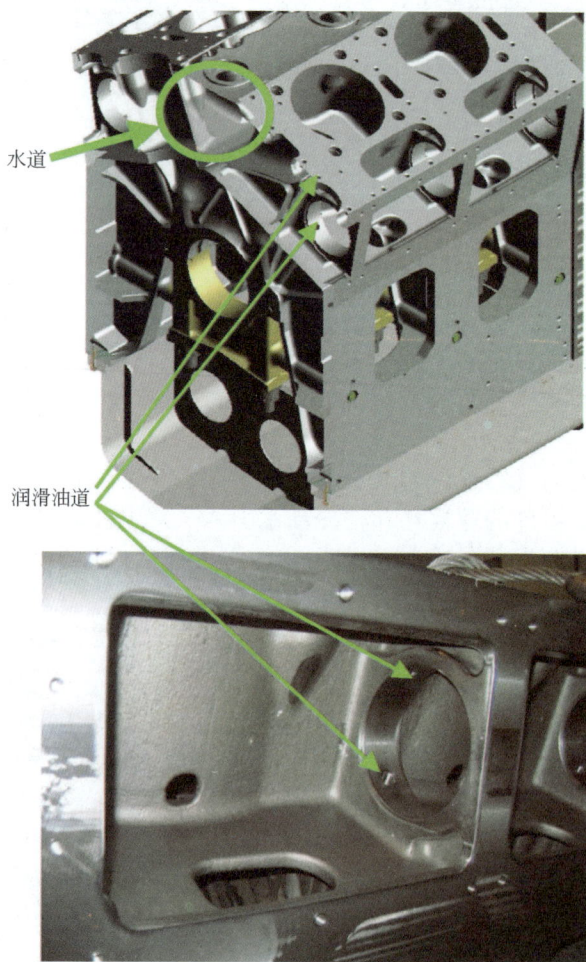

图 2-23　发动机机体剖视图

在输出端，从里至外，机体有三个安装面。最里面安装一个后油封盖，它与曲轴上的甩油盘和法兰盘共同构成曲轴输出端的迷宫式密封结构；机体左后侧的凸块上安装有两个曲轴转速传感器；最外面是三个主发电机的安装面，该面有螺孔和定位销孔，分别用于发电机的紧固和定位。

机体两侧有凸轮轴检查孔和曲轴箱检查孔,它们的端面安装有对应的盖板。其中,凸轮轴盖板由钢板冲压成型。而曲轴箱检查孔盖是一个组件,其盖板依靠弹簧压紧在机体的检查孔平面,实现盖与机体间的密封。当曲轴箱内的气体压力超过一定数值后会克服弹簧力,顶开盖板以释放压力,随后弹簧力又迫使盖板极其迅速地关闭检查孔,以阻止空气窜入曲轴箱,预防曲轴箱由于空气窜入而产生爆燃的危险。靠近输出端的两侧各有一个齿轮箱检查孔盖,其中右侧盖还用于安装柴油机的盘车工具。

4. 气缸套

气缸套由灰铸铁制成,其外形如图 2-24 所示。气缸套内壁面呈平台网纹形式,用于存储润滑油,以减少气缸套和活塞的磨损。气缸套外圆的 4 个定位面,从上至下分别与加强套的上、下定位孔和机体的上、下气缸孔相配。气缸套外圆的 3 个定位面各有一个橡胶密封圈,上部密封圈可避免气缸上部水腔的冷却水漏泄到柴油机外面,中部的两个橡胶密封圈分别用于防止气缸下部水腔的冷却水漏入机体的曲轴箱,以及曲轴箱的润滑油窜入上述水腔。气缸套凸缘顶面与气缸盖之间装有钢质垫片,用于密封燃烧室气体。气缸套底面设有安装活塞保持架的

图 2-24　气缸套的外形

螺孔,动力组吊装时该保持架托住活塞,使活塞可保持在气缸中不致脱落。

气缸套内孔上部安装有一个减磨环,减磨环可减少气缸中积炭的形成和在活塞行程中刮去活塞上的积炭。

5. 加强套

加强套由灰铸铁制成,其外形如图 2-25 所示。加强套设有上、下两个气缸套定位孔,下定位孔的上平面是气缸套的支承面。气缸套上部与加强套之间形成气缸的冷却水腔。加强套和气缸套之间形成的水腔分为上、下两部分,来自机体的冷却水经加强套底部进入下部水腔后,流经由气缸套中部外圆面上的一道坝状环筋和加强套内圆组成的限制带后,被强制沿圆周均匀地流向上部水腔。之后,通过气缸套上部出水孔进入气缸盖内。

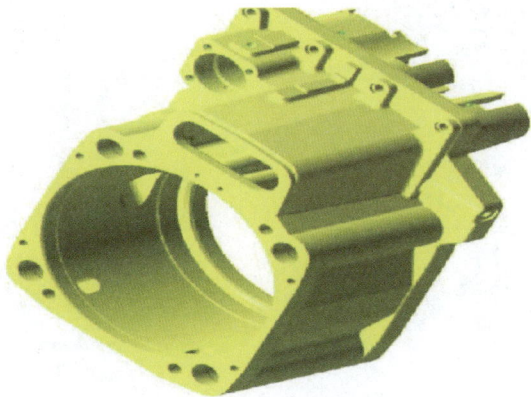

图 2-25　加强套的外形

加强套外侧的内腔设有气门挺杆、高压油泵的安装孔和放置气门推杆的空腔。加强套内部还有许多油孔。机体上与凸轮轴孔钻通的润滑油,从加强套底部流入,其中一路

经油孔进入各挺杆孔，去润滑挺杆的外圆和滚轮，另一路从加强套顶部油孔进入气缸盖，去润滑气门机构；从气缸盖油孔过来的喷油器回油，进入加强套顶部油孔后，经内部油孔由高压油泵安装孔外侧流入设在柴油机侧面的燃油回油管。

加强套与气缸盖及机体之间均设有密封垫。

6. 气缸盖

气缸盖组成燃烧室的顶部。气缸盖用水冷却，冷却水由定位座进入，从排水总管流出。润滑系统通过气缸盖内钻孔对气缸盖内的运动件进行润滑。每个气缸盖中装有两个排气门和两个进气门，并装有气门弹簧、气门导管、气门座及气门锁夹。气缸盖内铸有进、排气道，空气通过进气道进入燃烧室，排气通过排气道离开燃烧室。气缸盖顶部有摇臂箱，用于安装摇臂和横臂。

气缸盖为一体式铸件，气缸盖上组装有若干个零部件（进、排气门）。柴油机的气门允许空气进入燃烧室和废气排出燃烧室。

进、排气门均用气门弹簧组装在气缸盖上。气门弹簧提供机械能用于关闭气门，封闭燃烧室。凸轮轴上的偏心凸轮提供机械能用于开启气门。

配装在气缸盖上的每个气门均带有气门旋转机构。气门旋转机构在工作时使气门规律性旋转，这样做是为了使气门受热均匀，使气门座磨损均匀，同时避免在气门座面形成积炭。

每个气缸盖中有 2 个横臂。进、排气门横臂分别跨接进、排气门，横臂由进、排气摇臂机构压下。横臂有调节作用，使气门工作均匀。

进、排气摇臂在一公用轴上转动或摇动，驱使摇臂转动的机械能由凸轮轴上的偏心凸轮通过推杆提供。

气缸盖内铸有进、排气道，供空气进入及废气排出。气缸盖的结构如图 2-26 所示。气缸盖与气缸套的组装如图 2-27 所示。

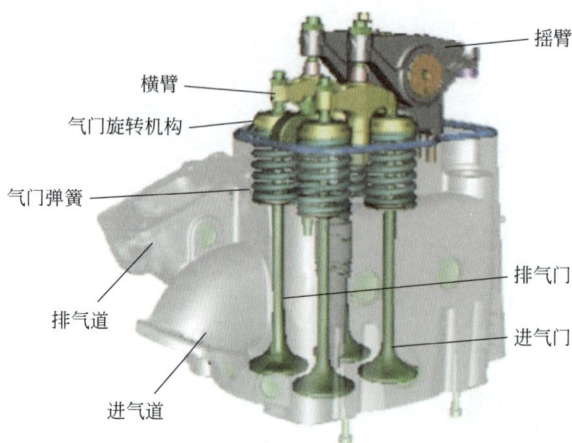

图 2-26　气缸盖的结构

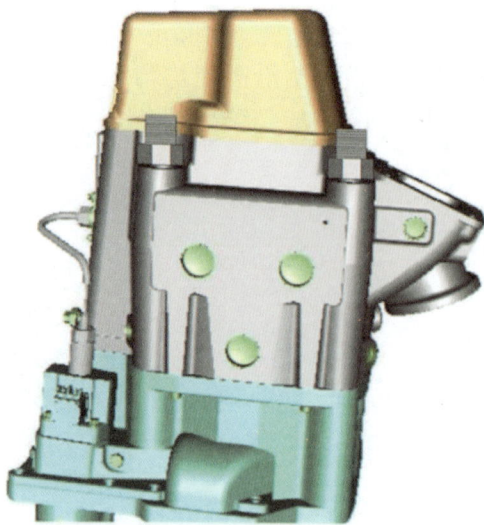

图 2-27　气缸盖与气缸套的组装

7. 前端盖组件

前端盖组件（见图 2-28）位于柴油机自由端，主要由前端盖箱体和前端罩盖组成。

　　前端盖箱体是一个箱形球墨铸铁铸造件。前端盖箱体用螺栓和定位销固定在机体上，与机体之间用垫片密封，水孔处用橡胶圈密封。其底面与油底壳顶面以垫片密封，并用螺栓紧固。

　　前端盖箱体的外部安装有增压器、油气分离器、加油口和油尺等部件，内腔还装有中冷器。前端盖箱体集中设置了进柴油机的冷却水、润滑油和冷却空气的接口。其外端面设有润滑油和冷却水进口，通过它的内部水道和油道把润滑油和冷却水送入机体；由中冷器出来的冷却空气，经前端盖箱体的气腔进入设在柴油机 V 形夹角上方的柴油机进气总管。前端盖箱体还设有曲轴箱通气口，它将曲轴箱的油气送入油气分离器，油气经油气分离器分离后，润滑油经油管流回油底壳，气体则进入柴油机的排烟管，由于排烟管里废气的引射作用，可使曲轴箱形成负压。

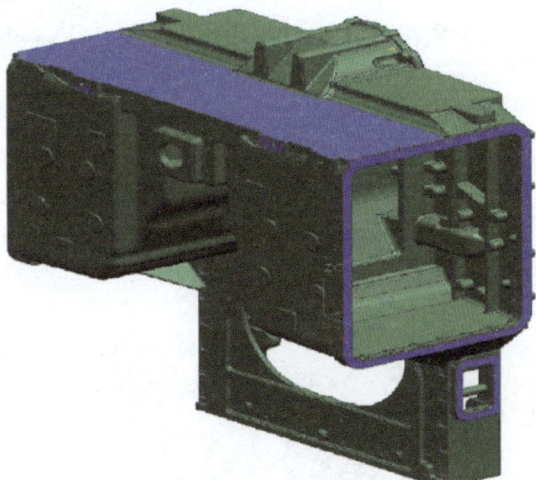

图 2-28　前端盖组件

　　前端罩盖是一个铸铁件，安装于前端盖箱体的外端面。其端面安装有水泵和润滑油泵，内部设有润滑油喷嘴，它把润滑油喷洒到减振器上，使减振器得到冷却。上述润滑油所形成的油雾，用于水泵和润滑油泵的齿轮及其主动齿轮的润滑。

8. 柴油机支承

　　两个位于第 2 曲轴箱观察孔位置的柴油机支承和两个发电机支承安装于车架上，用于承受柴油机-发电机组的重量和减少柴油机振动对车体的影响。柴油机支承的外形如图 2-29 所示，它主要由支承、螺栓、橡胶堆和安装板等组成。支承通过螺栓与机体连接，又置于橡胶堆和安装板上，安装板用螺栓与车架紧固。

图 2-29　柴油机支承的外形

当单独支承柴油机时，4 个柴油机支承分别安装于第 2、6 曲轴箱观察孔的机体两侧。

9. 主轴瓦和连杆瓦

主轴瓦为钢背和铝锌合金构成的双金属板薄壁轴瓦，上瓦内圆开有油槽，并设有进油孔。下瓦在对口处的中部开有缓冲油槽，可减少由于上、下瓦之间油槽截面的急速变化而引起穴蚀和油流的冲蚀作用。上、下瓦均有定位唇，分别与机体和主轴承盖定位。主轴瓦如图 2-30 所示。

连杆瓦为钢背和铝锌合金构成的双金属板薄壁轴瓦，下瓦内圆开有油槽，并设有进油孔。上瓦在对口处的中部开有缓冲油槽并设有进油孔，可减少由于上、下瓦之间油槽截面的急速变化而引起穴蚀和油流的冲蚀作用。上、下瓦均有定位唇，分别与连杆体和连杆盖定位。连杆瓦如图 2-31 所示。

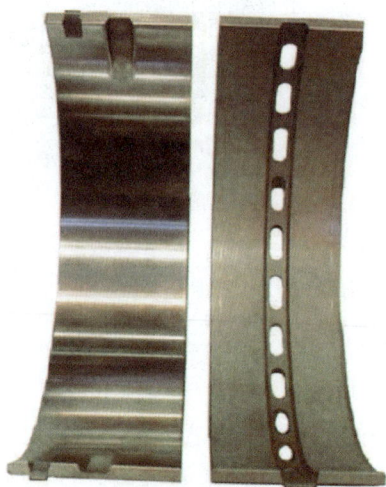
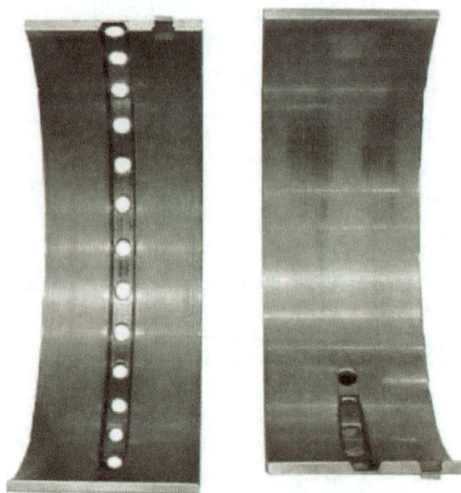

图 2-30　主轴瓦　　　　　　　　　图 2-31　连杆瓦

任务 2.3 曲轴箱压力高的处置办法

1. 差示压力计动作

（1）故障现象

差示压力计是曲轴箱的超压保护装置。柴油机正常工作时，燃烧室内的部分燃气会通过活塞与缸套之间的间隙不断漏入曲轴箱内，增压器内油腔的排气管也接至机体，与曲轴箱相连，曲柄连杆机构高速旋转造成机油飞溅，这些均会使曲轴箱内气体振荡，产生正气压。如果油气分离器通道堵塞，随着曲轴箱内气体的积累，其压力逐渐上升，一旦积累至某种程度，或活塞顶面出现裂纹，就会使高温高压的燃气突然下窜至曲轴箱，造成曲轴箱气压急剧升高。如果没有曲轴箱的超压保护装置，就会发生曲轴箱爆炸事故。

在装车功率下，曲轴箱内正常的压力为 0.1 kPa 左右，一般差示压力计 U 形管两端的液面高度差并不太大，当差示压力计 U 形管两端的液面差达到 60 mm 水柱，即曲轴箱内的气压比大气压高 0.588 kPa 时，差示压力计内的两根导电针被导电液接通，造成短路，从而使 RBC 线圈失电，RBD 电机停转，联合调节器电磁联锁线圈失电，柴油机自动停机。

（2）故障后果

① 差示压力计动作，柴油机紧急停机，从而影响柴油机正常使用。

② 差示压力计的频繁动作，会使增压器频繁发生喘振，对增压器或柴油机的寿命都有影响。

③ 曲轴箱内的压力超高，会造成曲轴箱防爆阀盖被顶开，此时虽然保护了曲轴箱，但曲轴箱内向外窜出的气体，对人和机车设备都是不安全的，因为这种气体含有较多的可燃气体，遇到空气可能会燃烧。

（3）原因分析

① 燃烧室内的燃气窜入曲轴箱，极有可能是因为：活塞与气缸套发生严重的拉伤或磨损过大，活塞环弹力消失，开口未错开；活塞环固死在活塞环槽内；活塞环折断；活塞顶部出现裂纹。

② 油气分离器的通道受堵，曲轴箱内的气体不能及时排出。

③ 差示压力计 U 形管接曲轴箱一端的橡皮胶管脱落，在脱落瞬间使 U 形管两端的液面发生严重波动，在波动中，使通大气一端的两根导电针接通，从而致使柴油机停机。

（4）判断及处理

① 定期清洗油气分离器，以保持气道的通畅。

② 测量燃烧室的压缩压力，如果发现比以前有较明显的下降，应吊出该缸的活塞连杆组，检查活塞顶是否出现裂纹、活塞环是否折断、缸套镜面是否有严重拉伤，以免发生严重事故。在吊出活塞连杆组前，也可以将机油是否严重稀释作为判断的参考。

③ 如果柴油机发生突然停机，此时差示压力计的 U 形管接曲轴箱的橡胶管又发生脱落，说明柴油机的停机是由于该橡胶管的脱落引起的，可重新接上橡胶管，并予以紧固，以防再次脱落。

注意：发现曲轴箱超压造成差示压力计动作后，严禁立即打开曲轴箱盖进行检查。

2. 柴油机方面引起曲轴箱压力高

增压器故障引起的曲轴箱压力高主要表现为增压器扫膛，原因为增压器本身或外界因素造成增压器动平衡被破坏。扫膛后，增压器转速降低，排出的压缩空气压力不足以将曲轴箱抽成负压，系统起保护，柴油机停机。

"曲轴箱压力高"故障发生时，一般情况下均需确认增压器状态，现场技术人员根据实际情况制定了快速检查增压器压气端故障的方法。一是初步检查方法，即在柴油机进气滤清器室内，抽出第 2 位及第 5 位的袋式滤清器，用强光手电从下部向里侧观看，如果可以清晰看到大部分增压器"压气机轮"，即可判断压气端是否异常。该方法基本可以判断增压器的压气端状态。二是初步检查发现压气端存在异常，可拆掉该机车上增压器空气进气端橡胶管件（见图 2-32），进一步检查压气机叶轮有无扫膛的痕迹，同时检查所有叶片是否完好无损。用手转动转子轴并检查轴系是否运转正常、有无异常声音，如果转动不灵活或有异常响声，则需更换新的增压器。同时对整个进气道进行检查，确保没有任何异物停留在进气道内。

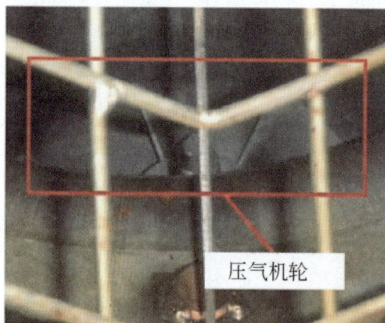

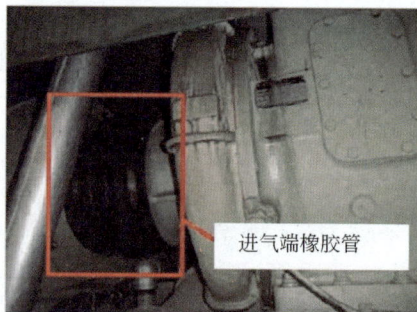

图 2-32　增压器检查位置

压气机轮

进气端橡胶管

图 2-33　曲轴箱压力传感器（COP）的外形

3. 电器方面引起曲轴箱压力高

曲轴箱压力传感器（COP）安装在柴油机输出端附近机体上，用于测量曲轴箱内的压力（外形如图 2-33 所示）。它的压力敏感元件采用不锈钢隔离膜充油结构的硅压阻压力敏感元件。它的主要作用是避免因挥发性烟雾积聚而引起爆炸。

曲轴箱压力传感器故障主要集中在压力敏感元件和接线连接插头上。曲轴箱压力传感器故障主要造成反馈到柴油机控制器的数据不准确。一般情况下，如果曲轴箱传感器发生故障，则曲轴箱压力会有极大变化。诊断数据中若发现曲轴箱压力超出规定值很高，则极有可能是曲轴箱压力传感器故障。此外，初始值过高也是曲轴箱压力传感器故障的一个特点，现象是在柴油机未启动时，曲轴箱压力显示值超过 0.5 kPa。

4. 曲轴箱超压故障的判断处理流程

在判断曲轴箱超压故障时，首先要对故障原因进行初步分析，根据发生的柴油机工况不同可进行初步的部件划分，以便对故障进行查找，缩短故障处理周期。柴油机方面的原因：一般发生在 8 挡位，如增压器扫膛、连杆瓦碾瓦。电器方面的原因：一般发生在惰转位，如曲轴箱压力传感器。

（1）机油液位高或曲轴箱箱盖密封不严

① 检查柴油机机油液位，柴油机惰转时液位应在最低刻度和满刻度之间；检查机油有没有被燃油稀释。

② 检查柴油机各曲轴箱盖是否有漏油现象，检查曲轴箱盖的 O 形圈是否完好。

（2）引射管和油气分离器损坏

检查引射管是否松脱或损坏，是否有积炭堵塞，检查引射管与固定支架间的垫片是否完好。检查油气分离器及其相关管路是否有漏泄，检查法兰处的密封状态，如果油气分离器和引射管有积炭，应清理积炭。引射管检查如图 2-34 所示。

图 2-34　引射管检查

（3）柴油机动力组故障

打开柴油机所有的曲轴箱盖和气缸盖，检查柴油机动力组，看各缸是否有拉伤及冷却水漏泄，是否发生主轴瓦和连杆瓦碾瓦；检查是否有因润滑油混入冷却水导致的机油乳化现象；提取润滑油、冷却水和燃油样本进行分析。

（4）增压器故障

卸下增压器转速传感器，检查是否完好。如果传感器头部有损坏或高温灼烧迹象，则可能是增压器故障。传感器座腔内有润滑油是正常现象。

打开柴油机进气道门，通过进气道观察增压器叶轮是否有刮伤、磨损和损坏，观察增压器转子是否转动灵活。柴油机进气道检查如图 2-35 所示。

图 2-35　柴油机进气道检查

如果没有发现问题，拆除增压器的橡胶进气道，检查增压器的压缩叶轮是否刮伤和损坏，观察增压器转子是否转动灵活。如果叶片损坏，更换增压器和转速传感器。增压器叶轮检查如图 2-36 所示。

图 2-36　增压器叶轮检查

复习思考题

1. 16V240ZJB 型柴油机的自由端装有哪些部件？输出端装有哪些部件？

2. 机体的作用是什么？机体的结构形式分哪几种？半隧道式机体主轴承盖采用横拉螺栓有何好处？主轴承的作用是什么？有什么结构特点和要求？

3. 轴瓦紧余量是什么意思？紧余量过大或过小有何害处？

4. 何谓湿式气缸套？气缸套有何作用？

5. 简述气缸盖的工作条件。气缸盖周围与哪些部件相连？

6. 差示压力计有何作用？其动作结果如何？

7. 为什么轴瓦瓦口要削薄？削薄量和紧余量如何测量？削薄量太大有什么不好？

8. 差示压力计和防爆安全阀哪个先动作？如果差示压力计动作失效，请分析失效的可能原因。

模块 3   柴油机动力传递

学习目标

- 知道 GEVO16 型柴油机主要零部件的用途、功能及其安装位置；
- 知道如何识别 GEVO16 型柴油机主要零部件；
- 了解柴油机能量转化过程；
- 知道 16V240ZJB 型柴油机的主要运动件；
- 了解 16V240ZJB 型柴油机间隔发火原理；
- 了解 GEVO16 型柴油机连续发火原理；
- 掌握柴油机盘车方法；
- 掌握柴油机基本故障的处理办法。

任务 *3.1* 柴油机能量转化过程

电力机车和内燃机车最主要的区别就在于内燃机车本身自带发电机，电力机车从电网处获得电能。内燃机车利用柴油机将化学能转换为热能，将热能转换为机械能，然后利用主发电机将机械能变成电能，在电气间利用整流柜对电流进行处理，变成牵引电机可以利用的、便于控制电机转速的电流。内燃机车利用电路将电能传递给牵引电动机。牵引电动机将电能转变成机械能，然后通过转向架传递给轮对，轮对作用给钢轨，钢轨反作用给轮对黏着牵引力，使机车沿钢轨纵向牵引机车。

柴油机的运动件是指曲柄连杆机构，它是柴油机实现由热能转化成机械能的关键部件。运动件工作时不仅受气体压力，运动质量的往复、回转及摆动惯性力等周期性变动负荷的作用，而且还受热负荷及轴系扭转振动等影响。运动件的工作正常与否，不仅涉及柴油机工作的可靠性和耐久性，而且还涉及柴油机工作的经济性。柴油机运动件如图 3-1所示。

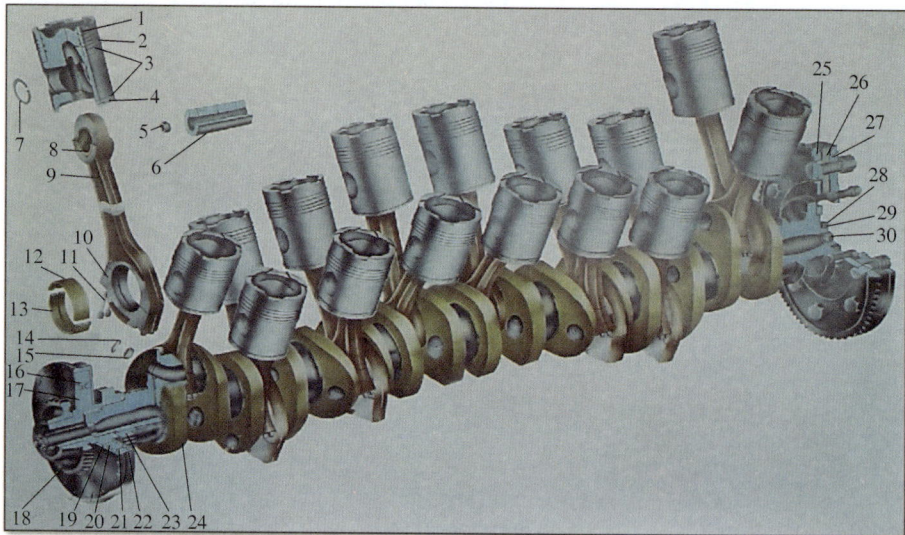

1—活塞套；2—气环；3—油环；4—活塞体；5—密封盖；6—活塞销；7、14—挡圈；8—小头衬套；
9—连杆体；10—连杆盖；11—连杆螺栓；12—销钉；13—轴瓦；15—密封堵；16—惯性体装配；
17—减振器体；18—泵传动齿轮；19—挡块；20—弹簧板；21—衬板；22—外壳装配；
23—曲轴齿轮；24—曲轴；25—主动盘；26—钢片；27—从动盘；
28—外导向环；29—内导向环；30—螺堵。

图 3-1　柴油机运动件

任务 3.2　16V240ZJB 型柴油机运动件

1. 活塞组

活塞组由活塞、活塞环、活塞销、活塞销密封盖及活塞销挡圈等组成，下面主要介绍前三种。

活塞组与柴油机其他部件一起构成了内部燃烧做功的、可变容积的工作场所，活塞顶面的凹穴造型对燃烧的经济性有较大影响；活塞组密封气缸的下部，使燃烧室与曲轴箱隔开。活塞组承受燃气压力，并传递给曲轴，使往复运动转换成旋转运动，从而将气缸内的热能转变为机械能。

1）活塞

活塞包括活塞头部、活塞裙、冷却油道、环岸、环槽、活塞销座孔、油槽及进油孔、泄油孔、螺堵。图 3-2 是活塞实物图。

活塞头部位于筒体上部，它由活塞顶面、火力岸及环槽区等组成。

活塞顶面直接与高温、高压的燃气接触，具有一定的曲面造型。曲形凹穴为柴油机主燃室的重要组成部分。曲形凹穴的形状及尺寸应与气流运动、喷射油束及几何压缩比等因素良好配合，这对保证柴油机的良好燃烧有较大影响。

活塞顶面从燃气中吸入的热量越少越好，活塞顶面应耐热，材质应具有较高的热强

图 3-2　活塞实物图

度、较强的抗蚀能力。因此，除了对活塞进行合理选材外，还应对活塞顶面进行处理（如镀铬、喷镀陶瓷层、铝顶表面阳极氧化处理及钢顶抛光处理等），以提高表面的耐热性和耐蚀性，减少顶面炭烟，增加表面反射热量或增加传热热阻。图 3-3 为活塞的组成。

图 3-3　活塞的组成

为防止活塞与开启的进、排气门相碰撞，活塞顶面的相应部位处挖有一定深度的坑穴，称为避阀坑或气门穴。为了便于吊装活塞连杆组，有的活塞在活塞顶面设有吊装螺孔。

从第一道活塞环槽上边缘到活塞顶面的筒体表面称为火力岸。火力岸接近燃烧室，高温燃气能从火力岸与缸壁间的缝隙流入，因而火力岸处于高温状态。为保证活塞头部不会因受热膨胀而拉缸，火力岸与缸壁之间必须留有一定的冷装间隙。

火力岸以下到活塞销以上最后一道环槽的区间称为环槽区（槽部），通常安装 2~4 道气环，气环之下有 1~2 道油环。环槽和环槽之间的筒体称为环岸。环岸在工作温度状态下经受活塞环的高频冲击并发生磨损。环槽的编号自上而下排列。由于第一、二道环槽接近高温区，通常其环槽的高度比下部的环槽略高，以装配同一规格的气环而取得不同的间隙。对于温度较高的环槽，留有较大的活动间隙，可减少因环受热、挠曲、炭粒卡滞、淤渣黏着等情况的影响，而且还便于环的统一生产，减少备品和简化组装工艺。

铝合金活塞的头部由大圆弧、大截面逐渐过渡到下方较薄的筒壁，这样有利于传力及将顶部热量导入环槽区。为了减重，铸铁和组合式钢顶活塞的头部采用薄壁结构，热量主要靠内油道传出，顶部的支承筋和散热筋为增加刚度和扩大散热面积而设。图 3-4 为钢顶铝裙组合活塞。

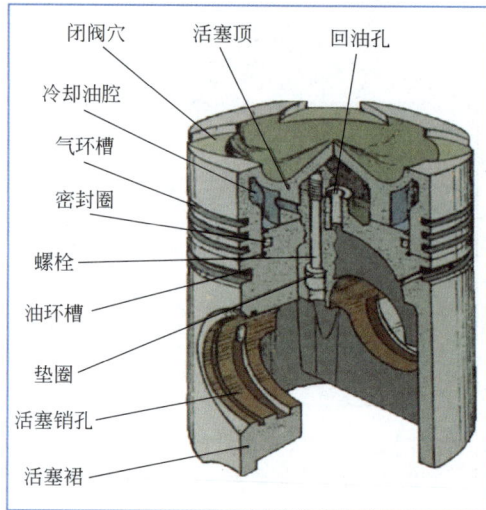

图 3-4　钢顶铝裙组合活塞

环槽区以下为活塞裙部，用于传递侧压力，并给活塞运动导向，减小活塞在运动中的摇晃，减轻对缸壁的敲击。

活塞销座孔包含在裙部内。由于传力的需要，销座孔周围金属材料较多，刚度较大，而裙部的左右两侧（柴油机左右侧）为薄壁状态，刚度较小。当裙部在工作状态下受热膨胀时，活塞顶受燃气压力作用裙部下部张开，裙部的左右两侧在传递侧压力给缸壁时，刚度较弱的地区被迫向内收缩，刚度较大的销座孔区则向外凸出，因而裙部变为椭圆锥筒形。以上情况对裙部的工作是不利的，为改善裙部的传力和导向，通常在冷态下将裙部加工成椭圆锥体，使活塞销座孔附近的裙部表面稍低一些，即销座孔轴线处为椭圆的短轴，裙部左右两侧相对为椭圆长轴，使在工作状态下裙部接近圆筒形，并具有较大的承压面积且均匀承压。为了使裙部实现良好的导向，活塞裙部要有一定的保证高度。

活塞裙部在工作状态下的变形，并不是要求所有活塞的裙部都加工成椭圆形，只要使裙部在工作时椭圆变形的主要因素得到消除或改善，那么裙部在冷态下仍可加工成圆筒形（略带锥度）。为保护裙部表面，改善其运动润滑状态和磨合性，通常在裙部表面喷涂固态润滑剂或电镀保护层，如喷涂二硫化钼润滑脂、涂石墨或镀锡等。

活塞组采用机油强制冷却，具体有以下几种方式。

① 喷射冷却。从连杆中引来的机油通过设置在连杆小头处的喷嘴向活塞顶的背面喷射散热，热油溅入曲轴箱。活塞用此作为辅助冷却手段。

② 蛇形管冷却或其他内油道冷却。在活塞体内设有螺旋形或环形内油道，冷却油从销座孔处引入，从另一销座孔附近的回油道活塞顶背部油孔掉入油底壳。活塞体内最上

部的油道通常布置在接近并稍高于第一气环槽的位置处。油道的截面较小，一般要求全部充满机油并以一定流速通过。图 3-5 为锻铝活塞冷却油路。

③ 振荡式冷却。活塞体内有较大截面的储油空腔，冷却油可以不断流入和流出。当活塞往复运动时，由于油的运动惯性力，腔内的油在腔内反复振荡及油流的高速冲击而形成紊流，使振荡式冷却具有比蛇形管冷却更高的传热系数，从而使活塞顶部及环槽区得到较好的冷却。

2）活塞环

（1）活塞环的作用

① 密封作用。活塞组对气缸燃烧室的密封作用是由活塞、活塞环和机油油膜共同完成的，活塞环对密封起主导作用。

② 传热作用。活塞环槽与活塞环接触，又通过活塞与气缸接触而传热，导出活塞体内一部分热量，从而使机体温度下降。

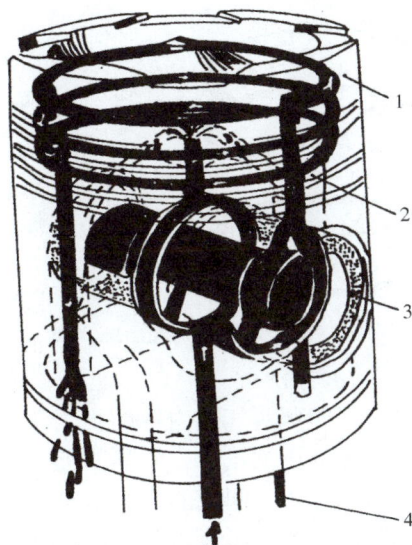

1—活塞套；2—活塞体；3—活塞销；4—连杆。

图 3-5　锻铝活塞冷却油路

③ 泵油作用。气缸中活塞的往复运动速度较快，为减少运动阻力和磨损，必须使气缸壁上保持一薄层油膜，这也有利于气密、减小敲击噪声及避免拉缸。在气缸套下部有许多飞溅的机油，通过运动的活塞将机油自下而上地输送到气缸的中上部，这就是活塞环的泵油作用。另外，也可通过活塞环控制泵油量。

④ 支承作用。由于活塞直径比缸径小，当它在气缸中往复运动时，活塞头尾会出现左右摇晃的不稳定运动状态。当活塞环安装到活塞环槽后，活塞的摇晃程度和对缸壁的撞击作用得以减轻，减少了活塞与缸壁的摩擦和磨损。

（2）活塞环的结构和工作特点

图 3-6 为活塞环的 3 种状态。活塞环不仅随活塞做往复运动，而且还有微量的回转运动、径向运动和振动。环的回转运动和上下运动可以防止偏磨和卡滞，防止因环槽内机油结胶积炭使环可能黏住或卡住，但也增加了环对环槽的冲击和磨损。图 3-7 为活塞环。

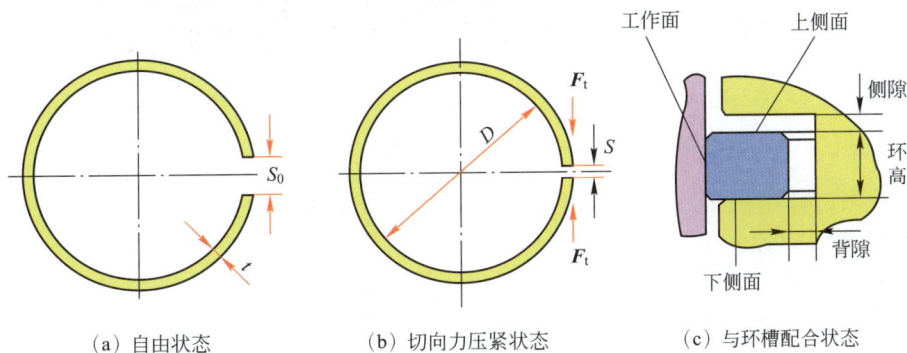

（a）自由状态　　　　　　　（b）切向力压紧状态　　　　　　　（c）与环槽配合状态

图 3-6　活塞环的状态

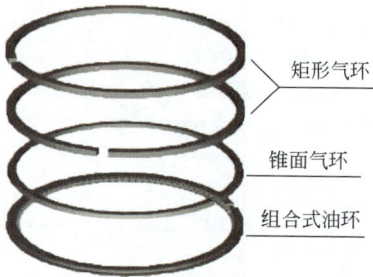

图 3-7　活塞环（气环和油环）

矩形气环
锥面气环
组合式油环

活塞环的切口两端在不受外力作用下的开度称为自由开口。活塞环压装到气缸中受缸壁的约束，这时切口两端被迫收缩后的开度称为闭口间隙（工作开口或工作间隙）。从自由状态强制收缩到工作状态时的活塞环对缸壁有一种复原弹力，力图恢复原来的自由状态，这种复原力就是环的弹力。

活塞环的工作面为外圆面，外圆面与缸壁贴紧，且随活塞运动而在气缸内壁上滑行。自由开口的大小表征活塞环对气缸内壁弹力的大小。自由开口过大，即环对气缸内壁的弹力较大，易造成工作面磨损过快。自由开口过小，即环对气缸内壁的弹力不足，环的密封作用差，刮油能力弱，易造成窜气、窜机油及降低压缩压力，使柴油机的工作受到影响。

活塞环闭口间隙的大小表征气体泄漏通道的大小。为减少泄漏，通常采用较小的闭口间隙值，但也不宜过小，因为如果活塞环受热膨胀量大于气缸膨胀量，环的切口两端会因膨胀而顶住，产生附加应力，反而会破坏环的密封作用，使环丧失活动性。

在长期使用过程中，由于活塞环受高温影响，其弹性逐渐降低，自由开口逐渐减小，当它减小到一定程度时应更换新环。活塞环也会因工作面的磨损而使闭口间隙逐渐加大，当闭口间隙增大到一定程度时也应更换新环。闭口间隙的增长速度反映了环的磨损速度。

（3）活塞环与环槽的配合间隙

环槽与活塞环两侧面间隙之和称为侧面间隙。侧面间隙根据活塞的热负荷、环槽的材质及环的位置等因素而定，间隙不宜过大或过小。如果间隙过大，则环对环槽的冲击增大，漏气漏油的通道加宽，环槽区温度上升，机油窜入燃烧室的量增加，环槽中的堆积物增多；如果间隙过小，则环易因挠曲变形、胶状物质黏住或炭粒卡住而失去活动性，因而削弱了环的密封作用，易发生窜气和拉缸现象。活塞组在装入气缸前应检查侧面间隙的大小。

活塞环的切口形式有 3 种：直切口、斜切口、搭切口，如图 3-8 所示。

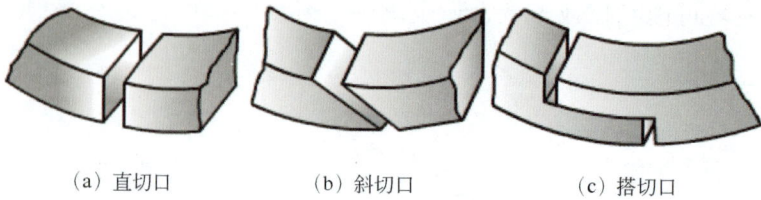

（a）直切口　　　　　　（b）斜切口　　　　　　（c）搭切口

图 3-8　活塞环的切口形式

气环的密封作用依靠环的外圆面与缸壁贴紧，外圆面对缸壁的密封压力由环本身的弹力及泄入背面间隙的气体推力合成，气环的外圆面为第一密封面。由于活塞运动使环与环槽的上平面或下平面相贴靠，或由于泄入侧面间隙的气体压力使环与环槽的下平面相贴靠，少量的气体只能通过闭口间隙泄至下一道环槽，在漏泄的过程中气体经节流和膨胀使压力下降，多道气环组成迷宫式气封，使最后泄出的燃气量大为减少，故与环槽贴靠的气环侧面为第二密封面。从气环的密封效果来讲，前两道气环阻挡了大部分的燃气下泄。

（4）活塞环的泵油现象及限油措施

在气缸下部的机油由于环的泵油作用而上升。若不考虑气体压力的影响，当活塞下行时，活塞环因惯性作用而贴靠在环槽的上平面，由外圆面刮下的机油积聚在背面间隙、侧面间隙及环岸与缸壁之间。当活塞上行时，活塞环又贴靠于环槽的下平面，此时机油被挤压到该环的上部空间。活塞不断地往复运动，使机油逐级上升，因此形成了机油从缸壁下方上升到上方的泵油现象。若考虑气体压力的影响，则在膨胀过程中，前几道环在活塞下行时仍贴靠环槽下平面，泵油作用有所抑制，但在进、排气过程中，泵油现象仍然存在。

泵油作用过强，机油消耗量增加，机油进入燃烧室后会扰乱整个燃烧过程；泵油作用过弱，则在气缸上部缺少润滑剂，磨损增加，严重时会导致拉缸。图3-9为活塞环的泵油现象示意图。

活塞组安装油环来节制泵油作用。油环安装在气环之下，环槽的温度及气压比较低。油环的主要任务是刮掉缸壁上多余的机油及使机油膜均匀分布，它具有特殊的截面形状及排油措施，在其外圆面上具有一圈或两圈刮油刃，刀刃锐边向下，上部是圆角或斜角，以使油环下行时刮油，上行时构成油楔利于布油。

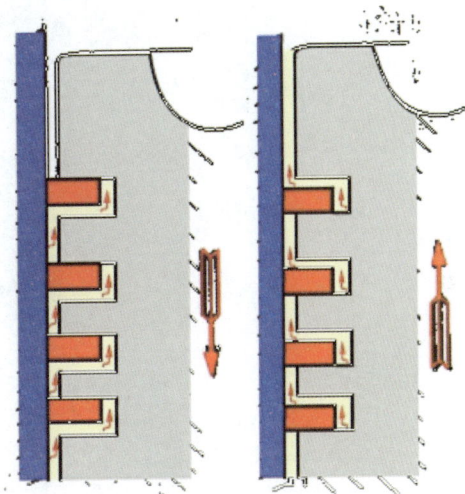

图3-9　活塞环的泵油现象示意图

3）活塞销

（1）活塞销的作用和工作特点

活塞销用来连接活塞和连杆，并将活塞顶面所受的气体压力与往复运动惯性力的合力传给连杆。合力大小和方向随曲轴转角变化而循环变化，当合力向上时，活塞销呈下凹状弯曲变形；当合力向下时，活塞销呈上凸状弯曲变形。四冲程柴油机活塞销在一个工作循环内凹凸变形各一次。在工作中活塞销仅有缓慢微量的转动，故形成润滑油膜比较困难，造成销座孔和活塞销外圆面偏磨。

根据活塞销的工作特点，要求尽可能增大直径，减轻重量，提高抗弯刚度；采用优质材料进行表面硬化处理，使活塞销具有内韧外硬、耐磨及耐冲击的性能；保证严格的几何形状，油孔边棱磨圆抛光，以减少应力集中和疲劳裂纹的产生。

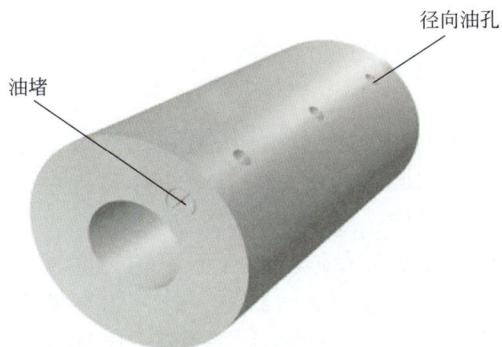

图3-10　活塞销

（2）活塞销的构造

活塞销通常呈中空圆柱体形，其外径为气缸直径。活塞销采用优质低碳合金钢，外圆面渗碳淬火处理，内圆面不渗碳，保持一定的韧性。通常，活塞销芯部的内圆孔兼作机油通道，这时两端需用挡盖密封。

活塞销外圆面及油孔周边需抛光，不允许有划痕及其他缺陷。成品需经电磁探伤检验，不允许有裂纹存在。图3-10为活塞销。

2. 连杆组

1）连杆组的结构

连杆组（也称连杆）由连杆体、连杆衬套、连杆轴瓦、连杆盖、连杆螺栓及其他附件组成。图 3-11 是连杆组。图 3-12 是连杆分解图。

图 3-11　连杆组

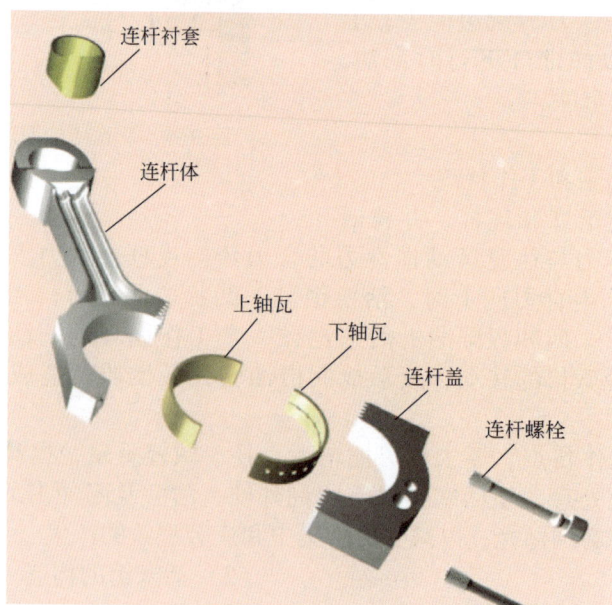

图 3-12　连杆分解图

连杆组将活塞组和曲轴组连接起来，在膨胀做功过程中把气体压力和往复运动惯性力的合力传给曲轴，使活塞的往复运动转换成曲轴的旋转运动。在其余工作过程中，由旋转着的曲轴通过连杆组带着活塞组运动，从而完成进气、压缩及排气等过程。

刚度不足时，连杆可能产生弯曲变形，造成连杆轴瓦及连杆衬套的不均匀磨损，使活塞歪斜，活塞与气缸局部接触，轻则增加附加磨损，重则导致拉缸。连杆组还承受时间不长、数值不大的拉力，但由于方向改变，对连杆组构成循环疲劳载荷，使某些薄弱部分（如连杆螺栓、连杆盖或杆身）应力集中，产生裂纹或断裂。

（1）连杆体

连杆体由连杆小头、杆身及连杆大头（包括连杆盖）等组成。

① 连杆小头。连杆小头与活塞销相连接。小头一般为整体圆环或椭圆环外形，内圆孔中压装连杆衬套作为减摩轴承。连杆小头承受拉伸力或压缩力，它在活塞销上左右摆动，同时又参与活塞的往复运动，因而要求它有足够的强度、较大的承载面积和较轻的重量。由于所受的压缩力大于拉伸力，连杆小头下半部支承面往往比上半部大，即支承面呈阶梯形。图 3-13 为连杆小头。

② 杆身。连杆杆身为连接小头与大头之间的一段杆体。大、小头座孔中心线之间的距离称为连杆长度。连杆长度越短，柴油机总高度越低，连杆的运动质量减小，受压时弯曲变形较小，但对气缸的侧压力增大。

为尽量减轻重量及在相同截面积下具有较大的抗弯截面模数，杆身广泛采用工字形截面。杆身中央或稍偏位置处钻有深长油孔，以供应连杆衬套及活塞销座的润滑用油，并输送到活塞体内作冷却用油。

③ 连杆大头。连杆大头与曲柄销连接，该处是柴油机中最重要的结合部之一。为便于装拆，连杆大头孔为剖分式，由连杆大头与大头盖组合成大头圆孔，孔内安装连杆轴瓦，用连杆螺栓使盖和连杆大头紧固。连杆大头的剖分形式有平切口式和斜切口式两种，剖分面垂直于连杆中心平面并处于大头孔直径平面上者为平切口式；剖分面与连杆中心平面斜交者为斜切口式。平切口式大头加工简便，刚性大，连杆螺栓不受剪切力，但大头横向宽度大。图 3-14 为连杆大头切口形式。

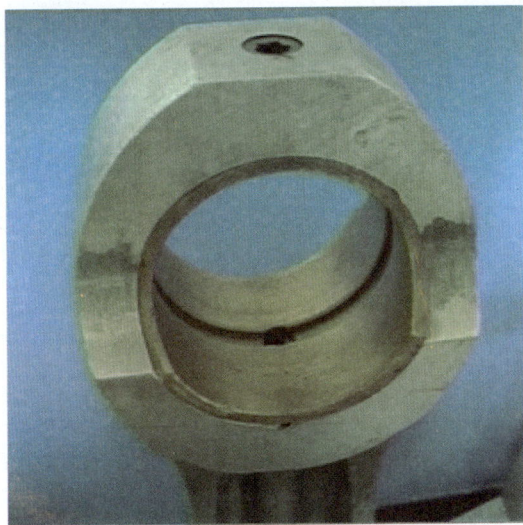

图 3-13　连杆小头

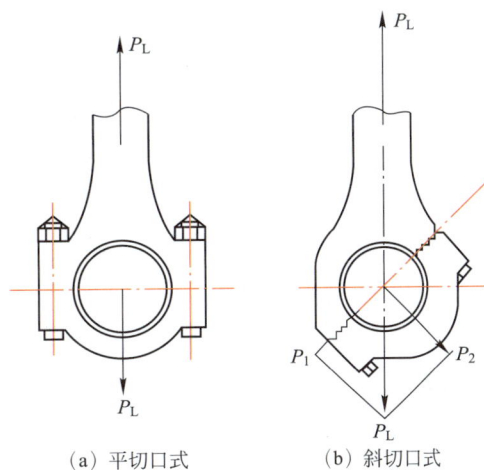

图 3-14　连杆大头切口形式

（a）平切口式　　　（b）斜切口式

连杆大头孔在杆身与盖紧固后加工，为保证拆卸后正确重装，要求两者"对号入座"，并有良好的定位措施。一般大头盖定位方式有：销定位、止口定位、锯齿定位、套筒定位及螺栓中部圆柱体定位等。由于斜切面上作用着切向分力，斜切口连杆常用较强的锯齿定位方式，以免使连杆螺栓在工作中受到剪切。

（2）连杆衬套

连杆衬套一般采用锡青铜材质，衬套的外圆面与小头孔过盈配合，内圆孔与活塞销相配合，具有较小的配合间隙，以减少在受力方向改变时对衬套的冲击力，降低连杆小头过渡圆弧处的应力。为较好地供油润滑，内圆面设有环形油槽及进油孔，从连杆杆身来的机油可以进入衬套环形内油槽。

（3）连杆轴瓦

连杆轴瓦承受气体压力与活塞连杆组往复运动惯性力的合力的循环交变载荷，工作负荷大。

连杆轴瓦的上半瓦为工作瓦，内表面一般不开油槽，有的仅在瓦口处设过渡油槽及出油孔。下半瓦为非工作瓦，其内表面开油槽及出油孔，以将部分机油引入大头盖油槽内。连杆轴瓦具有一定的弹胀量、紧余量和削薄量，紧余量的测量工具和测定方法与主轴瓦相似。

连杆轴瓦与曲柄销的配合间隙对柴油机工作的可靠性与耐久性有较大的影响。为保证轴瓦内表面有一定的油膜厚度和机油流量，连杆轴瓦间隙值应小于主轴瓦间隙值。

（4）连杆螺栓

四冲程柴油机连杆螺栓在工作时承受两种拉伸力：紧固大头盖时的螺栓预紧力；活塞连杆组往复运动惯性力与离心力的合力，其中以换气上止点时拉伸力最大。在大头盖支承面与螺孔不垂直时、螺栓头部或螺母支承面与螺孔中心不垂直时、螺母或螺栓松动时、螺栓预紧力不足及柴油机超速运转或抱缸时，连杆螺栓还受弯曲、冲击及强制拉伸等附加力。

连杆螺栓通常采用高屈服极限和高冲击韧性的优质合金钢。连杆螺栓的数量及尺寸受连杆大头宽度的严格限制，一般为2根或4根对称布置，数量多的每根截面可缩小。这样，预紧时对瓦的压紧力可均匀一些，但也提高了对各螺栓均匀承载的要求。在最大的受力情况下，连杆螺栓总承载面上的应力与材质屈服极限之间应有足够的安全系数。图3-15为连杆螺栓的结构图。

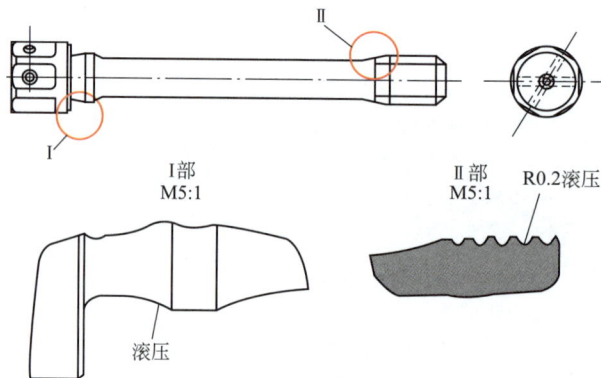

图3-15　连杆螺栓的结构图

连杆螺栓的预紧力要保证轴瓦余面高度的"压平"，在任何运转工况下保证连杆大头结合面不分离，同时顾及螺栓的安全可靠，因此对连杆螺栓的预紧力必须严加控制。测量螺栓的预紧力通常有扭力扳手法、螺栓头转角法及螺栓伸长量法等。扭力扳手法一般用于直径较小或扭矩不大的螺栓预紧，使用简便，但受到工具精度、螺纹精度及摩擦面摩擦阻力变化等影响而准确度较低。螺栓头转角法是在螺栓头与连杆盖支承面贴靠之后再扭转一定角度来计量，不需专用工具，使用简便，准确度较高。螺栓伸长量法利用预紧力与螺栓伸长变形之间的关系，将预紧力折算成一定的伸长量，组装时保证达到此伸长量。对于栽入式连杆螺栓，伸长量法往往借助于专用工艺套和工艺螺栓来进行，工艺稍繁杂，但比较可靠。为方便拆卸后重装，要求连杆体和连杆大头盖、螺栓与螺孔"对号入座"，并在组装后在螺栓头及大头盖侧面划对准刻线，在一定次数内重装时只要使刻线对齐，而不必再校正伸长量值。

2）V 型柴油机的连杆组分类

V 型柴油机左、右两列气缸共用一根曲轴，在同一曲柄销上连接着两组连杆，连杆的结构特点影响到活塞行程、气缸位置及整机长度。

柴油机的连杆组有以下几种形式。

（1）并列连杆组

左、右两列气缸的连杆组结构相同，且左、右相邻气缸的连杆组并排地安装在同一曲柄销上，这使左、右相邻气缸的中心错开一定的距离。并列连杆组的优点是：各连杆组的结构、受力和运动规律相同，制造工艺简单，有利于批量生产、维修及简化备品。并列连杆组的缺点是：每组连杆轴瓦都需要一定的承载面积，承载面互不重叠，因而曲柄销较长，曲轴刚度有所削弱，机体造型和受力较复杂。图 3-16 为并列连杆组。

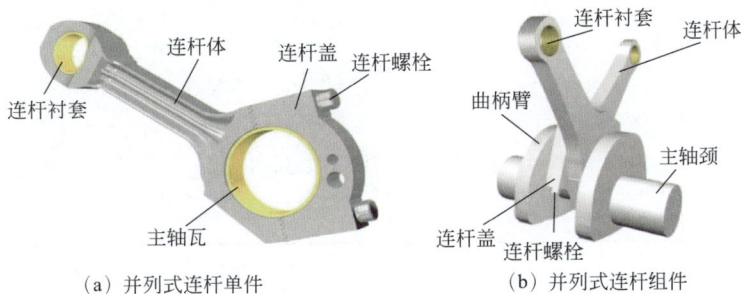

（a）并列式连杆单件　　　　　（b）并列式连杆组件

图 3-16　并列连杆组

（2）叉片式连杆组

安装在同一曲柄销上左、右气缸的连杆组不相同，其中有叉形开挡的连杆大头者称为叉式连杆，另一较薄的连杆大头插装在叉形开挡内者称为叉片式连杆。

叉式连杆轴瓦较宽，安装在整个曲柄销上。由于两组轴瓦承载面的重叠和借用，缩短了机体和曲轴的长度，使左、右气缸中心不错开，对机体和曲轴的受力有利。但缺点是两种连杆结构不同；轴瓦的加工技术要求高；叉式连杆大头刚度不足；叉式轴瓦在连杆盖紧固后易变形等。图 3-17 为叉片式连杆组。

（3）主副连杆组

安装在同一曲柄销上，但两缸的连杆组不同，一列气缸的连杆组连接在另一列气缸连杆组的大头上，前者称为副连杆，后者称为主连杆。主连杆与曲柄销相连接，副连杆通过副连杆销、主连杆的大头与曲柄销相联系。

主连杆的大头刚度较大，在同样的

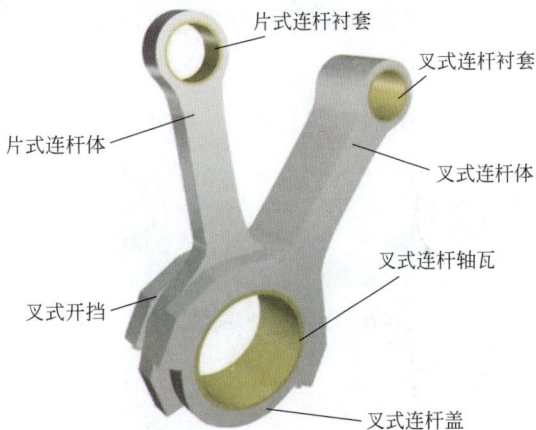

图 3-17　叉片式连杆组

条件下，主连杆轴瓦的宽度也小于并列两连杆瓦的总宽度，同时左、右相邻气缸中心一致，这些皆有利于使机体和曲轴长度缩短，提高曲轴刚度。但是，主、副连杆组结构复杂；左、右两活塞连杆组的运动规律不同，活塞行程也不相同；两种连杆组受力不同，副连杆传力到主连杆大头，使主连杆及主缸活塞的侧表面承受附加力。

3. 曲轴组

（1）曲轴组的作用和工作特点

曲轴组将活塞的往复运动转变为自身的旋转运动，使作用于活塞上的气体压力和往复运动惯性力的合力的一部分转换为扭转力矩，对外输出功率以驱动牵引发电机（或液力传动装置）及一些辅助装置，对内带动柴油机自身的一些附件，如凸轮轴、配气机构、喷油泵、调速器、水泵及主机油泵等运转。

曲轴受到气体力、往复运动惯性力及旋转惯性力等的联合作用，使曲轴承受弯曲、扭转、剪切及拉压等复杂的交变应力，同时使轴系出现扭转振动和弯曲振动。

曲轴的结构尺寸与柴油机整机尺寸有密切关系，轴颈的大小尤其受空间及回转惯性力的限制。曲轴为一根细而长的弹性轴，由于形状和截面尺寸变化较大，有些部位易产生严重的应力集中现象。在某些工作转速下，曲轴轴系会发生扭转振动，严重时会出现扭转疲劳破坏；在长期交变载荷作用下可能出现弯曲疲劳破坏。由于尺寸受限制，轴瓦单位面积上具有较大的载荷，并与高速旋转的轴颈之间发生强烈的摩擦、磨损现象。曲轴的工作可靠性对柴油机整机有重大影响。

曲轴是柴油机中加工周期长、技术要求高的大部件之一，其造价也较昂贵。图 3-18 是曲轴组实物图。

图 3-18 曲轴组实物图

曲轴的输出端通过法兰与弹性联轴节相连接，并通过弹性联轴节带动牵引发电机。

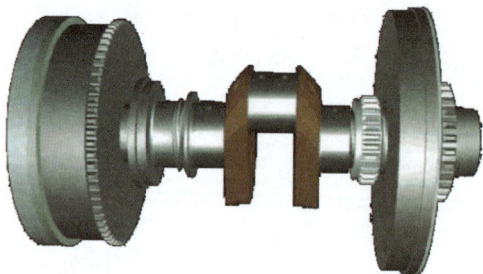

图 3-19 单缸曲轴

曲轴的自由端装有曲轴正时齿轮、减振器、泵传动齿轮、万向联轴节叉形接头，通过这些零件驱动凸轮轴、气阀、联合调节器、转速表、水泵、机油泵及机车的辅助装置等。

（2）曲轴的基本结构

① 曲柄。曲柄也称曲拐，它是构成曲轴的基本单元。多缸柴油机的曲轴由多个相同的曲柄按一定规则排列组成。图 3-19 为单缸曲轴。曲柄是由主轴颈、曲柄销（连杆颈）及曲

柄臂等组成的曲轴轴段，其数量与气缸数有关。V 型柴油机的曲柄数为气缸数的一半。

主轴颈为曲轴的支承轴颈及转动中心。立式柴油机的主轴颈数通常为缸数+1。所有主轴颈皆位于同一中心线上。曲柄销与连杆大头相连接，曲柄销的直径与长度对曲轴刚度、旋转质量、轴瓦承载面积及连杆大头从气缸中吊装等有较大影响。曲柄销中心与主轴颈中心的距离为曲柄半径，数值为行程的一半。主轴颈和曲柄销大多制成空心轴颈，以减轻旋转运动质量，有利于减少惯性力，提高曲轴扭转和弯曲疲劳强度，并为机油提供了通道。

② 曲柄臂。曲柄臂为主轴颈与曲柄销之间的连接部分，它是合力由曲柄销到主轴颈的传力要道，受力情况较为复杂，是曲轴的薄弱环节之一。曲柄臂的形状及尺寸对曲轴的强度和刚度有较大的影响。曲柄臂的形状通常有菱形、椭圆形和圆形等。机车柴油机大多数采用椭圆形或圆形曲柄臂，前者对材料的利用较为合理，具有较好的抗弯强度和扭转刚度，后者对危险截面同样有所加强，加工简便，但对材料利用不如前者，旋转质量稍大。

③ 轴颈的重叠度。在某一曲柄半径下，主轴颈与曲柄销在曲柄臂处重叠的距离称为轴颈的重叠度。在曲柄销到主轴颈的传力途径上，如果增大轴颈的重叠度，则曲轴刚度增加，曲轴的受力状态将得到改善。

④ 曲柄排列与曲轴平衡。曲柄排列是指多缸柴油机曲柄按一定规律、一定角度的周密布置。曲柄排列与柴油机动力平衡、发火顺序及扭转振动等有密切关系，必须综合考虑。

多缸曲轴的曲柄排列方案有许多种，以 V 型四冲程柴油机为例，为达到对外平衡及均衡发火，16 缸柴油机通常采用十字形镜面对称的曲柄排列方案，12 缸柴油机通常采用三等叉镜面对称的曲柄排列方案。图 3-20 为十字镜面对称排列。

所谓曲柄镜面对称排列，是指曲轴前半段曲柄排列在镜中的成像即为后半段曲柄排列，即曲轴前、后两段的曲柄排列对称于中间挡主轴颈。镜面对称排列对平衡有利：当每个活塞

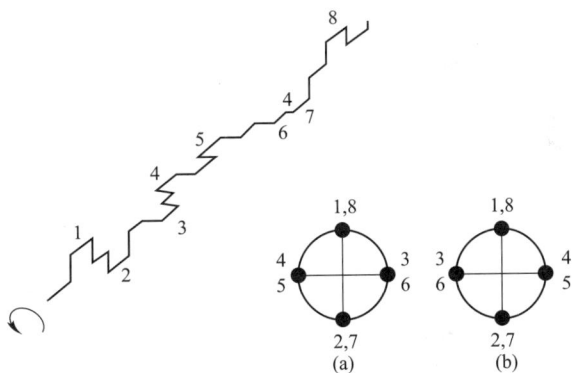

图 3-20　十字镜面对称排列

连杆曲柄组的运动质量和重心都相同时，不论气缸夹角多大，柴油机运转时作用在曲轴上的往复惯性力、离心惯性力及它们的力矩的矢量和等于零，即在任何曲轴相位下对外部都完全平衡。曲轴对外平衡并不等于内部不受力，作用在中间挡主轴颈上的力矩虽相平衡，但其仍受到很大的内力矩和弯曲变形，这将使曲轴、机体及主轴承等受损。为改善曲轴内部的平衡性，通常在曲柄臂下部增设平衡重，用以平衡惯性力和力矩，减轻主轴承负荷，改善轴瓦工作条件，减小曲轴内力矩，减小曲轴和机体的受力和振动。但是平衡重使曲轴运转质量增大，曲轴的自振频率降低，而且也增加了加工、组装和检修的麻烦，因而也不一定在每个曲柄臂下都安装平衡重。

⑤ 润滑油道。主轴颈和曲柄销承受很大的负荷，因此必须保证可靠的压力润滑。机油由主机油道送到各主轴瓦工作面处，除了轴瓦两侧流失的部分，大部分机油经曲轴内

油腔供应连杆瓦润滑。

⑥ 曲轴的两端及曲轴的止推。一根完整的曲轴，除了有按一定相位排列的各曲柄以外，在其两端还有一些不同的要求。曲轴的首部也称自由端，此处为扭振振幅最大的部位，安装着扭转振动减振器，通常还设置配气正时齿轮及泵传动齿轮。曲轴的尾部也称输出端，通常设置弹性或刚性联轴节及盘车机构等。由于曲轴受热伸长及曲轴上斜齿轮及锥齿轮在传动时产生轴向推力，故需对曲轴实施轴向定位（轴向止推）。轴向定位面常布置在曲轴输出端，少数在中央主轴承处。轴向定位由曲轴止推肩、止推轴瓦及机体止推轴承座等组成，推力通过止推轴瓦传给机体。轴瓦止推面与曲轴止推肩之间有一定的间隙，此间隙称为止推间隙或轴向间隙。曲轴的两端通常都伸出机体外，为防止曲轴箱内机油外泄，机体或有关端盖处都设置了油封。

4. 减振器

扭转振动是柴油机运转中不可避免的现象。柴油机的曲轴轴系是包括曲轴组及与之相连的运动机件在内的弹性体系。由于柴油机各气缸内间歇性的发火燃烧，使曲轴轴系受周期性的强制扭转振动，这种强制扭转力在一定条件下会激起曲轴轴系的扭转振动。由于曲轴的扭转刚度较小，扭转时自振频率较低，因而常在柴油机工作转速范围内出现强迫振动频率与自由振动频率合拍的共振现象，使曲轴承受很大的扭振应力。

常见的减振器有硅油减振器、硅油弹簧减振器、卷簧式减振器及盖斯林格式减振器等。下面主要介绍前面两种减振器。

（1）硅油减振器

硅油减振器即液阻式减振器。在密封的壳体内自由浮装了具有较大转动惯量的环形惯性体，惯性体与壳体之间具有一定的间隙，其间充满了一种黏度较大的甲基硅油。惯性体的内圆面安装有青铜材质的减磨环，安装后减磨环的外表面高出惯性体的内圆面及侧面，以承受惯性体径向和侧向的摩擦。为保证一定的间隙限度，磨损后的减磨环可拆卸更换。减振器的壳体与曲轴紧固，当曲轴驱动减振器壳体旋转时，高黏度的硅油随壳体一起运动，硅油带惯性体逐渐转动然后与壳体同步运转。当曲轴发生扭振时，减振器壳体随曲轴一边转动一边快速扭摆，而惯性体仍维持匀速惯性转动，因此惯性体相对壳体出现位移，位移大小及方向瞬间变更，使高黏度硅油产生层间滑移，分子间发生摩擦发热而消耗扭振的能量，从而使扭振振幅减小。图3-21是硅油减振器的结构。

硅油减振器结构简单，工作可靠，黏性阻尼减振范围广，使用寿命长，但径向尺寸大，减振效果一般。

（2）硅油弹簧减振器

硅油弹簧减振器又称为液阻弹性式减振器，它是在硅油减振器的惯性体与壳体之间增设弹性元件，如径向板簧或卷形簧等。

硅油弹簧减振器由减振器体、外壳、端盖、滚柱、弹簧片、减磨环、惯性体等组成。图3-22为硅油弹簧减振器的结构。

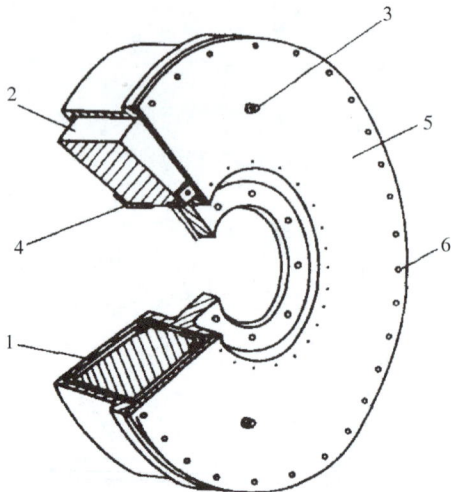

1—减振器壳体；2—惯性体；3—加油堵；
4—减磨环；5—盖板；6—紧固螺栓孔。
图3-21 硅油减振器的结构

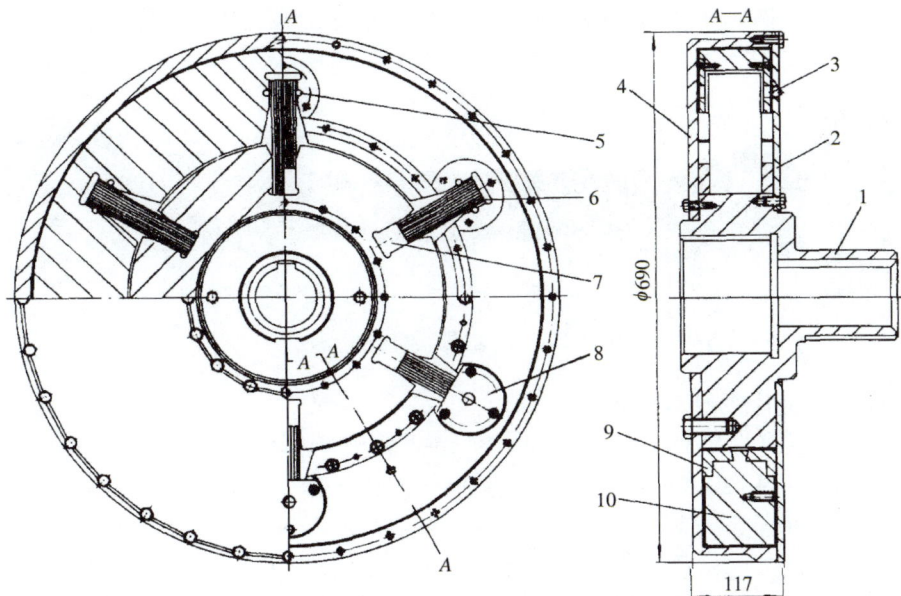

1—减振器体；2—端盖；3—密封堵；4—外壳；5—滚柱；6—弹簧片；
7—挡块；8—盖板；9—减磨环；10—惯性体。

图 3-22　硅油弹簧减振器的结构

减振器体、外壳及端盖用螺栓紧固成空心密封腔，减振器体的内圆孔与曲轴过盈装配。为防止扭振而松动，内圆孔还以平键配合传动，组装时减振器体应加热后套装。外壳和端盖构成薄壁壳体，内腔与惯性体之间的间隙中充以硅油。端盖有灌注硅油用的上、下孔，注油时向一孔内压油，另一孔排气，注满后用堵密封。

惯性体安装在空心密封腔内，它与减振器体的相应位置上均布有径向槽，槽内插装弹簧片。弹簧片组与减振器槽之间有间隙，弹簧片组的两侧边用挡块塞住，防止弹簧片轴向移位。弹簧片组另一端插在惯性体槽内，由淬火的滚柱夹持，滚柱与弹簧片组之间用盖板封住。减振器密封腔内注有甲基硅油。减振器各部间隙和硅油的黏度大小对减振效果有影响，应按设计要求调整。

硅油弹簧减振器与硅油减振器的不同是：由于弹性元件的介入，使惯性体并非完全自由，而是与减振器体之间有一定程度的联系，因而使轴系的自振频率有一定程度的变化；当曲轴轴系发生扭振时，减振器壳体部分相对于惯性体快速扭摆，弹性元件变形而产生弹性反力矩；此外，硅油的黏性阻尼消耗部分干扰功，使之化为热量从壳体表面散发，这使轴系的各阶次扭振振幅减小。

一般来说，硅油弹簧减振器的减振效果比硅油减振器好，且径向尺寸较小。

5. 联轴节

（1）联轴节的作用和类型

柴油机曲轴的功率输出端与从动装置之间通过联轴节连接，在柴油机运转时它起到如下作用：传递扭矩，并起惯性飞轮作用；减小两连接轴安装时微量不同轴度的影响；在启动、变速及停机过程中缓和对柴油机及从动装置的冲击；改变曲轴轴系的扭振动力特性；消振及避振。

联轴节通常有刚性、半刚性及弹性之分。弹性联轴节有金属弹簧、钢套橡胶黏合元件及径向板簧等弹性元件之分。16V240ZJB 型柴油机装有半刚性联轴节。图 3-23 为 16 缸柴油机曲轴组成。

图 3-23　16 缸柴油机曲轴组成

（2）径向弹簧片式弹性联轴节

径向弹簧片式弹性联轴节又称盖斯林格联轴节，它由主动件、弹性传动组件及从动件等组成。主动件是一个带有花键的传动轴；弹性传动组件由径向弹簧片组、支承块、弹性锥套及刚性锥套等构成；从动件由齿轮盘、主动盘、从动盘及油封盖等组成。

花键轴采用合金钢材质，表面进行氮化处理，以提高耐磨性和疲劳强度。轴端的法兰与曲轴输出端法兰通过铰孔螺栓连接。法兰的外圆面上有盘车刻度。轴的中段有花键槽，槽的侧面为传递扭矩的受力面。轴的前段为滚动轴承支承轴颈。花键轴内部为空心油腔，由曲轴轴端螺堵小孔引来压力机油，前端由油封法兰封住，油封法兰上开有油槽，将压力机油引入滚动轴承内。

弹性传动组件将花键传来的扭矩弹性地传给从动件。弹簧片组径向放射形地均匀布置，每组由长短不等的弹簧片组成，最长的片为主片，同时设置副片。因为曲轴并不逆向运转，所以主片两侧的副片非对称布置。弹簧片由钢制成，润滑脂并在片间衬以黄铜薄片，以减少弹簧片变形时的内阻尼和防止表面擦伤。弹簧片由圆柱销串联在一起，以保持各片间的相对关系。弹簧片组的小端插在花键槽内，弹簧片组的大端被弹性锥套、刚性锥套及支承块等夹紧在联轴节的外缘。刚性锥套为厚壁套，其内表面具有锥度。弹性锥套实际上是一个开口式薄壁环，其外表面也有锥度。如果将弹性锥套压装入刚性锥套中，则随着压入深度的增加，弹性锥套的内径及开口逐渐收缩。支承块和弹簧片组间隔布置，它们皆安放在弹性锥套的内孔中，当弹性锥套内径收缩时，各弹簧片组和支承块的大端就相互挤紧，即被两个锥套箍紧。支承块起隔开弹簧片组、传递力矩及构成油腔的作用，它具有一定的外形，用以限制弹簧片组小端在柴油机过载时的变形；它与弹簧片组的间隙还构成机油流通空间；它通过螺栓将齿轮盘及主动盘等紧固在一起，以传递由弹簧片组传来的力矩。

齿轮盘与主动盘分置于弹性传动组件的前、后部。齿轮盘具有轮齿，以供柴油机曲轴盘转之用。主动盘安装在滚动轴承的外圆面上，通过螺栓与从动盘相连。从动盘的内圆孔与牵引发电机转子轴凸肩相定位，侧面与转子轴紧固，使曲轴的扭矩最终传到发电机。发电机转子的后部设有滚动轴承，转子前部通过从动盘、主动盘等支承在联轴节的滚动轴承上。

为防止各面泄油，在相关地方均安装有橡胶密封圈。另外，在从动盘外圆面上有警告孔，当机油从此孔泄出时，说明主动盘密封不良。

（3）径向弹簧片式弹性联轴节的工作特点

径向弹簧片式弹性联轴节由于弹簧片组大端被弹性锥套、刚性锥套及支承块等紧固而与从动件相联系，弹簧片组的小端呈自由状态。在柴油机曲轴传递正常扭矩时，花键轴受曲轴驱动使键槽侧面压迫主片下端，主片及顺转向 5 个副片一起挠曲变形，因而使扭矩通过弹性传动组件及主动盘传到电机转子。虽然柴油机不可能逆向运转，但在启动和紧急停机的瞬间主片受到反向的力矩，2 个副片为防止主片应力过大而设。弹簧片在转速变化时起到缓解冲击及减小振动的作用，同时径向弹簧片式弹性联轴节还能允许曲轴与电机转子之间有微量的不同轴度。

由于联轴节的高弹性及主动件较小的惯量改变了轴系的扭振特性，使轴系的自振频率大幅度降低。调节联轴节的弹性和惯量，可使轴系得到合适的自振频率，达到对危险扭振阶次避振的目的。

径向弹簧片式弹性联轴节还具有高阻尼。当曲轴花键轴发生扭转振动时，弹簧片组快速交变弯曲变形，使弹簧片组两侧油腔体积一边缩小，另一边增大，缩小的油腔则将机油迅速地通过弹簧片组两端面微小间隙泵压到体积增大的油腔内。这种泵吸作用使机油反复变向高速流动，微小的间隙使机油流动时产生较大的阻尼；同时，变形的弹簧片在小端处产生弹性反力矩，消耗及抵制扭振的干扰力矩，使径向弹簧片式弹性联轴节具有良好的消振作用。

任务 3.3　GEVO16 型柴油机运动件

1. 活塞组

1) 活塞组的组成

活塞组主要由活塞头、活塞体、活塞裙、活塞销和活塞环等组成。活塞组的结构如图 3-24 所示。活塞头和活塞体之间以螺栓紧固，活塞销置于活塞体和活塞裙的活塞销孔里，属浮动式活塞销，在活塞裙的活塞销孔两侧装有挡圈，用于限制活塞销的轴向窜动。三道活塞环分别装于活塞头的环槽里，其中上面两道为气环，下面一道为油环。下面主要介绍活塞头和活塞体。

（1）活塞头

活塞顶为浅"ω"形状，与喷油器的多孔喷嘴所喷射的油束相配合，使气缸内的空气与燃油充分接触和燃烧。

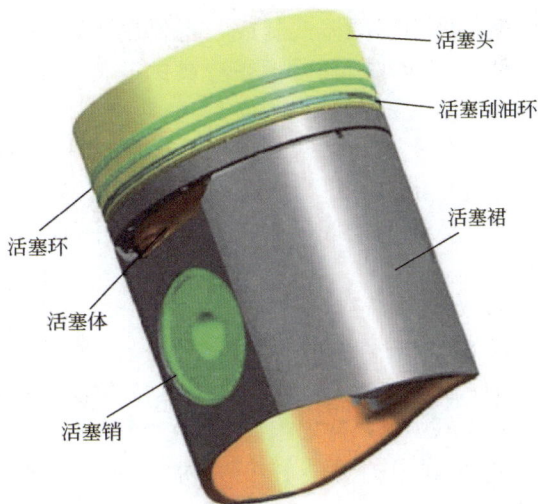

图 3-24　活塞组的结构

活塞头内腔的外周是一个环形冷却油腔，油腔的外周还设有许多油孔通向活塞顶内壁，压力油经上述油腔和油孔去冷却活塞环槽和活塞顶。油腔紧靠活塞环槽，可以有效地降低活塞环和环槽的工作温度，从而减小活塞环及环槽的磨损，避免活塞环弹性松弛和黏结等故障。冷却油腔内设置的向上斜油孔，可有效冷却活塞头的顶部和上部圆柱面，避免顶部过热而出现裂纹和由于圆柱面受热膨胀而抱缸。活塞头内腔中央与活塞体顶面形成一个较大的冷却油腔和冷却表面，用进入此油腔的油去冷却活塞顶中部。

环形油腔与中部油腔之间有一个环形凸台，上面设有螺纹孔和定位销孔，通过螺栓和垫圈把活塞体与活塞头连接起来，活塞体与活塞头之间用定位销定位。

图 3-25 为带头和销的活塞销座实物图，图 3-26 为活塞销座实物图。

图 3-25　带头和销的活塞销座实物图　　　　图 3-26　活塞销座实物图

（2）活塞体

活塞体由球墨铸铁制成，主要用于支撑活塞头和活塞销。球墨铸铁活塞体相对于铝活塞体，其活塞销孔可承受更高的几何压缩比，因而对于高强度的柴油机，球墨铸铁活塞体具有较大的优势。

活塞体上部与活塞头下部共同组成中间和外周两个冷却油腔。由连杆来的润滑油经活塞销孔里的油孔进入外周油腔，用于冷却活塞环槽和活塞顶，同时通过活塞体上的横向油孔流入中间油腔，去冷却活塞顶中部。在外周油腔，活塞体和活塞头之间用橡胶圈密封。

2）活塞组的作用

活塞组与柴油机其他部件一起构成了内部燃烧做功的、可变容积的工作场所，活塞顶面的凹穴造型对燃烧的经济性有较大影响；活塞组密封气缸的下部，使燃烧室与曲轴箱隔开。活塞组承受燃气压力，并传递给曲轴，使往复运动转换成旋转运动，将气缸内的热能转变为机械能。二冲程柴油机的活塞组还兼有控制配气相位的作用。

2. 连杆组

连杆组主要由连杆体、连杆盖、连杆螺栓、连杆小头衬套等组成。图 3-27 是连杆组实物图。连杆体和连杆盖采用合金钢整体模锻，并经调质处理，具有较高的综合机械性能。由合金钢制成的高强度连杆螺栓，使连杆体与连杆盖可靠连接。连杆小头衬套由钢背和铜铅锡合金制成。连杆组可分成连杆大头部分、连杆杆身部分和连杆小头部分。连杆体的大头与连杆盖、连杆瓦及连杆螺栓组成连杆大头部分，连杆体的小头与连杆小头衬套组成连杆小头部分。连杆大头剖分面为斜切口，剖分面与连杆中心线的夹角为 50°，斜切口采用齿形定位。连杆杆身为工字形截面。

V 型柴油机的连杆组可分为并列连杆组、叉片式连杆组、主副连杆组三类。连杆组将活塞组和曲轴组连接起来，在膨胀做功过程中把气体压力和往复运动惯性力的合力传给曲轴，使活塞的往复运动转换成曲轴的旋转运动。在其余工作过程中，由旋转着的曲轴通过连杆组带着活塞组运动，从而完成进气、压缩及排气等过程。

四冲程柴油机连杆组的主要载荷是向下的合力，使连杆受压的峰值较大。刚度不足时，连杆可能产生弯曲变形，造成连杆轴瓦及连杆衬套的不均匀磨损，使活塞歪斜，活塞与气缸局部接触，轻则增加附加磨损，重则导致拉缸。连杆组还承受时间不长和数值不大的拉力，但由于方向改变，对连杆组构成循环疲劳载荷，使某些薄弱部分（如连杆螺栓、连杆盖或杆身）产生裂纹或断裂。

另外，连杆组的摆动还产生摆动惯性力，使连杆产生横向弯曲变形。连杆组处于复杂的交变受力状态下，它的故障影响到整机安全。为此，要求连杆组在不过分增加重量的前提下，具有足够的疲劳强度和结构刚度，从材料、设计及制造工艺方面保证安全可靠。

图 3-27　连杆组实物图

3. 曲轴组

（1）曲轴组的构成

曲轴组主要由曲轴、锥套、甩油盘和法兰盘等组成。法兰盘通过锥套压配于曲轴输出端的轴颈上，它与主发电机转子法兰之间用螺栓紧固连接。甩油盘与法兰盘及后油封盖共同构成曲轴输出端的迷宫式密封结构。

（2）曲轴的结构

曲轴的材料为合金钢，以整体锻造而成，经热处理后可改善其机械性能。

曲轴由 8 个曲柄、自由端轴段和输出端轴段组成。曲轴以 9 个主轴颈支承于机体的主轴承内，其中输出端设有止推轴承。曲轴自由端的法兰安装了一个减振器和一个泵驱动齿轮，由该齿轮驱动水泵和润滑油泵。曲轴的输出端，在轴颈上安装有曲轴齿轮，经由惰轮带动凸轮轴齿轮。

主轴颈和连杆颈均为实心结构，为了使润滑油通过主轴颈到连杆颈去润滑连杆轴承，进而通过连杆流向活塞内进行冷却，在主轴颈和连杆轴颈上，垂直于曲轴中心线方向均钻有贯通的油孔，并有斜油孔把主轴颈油道与连杆轴颈油道相连。曲轴上的斜油孔从曲柄臂的斜面上钻入，在钻口处拧上油堵。在曲轴的自由端，由一个钻孔与曲轴上的斜油孔连通，此钻孔对着装在曲轴自由端法兰上的减振器油槽，润滑油由此进入减振器内腔。图 3-28 为和谐机车曲轴组。

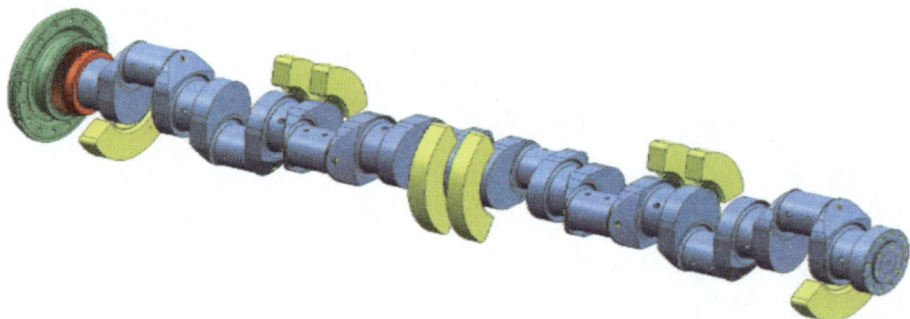

图 3-28　和谐机车曲轴组

（3）曲轴组的作用

曲轴组将活塞的往复运动转变为自身的旋转运动，使作用于活塞上的气体压力和往复运动惯性力的合力的一部分转换为扭转力矩，对外输出功率以驱动牵引发电机（或液力传动装置）及一些辅助装置，对内带动柴油机自身的一些附件，如凸轮轴、配气机构、喷油泵、调速器、水泵及主机油泵等运转。

4. 减振器

GEVO16 型柴油机采用板簧减振器，它属于阻尼弹性减振器。减振器主要由内圈、外圈、中部的限制块和板簧、两侧板及连接侧板的螺栓等组成。内圈由螺栓紧固于曲轴自由端的法兰上，由曲轴来的润滑油经内圈的油孔流入减振器内腔，用于板簧间的润滑。侧板与内、外圈之间用橡胶圈密封，侧板上还设有放气孔。图 3-29 是减振器实物图。

5. 齿轮传动装置

凸轮轴传动装置主要由安装于输出端的曲轴齿轮、左右惰轮、大惰轮、小惰轮、惰轮轴和左右凸轮轴传动齿轮等组成。曲轴齿轮经惰轮传动凸轮轴齿轮。

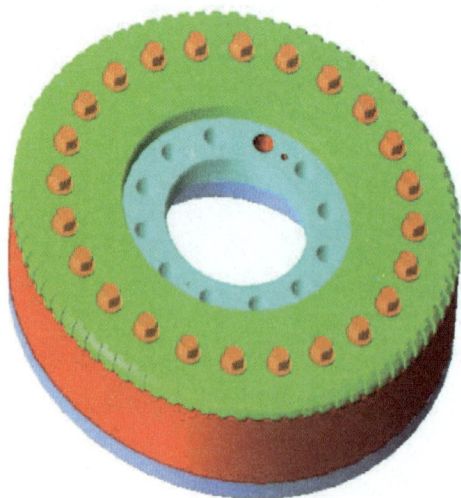

图 3-29　减振器实物图

曲轴齿轮压装于曲轴输出端的轴颈上。凸轮轴传动齿轮由螺栓紧固于凸轮轴输出端的轴颈端面。大惰轮压装于小惰轮的轴颈上，小惰轮内孔压装了衬套，由衬套的内孔支承于惰轮轴的轴颈上并形成滑动配合。惰轮轴的两端用锥套和法兰分别固定在机体输出端的前、后惰轮轴承孔内。由凸轮轴孔来的润滑油经机体的惰轮轴承孔内的油孔、惰轮轴一侧的油槽和径向油孔、惰轮轴轴向油孔和中部的径向油孔去润滑小惰轮衬套孔。凸轮轴传动装置的齿轮依靠飞溅润滑。

泵传动装置由安装于曲轴自由端法兰上的泵传动齿轮和水泵、润滑油泵的齿轮组成。泵传动装置位于柴油机自由端的前端盖内。泵传动装置的齿轮依靠飞溅润滑。图3-30为齿轮传动装置。

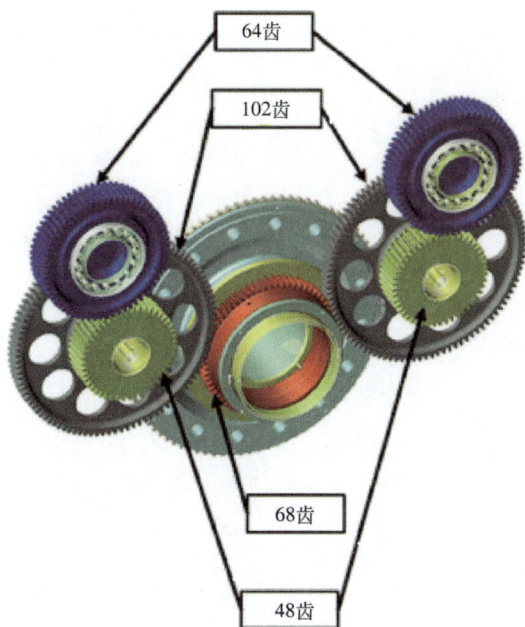

图3-30　齿轮传动装置

任务 **3.4** 柴油机发火原理

1. 四冲程柴油机的发火原理

多缸柴油机均衡地发火燃烧是实现机器平稳运转的必要条件。优选柴油机的发火顺序可使各主轴承负荷均匀，负荷峰值减小，有利于曲轴轴系动力平衡和减小扭转振动，同时在柴油机采用脉冲增压时有利于排气管分支，使换气质量提高及有效地利用燃气能量。

发火顺序及发火间隔角和曲柄排列有密切关系。

V型柴油机常见的发火顺序为交叉式，即左、右两列气缸交替发火，通常使每列气缸的发火顺序相同。曲柄排列为十字形，轴向镜面对称，V形夹角为50°，曲轴顺时针转动，当第1、8曲柄平面转到与右列气缸中心线重合时，第1、8两缸中的活塞同时到达上止点，假定此时第1缸处于发火期；当曲柄再转到第3、6曲柄平面与左列气缸中心线重合时，第11、14两缸中的活塞都到达上止点，此时可选择（创造条件）第14缸发火；曲柄继续转动，依此类推可得发火顺序，如图3-31所示。

交叉式发火通常有两种类型：左、右同号气缸的发火间隔角等于 V 形夹角者称为连续发火；左、右同号气缸发火间隔角等于 360° 减去 V 形夹角者称为间隔发火。间隔发火能使前后左右相邻气缸发火时间错开较长，有利于降低主轴承负荷。连续发火和间隔发火能使不同谐次的扭振干扰功减小，具有不同的减振作用。

2. 16V240ZJB 型柴油机的发火顺序

对同一列气缸来讲，各缸发火顺序还是 1—3—7—5—8—6—2—4（右列）；考虑到柴油机工作动力的均匀性，左、右缸应交替发火，即在同一列气缸发火间隔中都穿插了对面一列气缸的发火；首先是右 1 缸发火，转 40° 后第 14 缸发火，再转 50° 后第 3 缸才发火。图 3-31 为 16V240ZJB 型柴油机发火顺序原理图。

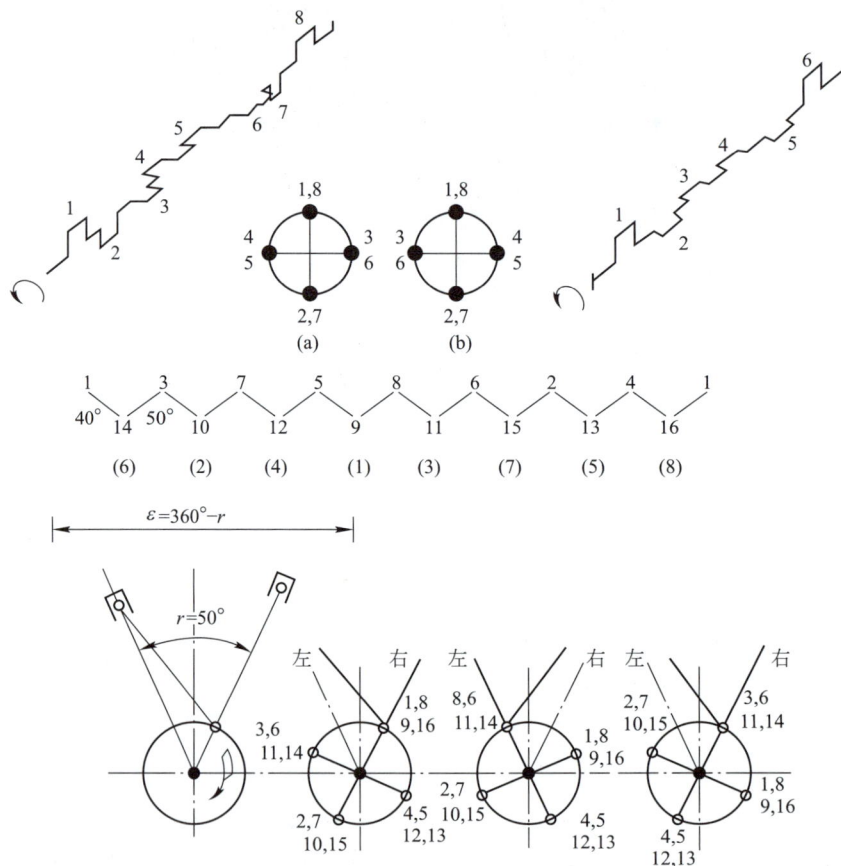

图 3-31 16V240ZJB 型柴油机发火顺序原理图

3. GEVO16 型柴油机连续发火原理

GEVO16 型柴油机气缸编号如图 3-32 所示。面向柴油机的自由端看，左手一侧为左 1 缸—…—左 8 缸，右手一侧为右 1 缸—…—右 8 缸。

GEVO16 型柴油机为连续发火，发火顺序为

右 1—左 1—右 3—左 3—右 7—左 7—右 5—左 5—右 8—左 8—右 6—左 6—右 2—左 2—右 4—左 4

气缸发火间隔角等于柴油机 V 形夹角（45°）。

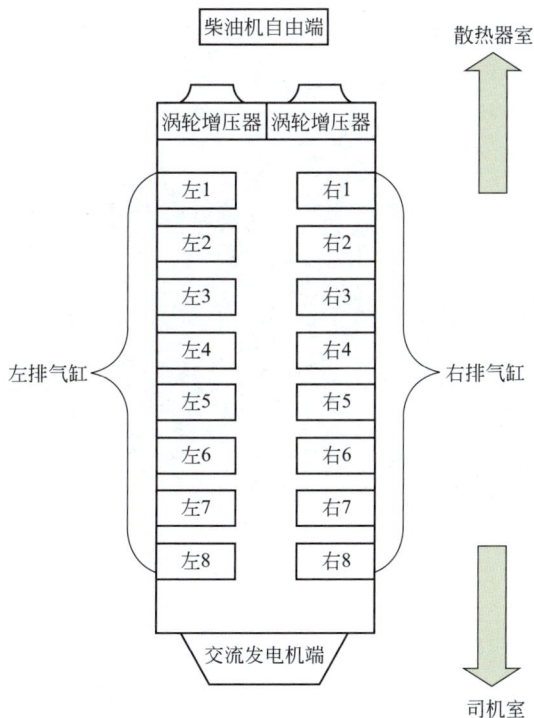

图 3-32　GEVO16 型柴油机气缸编号

任务 3.5　柴油机盘车机构

1. 盘车机构的作用

盘车机构是盘转曲轴的机构，它可以人力或人控机械慢速转动曲轴，起到对柴油机进行总组装、调整及检查的作用。图 3-33 为盘车机构安装位置。

2. 盘车机构的组成

柴油机的盘车机构由支座、滑动支架、定位销、滑动轴、蜗杆、蜗杆轴、锥齿轮对、轴承体及轴承、行程开关及指示针等组成。盘车机构安装于柴油机机体输出端的端板右侧，通过螺栓和定位销将垫板紧固于机体上。垫板上安装支座，支座上设置平行的滑动轴。滑动支架底部的凸环套装在滑动轴上，滑动支架上部带着蜗杆及锥齿轮对等，在滑动支架沿着滑动轴移动时，蜗杆接近或离开弹性联轴节的齿轮盘。蜗杆套装并用销铆在蜗杆轴上。蜗杆轴一端安装锥齿轮，另一端安装注油嘴，压入润滑脂供支架轴承润滑。图 3-34 为盘车机构结构图。

滑动支架与支架座由 2 个弹性定位销定位，定位销孔左右各 2 个。当柴油机处于非盘车状态时，即蜗杆与齿轮盘轮齿脱开，这时滑动支架由 2 个弹性定位销锁闭在右定位销孔中，行程开关的触头与滑动支架相压合，柴油机的启动电路接通，这表示柴油机不在检修状态并随时皆可启动。拔出弹性定位销，并使滑动支架左移一段距离，将定位销锁闭

图 3-33 盘车机构安装位置

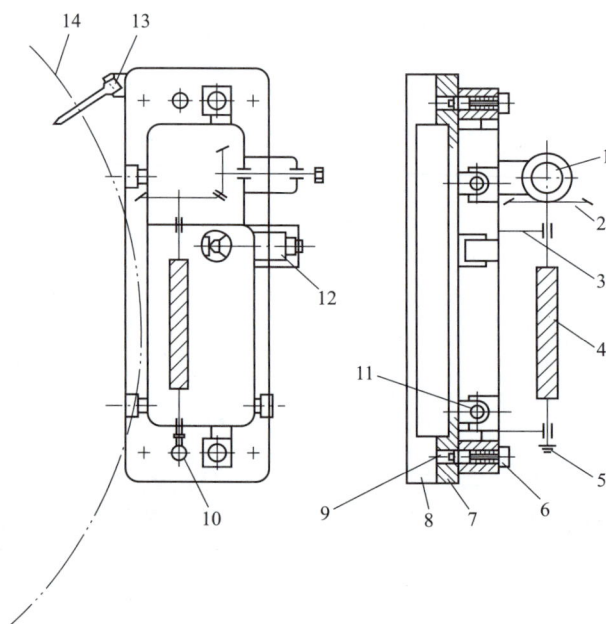

1—小锥齿轮；2—大锥齿轮；3—滑动支架；4—蜗杆；5—注油嘴；6—弹性定位销；
7—支座；8—垫板；9—右定位销孔；10—左定位销孔；11—滑动轴；
12—行程开关；13—指示针；14—齿轮盘位置。

图 3-34 盘车机构结构图

在左定位销孔中，则盘车机构处于盘车状态，蜗杆与蜗轮盘轮齿啮合，行程开关的触头与滑动支架脱开，柴油机启动电路断开，表示柴油机需要或正在检修，此时不能启动柴油机。

盘车锥齿轮对安装在滑动支架上，随支架移动以确保齿轮对始终啮合。

3. 盘车、甩车、甩缸

甩车的目的是将气缸内积油、积水通过示功阀排出来，并查找故障和防止运动件受到损伤。当气缸内有大量积油或积水时就不宜用甩车的方法处理了，因为会造成曲轴断裂或连杆弯折之类的大破损，此时就要用盘车的方法。盘车的另一个作用是在调整气门间隙时转动凸轮轴，使各缸的进、排气凸轮到达基圆位置。当然，机车大、中修时还要用盘车的方法调整相位。

甩车一般是机车柴油机停机 24 小时及以上时使用；而盘车是机车小、辅修结束后，为了检查机车柴油机是否可以正常起机的必备工作。

所谓"甩缸"，就是让某个气缸停止工作。一般最常见的处理方法是：直接找到对应某个气缸喷油泵的柱塞，停止这个柱塞的供油，对应的那个气缸就停止柴油供应了。

任务 3.6 运动件常见故障

1. 活塞环断裂，燃气严重泄漏，差示压力计起保护作用

事由： 2010 年 4 月 8 日，DF$_{8B}$型 5271 机车牵引 WJ138 次货物列车，运行在兰新线哈密至柳园区段的思甜至尾亚间。微机报警，屏显"曲轴箱超压"，列车被迫停于 K1193+288 m 处。停车后，经全面检查，同时与段技术支助热线"110"联系，按专业技术员指导要求机车继续运行。机车运行到天湖至红柳河间，差示压力计再次起保护作用而停机（车），启动柴油机后，运行至目的地站。发生故障时间为 7 时 53 分，7 时 56 分由区间开车，区间总停时 3 min。

分析： 该台机车返回段内后，经解体检查，发现柴油机 D11 缸活塞气环发生寸断，引起密封不良，使气缸燃烧室大量的燃气由此窜入曲轴箱，导致曲轴箱压力升高，差示压力计起保护作用。其原因为该气缸气环材质差，从而发生寸断。

该台机车柴油机所发生的故障属于结构性机械损坏，原因是材质问题。遇到此类故障，柴油机在前期运转中会有异响或冒黑烟，当气缸燃气窜入较多时，差示压力计起保护作用。机车在运行中，柴油机的故障现象为冒黑烟或故障缸在柴油机低速运转时有"敲缸"的声响。

预防措施： 此故障属于材质不良引起的机械损坏故障，属于柴油机内部不可视性故障，机车出段前的静态检查很难发现。此类故障一般在柴油机运转动态情况下，通过间接检查发现。对于此类故障的检查处理方法，在柴油机空载处于怠速（400 r/min）时，可运用"巡声诊断法"的间接识别方法，确定故障气缸是否有异响，或通过甩缸的方法，鉴别出故障气缸，即当甩至某气缸时，柴油机停止冒黑烟就为该气缸故障。机车运行中，判断出故障气缸后，即可将该故障气缸甩掉，维持机车继续运行。

2. 活塞破损与连杆断裂

事由： 2011 年 3 月 17 日，DF$_{4B}$型 9277 机车牵引 80907 次货物列车，运行在兰新线鄯善至乌鲁木齐西区段。吐鲁番站 10 时 25 分开车，运行中差示压力计起保护作用，与段技术支助热线"110"联系，并立即采取停车措施，列车于 10 时 48 分停在 K1752+286 m

处。停车后，按规定进行了通报。经检查，D12缸下曲轴箱盖上防爆阀被打开。与段技术支助热线"110"联系后，立即请求救援。区间总停时111 min。

分析： 该台机车返回段内后，经检查为D2缸的活塞破碎及连杆断裂。柴油机在运转中当某气缸气密性不良时（活塞破碎，其气缸气密性就遭到了破坏，属气密性不良），燃烧室大量燃气会窜入曲轴箱内，因曲轴箱内不能有过多的燃气，过多的泄漏燃气聚集会形成一定的压力，有可能引起曲轴箱内的"燃爆"，其危害是很大的。为保证曲轴箱内燃气不会过多，设置了差示压力计与曲轴箱防爆阀两套保护装置，当活塞破碎大量泄燃超值时（588 Pa），差示压力计起保护作用。连杆断裂只能造成运动部件的损坏或打坏柴油机内相邻的固定件，只有当连杆颈拉伤或气缸拉伤时，产生的高热使曲轴箱燃气膨胀，曲轴箱内燃气压力上升，才能促使差示压力计作用。此故障是机械损坏故障，属于部件材质疲劳损坏。对于此类柴油机内部隐蔽性部件的损坏，对司乘人员来说，直接检查发现有一定难度，不过此类部件的损坏不会突然发生，会有一个过程，在这一过程中可通过间接识别的方法将其判断出来。

预防措施： 对于此类故障，可用手指触摸高压油管的传导脉冲，判断传导脉冲的频率是否异常，以及在柴油机低速时可鉴别气缸内的运动杂音，若有异常，及时提票。专业人员仅需对此类气缸的压缩压力进行相应测试，就能识别出故障。

3. 柴油机敲缸

1）故障现象

柴油机正常状态下工作时，声音柔和稳定，但由于某种原因，燃烧室内会发生"咚咚"的异音，这就是柴油机敲缸。

2）原因分析

（1）机械敲缸

机械敲缸即燃烧室内有机械撞击声。

① 活塞与缸壁的撞击。柴油机工作时，活塞受到连杆摆动平面内的侧压力，造成活塞对缸套周期性的撞击，若活塞与缸套配合间隙过大，撞击的程度就会加剧；柴油机工作油、水温偏低，使活塞与缸套之间的热膨胀不足以弥合过大的配合间隙，也会使两者间的撞击剧烈。

② 由于气门弹簧断裂等原因，使气门不能及时回座，从而与上行的活塞顶相碰撞。

③ 燃烧室内有异物。如喷油器喷头断落在燃烧室内，甚至在组装时有金属件落入燃烧室内。

（2）燃烧敲缸

柴油机的燃烧敲缸发生在燃烧初期，当单位曲轴转角的燃烧压力升高值超过500~600 kPa时，就会发生敲缸，即所谓"爆燃"。造成燃烧敲缸的原因也是多种多样的，由于原因不同，敲缸的声音也不同：有连续敲缸声，有间断敲缸声，有的在任何转速下都敲缸，有的只在高转速下敲缸。

① 在柴油机启机前，已有燃油积存在燃烧室内，启机后积存的燃油在活塞上、下运动时与进入气缸内的新鲜空气混合，达到一定条件时，这些燃油所形成的混合气体会突然燃烧，使在单位曲轴转角内燃烧压力超过500~600 kPa，出现爆燃而敲缸，这部分燃油烧完后，敲缸声也随之结束。

燃油在燃烧室内积存一般是由于上次停机前柴油机低速空转工作时间较长，再加上喷油器的喷雾质量不佳，进入燃烧室内的部分燃油不能燃烧而积存在活塞顶上。

② 喷油器喷雾质量差，甚至有滴漏现象，使进入燃烧室内的部分燃油不能及时燃烧，而在某一时刻，该部分的燃油与空气混合后达到可燃条件，于是这些过量的混合气体因燃烧而出现爆燃，敲缸声也由此而生。该部分燃油燃烧完后，再积累等待，于是就产生了间断性敲缸。

③ 同一台柴油机上的各喷油泵小供油量（第 4 刻线时的供油量）相差悬殊，有时可相差 1 倍以上。因为喷油泵的供油量是在齿条第 12 刻线下进行调整的，此时称为大供油量。

由于各喷油泵柱塞的螺旋线及柱塞套的加工误差，造成在齿条小刻度线时的油量不均。例如在同一台柴油机上，绝大部分喷油泵的小油量偏大、个别喷油泵的小油量偏小较多时，柴油机在低速空载时，偏小的那个气缸的喷油器的喷雾质量会很差，甚至出现滴漏、间断喷射等现象，使增压后的空气因冷却不足而密度较小，满足不了气缸燃烧的需要，造成排温升高，促使增压器转子转速上升、转子吸气量增加，但由于中冷器的冷却能力不足且已影响到增压后的空气通过能力，造成压气机前的空气不能完全通过压气机而发生喘振。

④ 增压器的喘振裕度偏小。喘振裕度是指增压器在与柴油机配套工作时，增压器的每一个转速下都对应有一个实际的空气流量值和一个发生喘振的最小空气流量极限值。该转速下的实际空气流量与最小空气流量极限的差值除以最小空气流量的极限值，即为增压器在这个转速下的喘振裕度。

增压器在与柴油机匹配工作中，每一个转速下的喘振裕度是不同的，如 45GP802-1A 型增压器与 16V240ZJB 型柴油机匹配工作时，当柴油机转速在 900 r/min 左右按牵引特性的功率值工作时，增压器的喘振裕度最小。一般要求最小喘振裕度大于 12%，而它们的最小喘振裕度较难达到这个数值，因此柴油机在 900 r/min 工作状态下，再加上由于其他促使增压器喘振的因素，增压器就较易发生喘振。

⑤ 气门打不开或关不严。造成此种情况的原因较多，如进、排气门的弹簧断裂，气门杆弯曲，气门间隙调整过小，气门阀盘有裂纹或掉块等均会造成气门开关不严；横臂跳转、横臂导杆折断等会造成气门打不开。

• 进气门打不开，该缸就无法进入新鲜空气，那么增压后的空气量过剩，就会影响到压气机前的空气进入；而该缸在气门重叠阶段，废气总管中的废气会从排气门倒流入气缸内，这样该缸在喷入燃油后的燃烧状态就会变得很差。

• 进气门关不严，该缸在压缩过程中，部分新鲜空气回流到稳压箱，一方面减少了增压后的空气消耗量，另一方面气缸内新鲜空气的减少也会恶化燃烧。

• 排气门打不开，在排气过程中，废气不能顺利进入排气总管，而当进气门打开时，该缸不仅不能顺利地吸入新鲜空气，反而使废气窜入进气稳压箱，趁别的气缸吸气时乘机而入，恶化其他气缸的燃烧过程。

• 排气门关不严，该缸处于压缩过程时会漏泄缸内的新鲜空气，使压缩压力减小，在吸气过程中，排气总管的废气会倒流入气缸内，凡此种种均会造成燃烧状态恶化。无论是进气门还是排气门，打不开或关不严，其结果都是对增压后的空气需求量减少，使气缸内的燃烧状态恶化，造成排气总管温度升高，增压器转子转速提高而加大吸气能力，从而导致增压器喘振。

⑥ 外界气温过低、空气稀薄。气温过低时，空气密度过大，气缸内容纳不了过多的新鲜空气，从而使增压器发生喘振；海拔高、空气稀薄，空气密度下降，压气机吸气时是按容积吸入的，实际吸入的空气却较少，满足不了气缸的需要，从而使燃烧状态变差。

⑦ 装在同一台柴油机上的两台增压器性能相差较大。两台增压器是连接在同一根排气总管的两端的，因而它们所接受的废气能量是相等的。如果两台增压器的喷嘴环通流面积相差较大，则会造成转速有高有低，转速高的那台增压器压气机吸气量会较大；如果增压器的压气机效率不同，压气机效率高的那台增压器吸气量也会较大，这时若其他部件性能基本相同，那么吸气量大的增压器压气机会出现气流阻塞，从而引起喘振。

（3）预防与处理

① 如果因某种原因造成柴油机突然停机，此时增压器喘振必然发生，但这是正常的，不必处理。

② 柴油机降速、减载不宜过快。逐挡降速时间不应小于 3~4 s，对无级调速的柴油机来说，基本上每降 10 转的时间不应小于 1 s。因降手柄过快造成的短时间喘振，不必处理。

③ 为了防止因降速、减载过快造成增压器喘振，除严格控制操作外，应调整好降速针阀（有级调速）和减载针阀，不使其开度过大而造成增压器喘振。

④ 消除柴油机转速失控现象。

⑤ 按规定定期清洗空气滤清器，当进气阻力增加到 2.45 kPa 以上时应予以清洗，一般每使用 300 h 清洗一次。如果运行区段是风沙地区，则应根据具体情况制定一个合理的清洗时间表。

⑥ 严格控制中冷器冷却水的进口温度，对焊堵冷却水管过多的冷却单节应予以更换，防止中冷器冷却效率下降。

⑦ 对进、排气门打不开或关不严的故障，应尽可能早发现、早处理。

⑧ 检修中对增压器喷嘴环应加强清洗，清除积炭。

⑨ 消除增压器转子的卡滞现象。

⑩ 保持喷油器喷雾质量的良好状态。

⑪ 大气条件变化时，应按规定对柴油机进行功率修正。

⑫ 装在同一台柴油机上的两个增压器应尽可能性能接近。

⑬ 当增压器发生喘振时，可以将压气机蜗壳上的两个测试堵卸下或安装防喘阀，进行放气，以缓解喘振。但增压器喘振时，卸下测试堵后会出现放气声响。

复习思考题

1. 柴油机中的活塞组有何作用？连杆组有哪些作用？

2. 活塞筒体侧表面与气缸套之间的配合间隙过大或过小有什么坏处？

3. 为什么要限制气环的泵油现象？油环节制泵油作用的结构特点是怎样的？

4. 试分析硅油弹簧减振器与径向簧片式弹性联轴节在消减扭振方面的异同点。

5. 试归纳和分析活塞组各零件可能发生的故障和原因。

6. 假如取消气环，全部装油环好不好？为什么？如果取消油环，全部装气环又怎样？

7. 连杆螺栓的安装预紧力为什么要严加控制？

8. 机油从机体主机油道输送到活塞体内的通路是怎样的？

9. 活塞体内冷却油量不足的可能原因有哪些？

模块 4　柴油机燃油系统

学习目标

- 了解 16V240ZJB 型柴油机低压输送油路；
- 掌握 16V240ZJB 型柴油机高压喷射系统；
- 知道 GEVO16 型柴油机燃油通路；
- 掌握燃油压力异常的处置办法。

燃油系统保证定量、定质、定时地向气缸内供给燃油。定量是指喷入气缸的燃油量随着柴油机负荷的大小而变化，各缸的喷油量要一致。定质是指喷入气缸的燃油必须具有良好的雾化状态。定时是指按照柴油机的要求供油并且供油持续时间与负荷相适应。

燃油系统是柴油机的燃料供应"部门"，它同调节器及控制装置等共同配合，根据柴油机的运转工况，在最佳时机和预定时间向各气缸喷射一定数量的雾化燃油。

任务 *4.1* 16V240ZJB 型柴油机低压输送油路

1. 燃油系统的一般组成

燃油系统包括低压输油系统和高压供油喷射系统两个部分，其中低压输油系统包括燃油箱、燃油输送泵、粗滤器及精滤器、燃油预热器、低压输油管道及回油管道等部件。高压供油喷射系统包括喷油泵、喷油器及高压油管等部件。

根据各部件的安装位置，燃油系统可分为机上和机外两部分，前者是指安装于柴油机上的部分，如燃油精滤器、喷油泵及喷油器等，后者是指装于柴油机之外的部分，如燃油箱、燃油输送泵及燃油粗滤器等。燃油系统的工作流程如图 4-1 所示。

2. 16V240ZJB 型柴油机的燃油系统

（1）燃油管路

在柴油机右侧安装有燃油粗滤器、两台并联的燃油输送泵、燃油预热器、安全阀及管路。牵引发电机右上侧装有调压阀；机车车架下吊挂有燃油箱及污油箱；柴油机的自由端安装有燃油精滤器、放气管及放气阀；在机体顶板上装有喷油泵，各气缸盖中央装有喷油器，喷油泵与喷油器之间通过高压油管连通。

燃油从油箱中抽吸出来后，先经粗滤器滤清，再在燃油输送泵中加压，然后进入燃

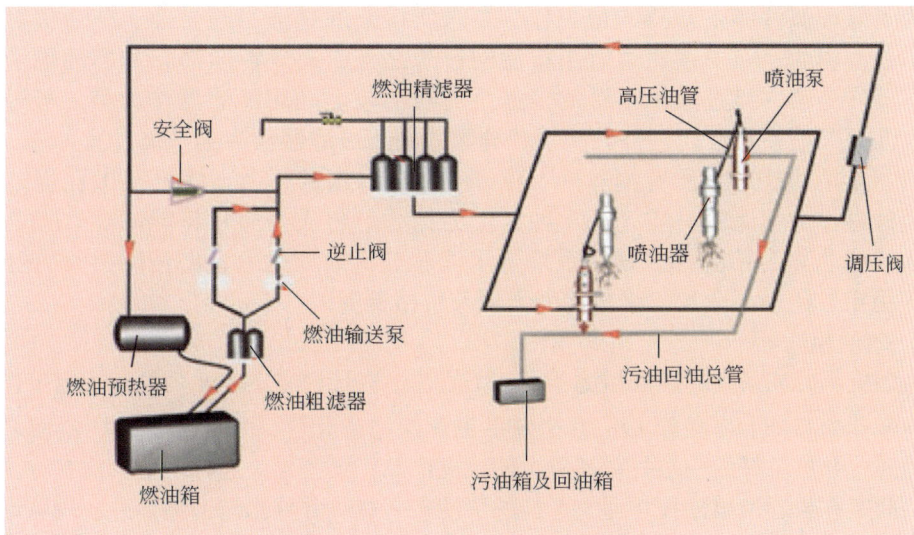

图 4-1 燃油系统的工作流程

油精滤器过滤，最后送到左右燃油总管。为了保证进入喷油泵的油压稳定，左右燃油总管的末端都连到同一调压阀（限压阀）。

调压阀的回油管接到燃油预热器，当燃油总管内剩余油压达到（118±9.8）kPa 时，阀被顶开，部分余油流向燃油预热器后返回燃油箱。当由其他原因造成燃油总管油压过低时，调压阀紧闭回油通路，使总管内保压。

为了显示管路油压设置了油压表，燃油精滤器前压力表安装在动力室仪表盘上，精滤器后压力表布置在两个司机室的操纵台上。

喷油器及喷油泵偶件会有微量燃油漏泄，因而各有支管引出。由于从喷油泵下体泄出的是混有机油的污油，不宜直接回收使用，故两者分别汇集到污油箱和回油箱内。

（2）燃油箱

机车燃油箱的容量通常可满足全负荷牵引 800 km 的里程，总容量为 9 000 L。DF$_{4B}$型机车燃油箱内部焊有井字形纵横隔板，隔板中部开孔且切去四角，这样既可便于油的流动，又能减轻油面波动的冲击力，增大了油箱刚度。燃油箱中部两侧设有加油口，油箱左侧装有吸油筒。吸油筒中插入回油管和吸油管，油管以 30°倾角斜置于油箱下部。吸油管端呈喇叭形，回油管端为弯管，弯管口对准喇叭口，使回流的燃油直接进入燃油输送泵，以减小对箱底污物的搅动，并在冬季使热油直接喷入吸油管。燃油箱上部有检查孔盖，盖上有 2 个通气口。燃油箱底部有一个排污阀。油箱两端设有油位表，以显示箱内储油量。

油箱的清洁状态会影响燃油的流通及精密偶件的工作可靠性，应定期彻底清洗。

（3）燃油输送泵

燃油输送泵简称燃油泵，它是由直流电动机驱动的齿轮油泵。电动机和齿轮油泵安装在同一底座上，由十字形橡胶联轴节连接，以达到缓冲的目的和减少不同轴度的影响。

通常，燃油输送泵的总输油量为柴油机全功率运转所消耗油量的 3~5 倍。用充足的供油保证一定的余油压力，可以减小燃油系统穴蚀的危害，同时又可增加燃油过滤和冬季循环加热次数。

（4）燃油滤清器

燃油较好燃烧的关键在于高压喷油雾化，为此高压系统中精密偶件具有较小的运动间隙。为了保证偶件能正常持续地工作，要求所供给的燃油必须洁净。柴油机对燃油的滤清是十分重视的，除了在加油时用粗滤网过滤之外，通常在燃油箱和燃油输送泵之间采用粗滤器作为第一级过滤，在燃油输送泵与喷油泵之间用精滤器作为第二级过滤。有时还在喷油泵与喷油器针阀偶件之间设置缝隙式高压过滤器作为第三级过滤。

滤清器常用的滤芯材质有铜丝网、棉纱、毛毡、锯末、微孔滤纸及微孔烧结陶瓷管等。前2种常作为粗滤芯材质，后4种常作为精滤芯材质。通常将能滤除直径为 $10\ \mu m$ 左右杂质的滤芯称为精滤芯。燃油系统要求滤芯的流通能力大，滤清阻力小，过滤效率高，工作稳定，使用寿命长，维护保养方便及价格低廉。

（5）燃油粗滤器

DF$_{4B}$型机车燃油系统的燃油粗滤器由1个滤芯组取代原来2个并列的滤芯组工作。在滤清器体内带孔的芯杆上串联着19~20个盘形铜丝网滤清元件，每2个盘的压紧面之间用橡皮垫圈隔开，并从芯杆的一端拧紧螺母，使橡皮垫圈压紧密封。芯杆的上端插在滤清器盖的座孔内，此座孔与燃油出油孔相通。芯杆的下端带有螺纹并伸出滤清器体外，用盖形螺母紧固。为了使芯杆在体内的位置适当，在滤清器体与螺母之间设有限位管。盘形滤清元件呈铁饼形，其锥面由双层铜丝网覆盖在带孔的骨架上。脏污的燃油在盘的外周，通过锥面上铜丝网过滤后进入芯杆内孔，然后向上流动到滤清器盖。滤清器盖带有进、出油口，经滤清后的燃油从出油口通往燃油输油泵。与原来的棉纱滤清元件相比，这样的盘形铜网元件具有较小的外形尺寸和较大的流通面积，滤清阻力小，工作可靠稳定，保养方便。

燃油粗滤器一般较易阻塞，在每次机车辅修及小修时都应进行清洗。如果在柴油机运转时发现动力室内燃油压力表指示值偏低，也应提前清洗粗滤器。燃油粗滤器的结构如图4-2所示。

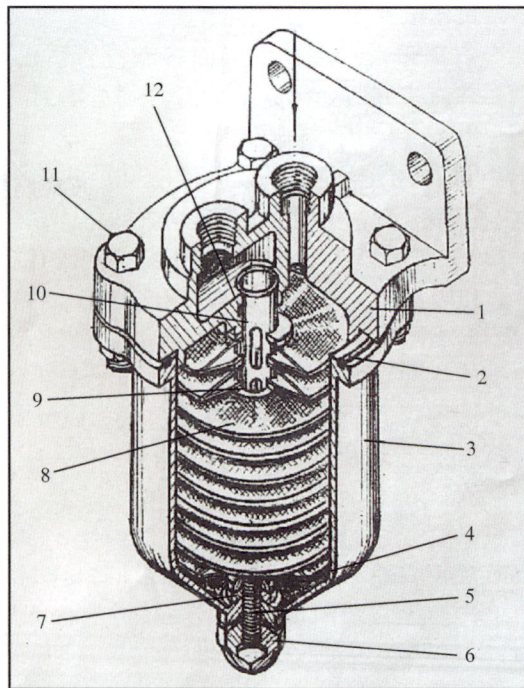

1—滤清器盖；2—橡皮垫圈；3—滤清器体；4—外壳；5—限位管；6—盖形螺母；7、11—螺母；
8—滤清元件；9—垫圈；10—芯杆；12—密封圈。

图4-2　燃油粗滤器的结构

（6）燃油精滤器

DF$_{4B}$型机车的燃油精滤器安装在柴油机自由端，它包括 4 个并列的滤芯组、罩壳、公用的下体、限位管、盖形螺母、进油接头、三通出油接头及引气管接头等。

下体的一端设有进油接头，从低压输油泵来的燃油由此进入，由外周向内通过纸滤芯到内筒。内筒是带孔的金属圆筒，然后通过中空的下芯杆通向下体出油道，汇集后经三通出油接头引到左右燃油总管。燃油精滤器的结构如图 4-3 所示。

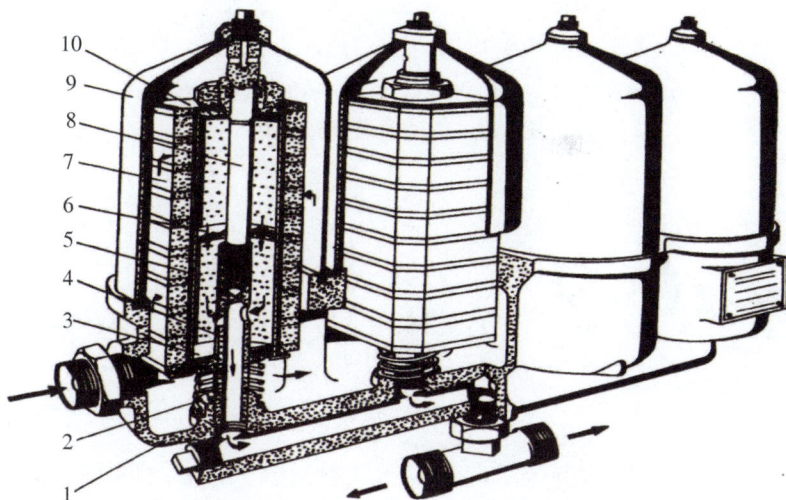

1—下体；2—弹簧；3—下盖；4—下芯杆；5—滤网筒；6—隔板；
7—毛毡滤片；8—上芯杆；9—罩壳；10—压板。

图 4-3　燃油精滤器的结构

滤芯组由上下压盖、锥形弹簧、罩壳及上芯杆等组装压紧，上芯杆拧装在下芯杆的螺孔中，下芯杆拧装于下体上。罩壳与下体之间充满脏污的燃油。燃油内可能有空气，如空气泡进入喷油器，将使柴油机转速不稳，功率波动，甚至发生熄火现象，故必须将空气驱除。为此在精滤器上芯杆上部钻孔引气，正常工作时应关闭。

（7）燃油预热器

燃油预热器为管式水油热交换器，筒体内棋盘形布置有 140 根紫铜管，管群的两端焊在两块管板上。前后盖分别焊有进水或出水管接头，筒体前后侧分别焊有出油及进油管接头。由柴油机气缸盖排出的高温水通过开启的截止阀引入进水管内，热水在预热器的铜管内单向流动，燃油在管外流动，通过管壁将水的热量传给燃油，冷却后的水返回高温水泵入口，加热后的燃油回到主燃油箱。在环境温度较高时，燃油可不必预热，截止阀关闭，但燃油仍通过此预热器回到主燃油箱。燃油预热器的结构如图 4-4所示。

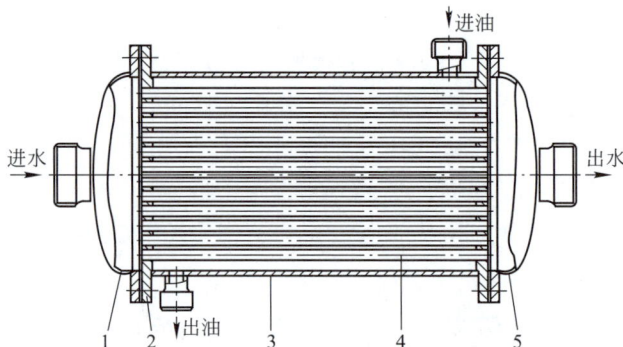

1—进水盖；2—法兰管板；3—筒体；4—铜管；5—出水盖。

图 4-4 燃油预热器的结构

任务 4.2 16V240ZJB 型柴油机高压喷射系统

1. 柴油机对高压喷射系统的要求

喷油泵、高压油管和喷油器等组成了高压喷射系统，三者之间的工作相互联系，互有影响。

为了使柴油机各气缸在各种工况下得到一个比较好的燃烧过程，提高燃油燃烧的经济性和零部件工作的可靠性，高压喷射系统应满足以下要求。

① 在柴油机各种运转工况下，高压喷射系统应都能提供足够的喷油压力，以保证喷油雾化，并具有适当的射程。

② 根据柴油机运转工况的不同而有不同的喷油提前角，以获得各种工况下较为有利的燃烧始点。

③ 根据工况自动改变喷油量，并有较好的喷油规律，以控制整个燃烧过程。

④ 多缸柴油机各缸的喷油装置应具有一致的供油始点、供油量、供油终点及喷射状态，以实现各缸工作的均衡。

⑤ 喷油及停油动作果断迅速，避免在柴油机空载运转时出现不稳定的喷射，尽量消除二次喷射及穴蚀破坏现象。

⑥ 结构简单，调整方便，工作可靠，检修周期长。

2. 喷油泵的作用、形式和组成

喷油泵又称高压油泵，它是根据柴油机的不同运转工况，将燃油输送泵送来的低压油提升压力，在预定的时间内将相应的油量按一定规律压送到喷油器。喷油泵的外形如图 4-5 所示。

机车柴油机广泛采用螺旋槽柱塞式喷油泵。柱塞式喷油泵属于往复容积式油泵，在结构形式上有单体泵和组合泵之分。前者为单柱塞油泵，每个气缸旁安装一个，其优点是高压油管较短，对控制燃烧有利；后者相当于将几个单柱塞油泵合成一体，故属于多柱塞泵，通常供应柴油机全部气缸或一半气缸的用油，安装在柴油机的端部或中部，高压油管较长。一般来说，大、中型柴油机采用单体泵，中、小型高速柴油机采用组合泵。16V240ZJB 型柴油机喷油泵的结构如图 4-6 所示。

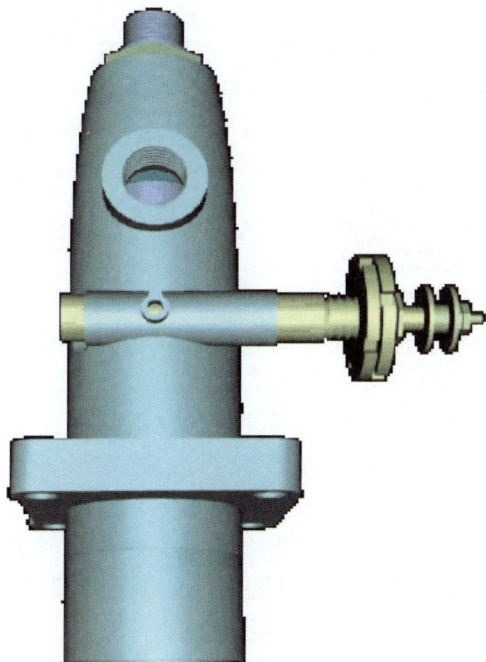

图 4-5　喷油泵的外形

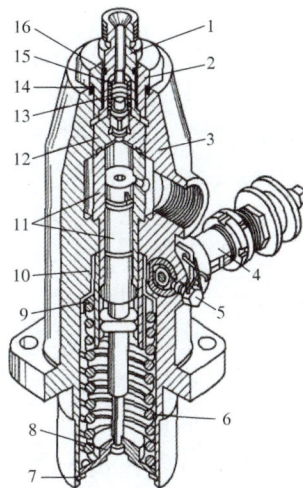

1—出油阀接头；2—压紧螺套；3—泵体；4—调节齿轮；5—调节齿轮定位螺钉；6—柱塞弹簧；7—挡圈；8—下弹簧座；9—上弹簧座；10—调节齿圈；11—柱塞偶件；12—出油阀偶件；13—出油阀弹簧；14、16—O 形密封圈；15—出油阀升程限制器。

图 4-6　16V240ZJB 型柴油机喷油泵的结构

柱塞式喷油泵通常分为传动机件、柱塞偶件、油量调节机构、出油阀偶件、泵体及其他附件。

16V240ZJB 型柴油机采用单体柱塞式喷油泵，从外观上看喷油泵可分为上体组件和下体组件两部分。喷油泵下体组件即柱塞运动的传动机件，喷油泵上体组件包括泵体及附件、柱塞偶件、出油阀偶件、调节齿圈及齿条等。上体顶部输出高压油，侧面有低压油输入的进油管接头。

3. 柱塞偶件的结构特点及工作原理

（1）柱塞偶件的结构特点

柱塞和柱塞套组成偶件（柱塞副），两者精密配合。偶件同组成对研配，故各对偶件直径并不相同，如果其中一件损伤报废，则需要成对更换。柱塞偶件的结构如图 4-7 所示。

柱塞偶件采用优质材料，如滚动轴承钢或工具钢等，表面淬硬，以增加其耐磨性和抗擦伤能力。

柱塞采用圆柱滑阀式结构，具有固定的往复行程。柱塞偶件的导向面为十分精密的圆柱面，表面粗糙度为 $0.025\sim0.1\,\mu m$，不论柱

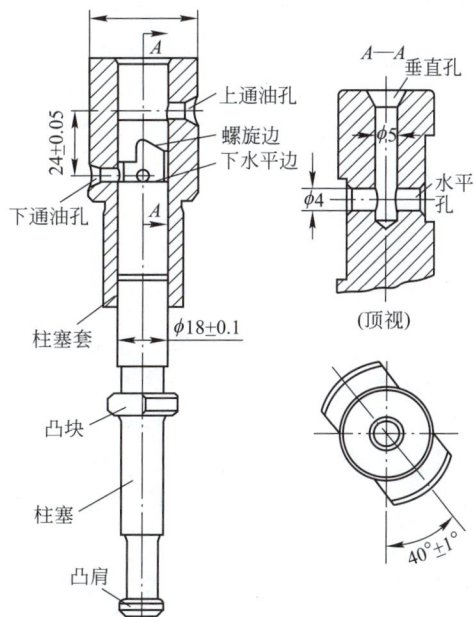

图 4-7　柱塞偶件的结构

75

塞转到任何圆周位置都能与柱塞套有良好的配合状态。偶件导向面的圆度和圆柱度公差通常十分微小，这样可保证建立较高的油压而只有微量的泄漏，同时又能使柱塞运动自如。

柴油机喷油泵柱塞偶件的结构形式，以前采用双螺旋边柱塞副，现在采用单螺旋边柱塞副；内顶孔单螺旋边柱塞的导向圆柱面上有一条左旋方向的螺旋边，螺旋边下部为凹面槽，称为螺旋槽。螺旋槽下方有环形槽，环形槽的下水平边距顶面的距离精密控制为（25±0.1）mm。柱塞杆顶中央钻有垂直油孔，此孔与环形槽内水平油孔相通。柱塞套有 2 个直径不等的圆柱体，上圆柱体受力较大，故直径也较大，其顶面与出油阀座面接触。下圆柱体直径较小，大、小圆柱体分界处形成在泵体上安装支承的凸肩。柱塞套上部对向布置有上、下通油孔各 1 个。此外，在上圆柱体表面还设有定位凹穴。柱塞顶与柱塞套之间构成油腔；柱塞套上、下通油孔的外周与泵体之间构成进油腔，通油孔既可作为油液的入口，又可作为油液的回泄口。柱塞螺旋边及环形槽的下水平边与柱塞套通油孔相配合，控制油通道的启闭。柱塞中部对称布置的凸块作为定位和导向滑键。柱塞尾部的凸肩用于扣挂柱塞弹簧下座，其底端面为挺柱推柱塞上行传力之处。柱塞弹簧安装在上下弹簧座之间，弹簧力顶着柱塞向下，使柱塞底端面紧压在挺柱头上，因而使柱塞的往复运动按供油凸轮外形的规律升降。为减少高压燃油向下泄出，特在柱塞套内圆表面开有纵向浅槽及环形浅槽。纵向浅槽与外圆面之间钻有泄油小孔，使柱塞顶油腔沿导向面微小间隙下泄的部分高压油回到泵体进油腔。

两螺旋边之间为螺旋槽和环形槽。柱塞顶部中央也有垂直孔，环形槽内也有水平孔。柱塞套与外直槽单螺旋边式柱塞的导向圆柱面上也有一条螺旋边，其螺旋角和螺距与内顶孔单螺旋边柱塞相同。螺旋槽下部也有环形槽，但代替环形槽下水平边起控制作用的是顶面边棱，取代柱塞中垂直孔和水平孔作用的是导向面上的一条垂直槽。柱塞套上部设有 2 个对向布置的通油孔（取消了下通油孔），这就使通油孔中心线与柱塞套支承凸肩之间的距离由 8 mm 增大到 32 mm，从而提高了柱塞偶件的工作可靠性。

（2）柱塞式喷油泵的泵油过程

柱塞偶件与设置于其顶部的出油阀偶件一起控制柱塞泵油过程。出油阀实际上是具有一定开启条件的"止回阀"，它在出油阀弹簧及高压油管剩余油压的联合作用下，控制通道的启闭。

16V240ZJB 型柴油机喷油泵采用内顶孔单螺旋边柱塞偶件，当喷油泵挺柱组件的滚轮接触供油凸轮于基圆部位时，柱塞处于下止点位置，其顶面位于柱塞套的上通油孔之下，而下通油孔则处于柱塞的环形槽处。当喷油泵挺柱滚轮接触供油凸轮于最高圆弧面时，柱塞处于上止点位置，这时柱塞套的上通油孔处于螺旋槽内，借助于水平孔与垂直孔使上通油孔与柱塞顶油腔沟通，下通油孔则被环形槽下部的导向圆柱面遮盖。从柱塞的下止点到上止点间的行程称为柱塞的全行程。

柱塞自上止点向下止点移动时，起初由于柱塞套的上通油孔处于螺旋槽内，泵体进油腔内的低压燃油进入螺旋槽，通过水平孔和垂直孔进入柱塞顶油腔。随着柱塞的下移，柱塞的螺旋边逐渐关闭上通油孔，与此同时，柱塞环形槽的下水平边逐渐接近下通油孔，当此下水平边开启柱塞套下通油孔时，则泵体进油腔内的低压燃油又由此进入柱塞顶油腔。当柱塞继续下移到顶面开启上通油孔时，低压燃油可直通柱塞顶部油腔。以上过程就是柱塞的充油行程。柱塞的充油行程示意图如图 4-8 所示。

当柱塞自下止点向上移动时，柱塞顶油腔逐渐缩小，顶腔内燃油受压，但由于上部出油阀弹簧力及高压油管内剩余油压的合力使出油阀关闭，柱塞顶腔内的一部分燃油则通过通油孔回泄入泵体进油腔。当柱塞继续上移时，上通油孔首先被柱塞顶面关闭，此时柱塞顶腔内的燃油尚能通过垂直孔、水平孔及下通油孔外泄，而后下通油孔很快被柱塞环形槽下水平边关闭，柱塞顶腔燃油的回泄之路被截断。因此，从柱塞自下止点上移到柱塞套下通油孔，然后被环形槽下水平边关闭止，这段行程称为空行程。空行程的示意图如图 4-9 所示。

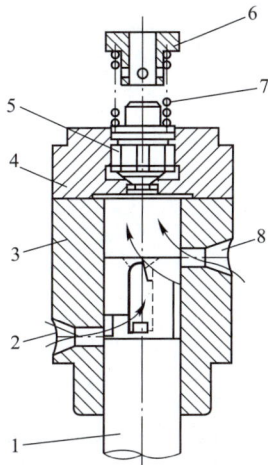

1—柱塞；2—下通油孔；3—柱塞套；4—出油阀座；
5—出油阀；6—止挡；7—出油阀弹簧；8—上通油孔。

图 4-8　柱塞的充油行程示意图

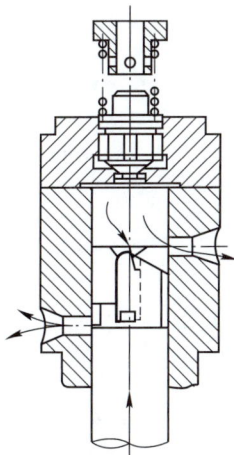

图 4-9　空行程的示意图

空行程结束时，柱塞顶腔已无回泄之路，随着柱塞的继续上行，顶腔容积还要进一步缩小，腔内基本不可压缩的燃油升压极快，其油压瞬间超过出油阀上部的合力而顶开出油阀，喷油泵开始向高压油管供油，此供油行程一直要持续到上螺旋边刚开启上通油孔时为止。通常将柱塞环形槽下水平边刚遮盖下通油孔的位置称为几何供油始点（见图 4-10），此点的相位超前于该气缸曲柄上止点的角度称为几何供油提前角。柱塞上螺旋边刚开启上通油孔的位置称为几何供油终点（见图 4-11）。从几何供油始点到几何供油终点的柱塞供油行程称为有效行程，该行程所占的曲轴转角称为几何供油延续角。

在几何供油终点以后柱塞还在上行，上通油孔开启面积增大，高压油通过此孔迅速回流，柱塞顶油腔内油压迅速下降，出油阀在压差下迅速落座。

双螺旋边柱塞偶件与内顶孔单螺旋边柱塞偶件的泵油过程相似，前者的上、下螺旋边分别对应于后者的上螺旋边及环形槽的下水平边。

直槽式单螺旋边柱塞偶件的顶边作为几何供油始点的控制边棱。当顶边刚关闭通油孔时为几何供油始点，当螺旋边刚开启通油孔时为几何供油终点。

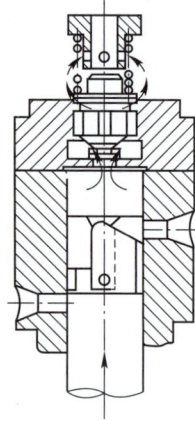

图 4-10　几何供油始点　　　　图 4-11　几何供油终点

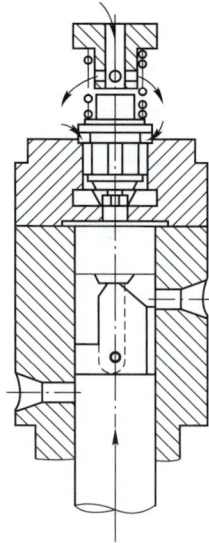

喷油泵的泵油原理如图 4-12 所示。

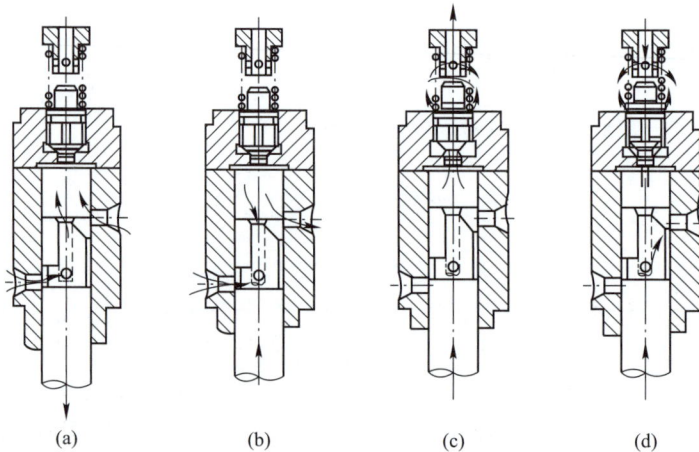

(a)　　　　(b)　　　　(c)　　　　(d)

图 4-12　喷油泵的泵油原理

（3）供油量的调节及几何供油提前角的改变

如果要使柴油机转速提高和加大输出功率，则必须向气缸多供应燃油。供油凸轮的升程是固定不变的，即柱塞的行程不随工况的变化而变化。为了实现精确调节供油量的目的，特在柱塞导向圆柱面上精确地铣出螺旋边或水平边，由这些边棱来启闭通油孔。利用螺旋边的几何特性（旋向和螺旋角），使柱塞相对于柱塞套旋转而改变通油孔相对于螺旋边的几何位置，即可得到不同的几何供油始点和几何供油终点，从而使供油行程得以调节。调节供油量的过程如图 4-13 所示。

对单螺旋边柱塞偶件而言，控制几何供油始点的边棱为水平边，不论柱塞向哪个方向转动，几何供油始点始终不变。控制几何供油终点的边棱为左向螺旋边。如果使柱塞

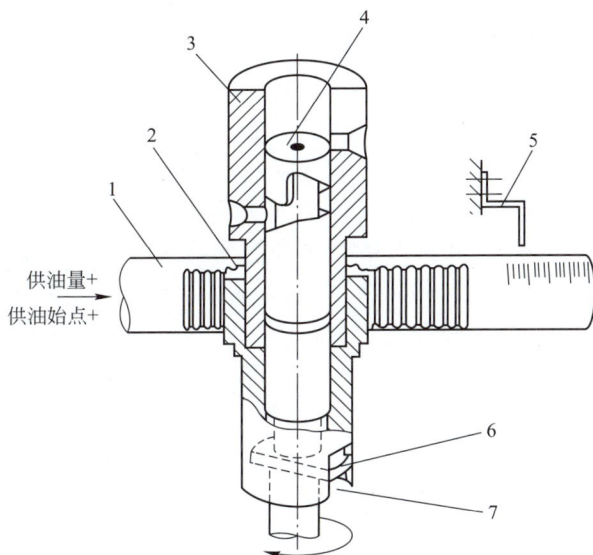

供油量+
供油始点+

1—齿条；2—调节齿圈；3—柱塞套；4—柱塞；5—指针；6—凸键；7—切槽。

图 4-13　调节供油量的过程

顺时针方向（顶视）转动，转动后几何供油终点后延，因而柱塞的供油有效行程加大，供油量增加。如果使柱塞逆时针方向转动，则几何供油终点提前，供油的有效行程减小，供油量减少。对双螺旋边柱塞偶件而言，由于下螺旋边为右旋方向，上螺旋边为左旋方向，柱塞顺时针转动后使几何供油始点提前、几何供油终点后延，因而供油有效行程加大，供油量增加；柱塞逆时针方向转动时所得的结果相反。

　　使柱塞转动的机构普遍采用齿圈齿条控制方式。齿圈套装于柱塞套的下圆柱体，以柱塞套为转动中心。齿圈下部的筒体内开有键槽，键槽内嵌装有柱塞的滑键，这样使柱塞与齿圈发生联系。齿条呈中空杆状，又称为调节齿杆，它穿过泵体与齿圈啮合，拉动齿条即可转动齿圈和柱塞。因此，齿条相对于泵体的位置可决定柱塞的圆周位置。拉动齿条即可改变柱塞螺旋边相对于柱塞套通油孔的位置，也即改变了柱塞的供油状态。当齿条向右时，柱塞顺时针转动，几何供油提前角增加（双螺旋边）或保持不变（单螺旋边），几何供油终点延迟，供油量增加。为了将喷油泵在此时的供油状况以数量表示出来，特在齿条的一端杆面上刻以长短刻线，泵体侧面装有指示针指示刻线的读数。因此，柴油机的每个工况都有不同形式、不同位置及不同螺旋角的螺旋边，有不同的供油定时及调节效果。

　　综上所述，即几何供油始点不随柴油机工况而变，几何供油终点随负荷的上升而相应后延。一般来说，这种偶件的供油定时必须兼顾各种负荷下的喷油燃烧。单螺旋边柱塞偶件要恰当选择几何供油始点、几何供油终点、柱塞直径及供油凸轮型面等参数，这样柴油机才能获得良好的经济性。

4. 出油阀组件的结构特点和工作原理

（1）出油阀组件的结构特点

　　出油阀组件包括出油阀偶件、出油阀弹簧及出油阀止挡等。出油阀偶件由出油阀及出油阀座组成，它们也是一对精密偶件，两者成对研配，不能单件更换。出油阀组件位于柱塞套顶面，它将柱塞顶部油腔与高压油管隔开，是起特殊控制作用的一种止回阀。

出油阀组件与柱塞偶件两者配合，共同完成喷油泵向高压油管供油的任务，故出油阀偶件也对供油及喷射特性有较大的影响。

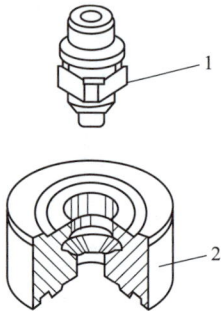

1—出油阀；2—出油阀座。

图 4-14　出油阀偶件的结构

出油阀偶件的结构类型很多，机车柴油机普遍采用具有卸载作用的出油阀偶件。图 4-14 是出油阀偶件的结构。

缓冲卸载式出油阀在高度位置上可分为 5 个区段：上部兼作出油阀弹簧座；与出油阀座口相配的圆柱面，起高压通路的开关及卸载等作用；中部四方圆棱面对出油阀运动起导向及流通作用；下部锥面使阀与阀座接触密封面；底部为缓冲式圆柱体。上部的圆柱面称为卸载（减载）凸缘，它与阀座导向孔的配合间隙为 0.005~0.015 mm，当它下落到阀座口时，即可认为燃油通路关闭。阀与阀座的密封锥面需共同研配，要求密封带圆周均匀且连续不断。为满足密封带一定的宽度要求和易于修理，通常使阀的锥面角较大、阀座的锥面角较小，使密封带位于阀座锥面的上部。缓冲圆柱体与阀座下部的圆柱孔相匹配，两者的配合间隙（缓冲间隙）为 0.08~0.13 mm。此间隙有缓冲及防穴蚀作用。出油阀弹簧安装于出油阀的上部与止挡之间。止挡又称为减容器或出油阀升程限制器，它使高压油路中的高压容积减少，同时又可调节弹簧的预紧力，限制出油阀的升程。出油阀从最低位上升到与止挡相碰时的距离称为出油阀最大升程。16V240ZJB 型柴油机喷油泵出油阀的最大升程为（4.7±0.2）mm。出油阀弹簧的预紧力由止挡座面凸台的高度、出油阀接头凹坑深度及调整垫的厚度调节。安装状态下的弹簧预紧力为 45~50 N。出油阀弹簧的预紧力及出油阀升程对喷油泵的供油特性有较大影响，它们对控制出油阀的启闭时机、高压油管中剩余油压及回油量均有影响。

（2）缓冲卸载式出油阀的工作原理

当柱塞上螺旋边开启上通油孔时，柱塞顶腔的高压油迅速回流，出油阀下降，同时高压油管中的高压油也迅速回流，高压系统内的油压急剧降低，迫使喷油停止。在此过程中，出油阀的卸载凸缘和缓冲圆柱体同时进入上、下座孔，阻止了高压系统继续失油，同时在出油阀内腔封闭了一部分燃油，缓冲间隙限制了此处燃油的流泄量。在出油阀继续下落的卸载行程中，由于内腔容积逐渐缩小而使此处燃油升压，再加上两个圆柱体上大下小的结构，升压的燃油给出油阀一个上托力，迫使出油阀减速运动，从而降低了出油阀的落座速度，实现了对阀座的缓冲。由于卸压动作减缓，高压系统缩小了降压幅度，从而使瞬间最低油压不致降到燃油的汽化压力之下，这就避免或减轻了喷油器针阀偶件的穴蚀危害。出油阀偶件的组成如图 4-15 所示。

当柱塞上行关闭柱塞套下通油孔时，柱塞顶腔的油压升高。如果油压作用于出油阀的升力大于出油阀上部弹簧力和高压系统内剩余油压的合力，则出油阀开始上升。此时，阀的锥面首先脱离阀座密

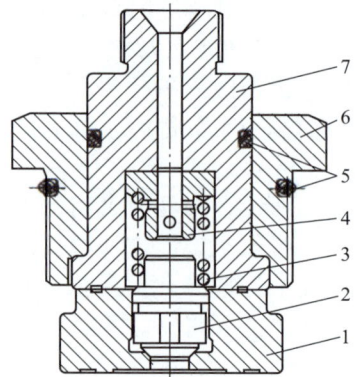

1—阀座；2—出油阀；3—出油阀弹簧；
4—止挡；5—橡胶密封圈；6—压紧螺套；
7—出油阀接头。

图 4-15　出油阀偶件的组成

封面，但缓冲圆柱体及卸载凸缘均未脱离座孔，高压油从出油阀缓冲间隙中导入，使内腔燃油增压，同时降低了柱塞顶油腔的压力。当卸载凸缘及缓冲圆柱体脱离上、下座孔时，出油阀内腔的燃油立刻输入高压系统，柱塞顶腔的高压油也源源不断地进入高压油管，这就避免了供油中的吸空现象。

缓冲式出油阀缓冲和防穴蚀的效果与缓冲间隙值的大小有密切关系。缓冲间隙越小，则出油阀落座时封闭在阀内腔的燃油外泄越慢，缓冲作用越强，防穴蚀效果越显著，但吸空现象严重，工作噪声增大；缓冲间隙过大，则出油阀起不到缓冲和防穴蚀的作用。试验表明，缓冲间隙有一个最佳的范围，必须严格控制。

从出油阀卸载凸缘开始进入座孔到出油阀完全落座时为止，这个行程称为卸载行程。在高压系统中，回路截断后卸载动作使系统的容积增大，进而使剩余油压进一步下降，减少了喷油器二次喷射的可能性，并可供高压油管弹性收缩和燃油减压膨胀。卸载容积不宜过大或过小。卸载容积过大，出油阀落座时高压系统内剩余油压过低，再一次升压到喷油的时间就长，从而使实际喷油提前角减小；在低转速及低负荷情况下喷油雾化较差，在高转速及高负荷情况下喷油滞后，后燃增多。卸载容积过小，则高压系统内剩余油压较高，喷油器具有较长的自由喷射期，此时喷射雾化较差，断油动作缓慢，停喷后较易出现二次喷射现象，柴油机工作经济性差。对于不同类型的柴油机，高压喷射系统都有一个最佳的卸载容积范围。

出油阀弹簧的预紧力也不宜过大或过小。如果预紧力过大，则当喷油泵停止供油时出油阀落座迅速，高压系统中回流出去的油量较少，从而使高压油管内剩余油压较高，在下一个柱塞供油行程，喷油滞后角较小，燃油供油量有所增加。如果预紧力过小，则出油阀落座较缓慢，高压油管内剩余油压较低，喷油滞后角较大，燃油供油量有所减少。

出油阀最大升程值也必须严格控制，如果出油阀升程过大，则出油阀落座时间长，回流的油量多，高压油管内剩余油压低，从而影响实际喷油提前角和喷油量，同时使出油阀对阀座的撞击力增大。如果出油阀升程过小，则高压油导入的通道过小，对高压喷射系统的影响与前相反。

（3）出油阀组件的作用

出油阀组件的作用如下。

① 调节和控制高压系统内的剩余油压，控制其卸压速度。高压油回流时对卸压速度的控制，可以控制油压波动的幅度，消除或减轻针阀偶件的穴蚀现象。调节高压系统内剩余油压的大小，可抑制二次喷射现象及排除某些不正常的喷射现象。

② 增加喷油泵对喷油器的供油量。在一定的供油有效行程下，虽然喷油泵向高压系统输入相同油量，但由于出油阀组件所控制的充油、回油条件的不同，实际上喷油泵供给高压系统的油量并不相同。喷油泵有出油阀组件与无出油阀组件相比，高压系统中的剩余油压高，实际喷油提前角大，喷油的持续时间长，因而高压系统对气缸的喷油量就多。

③ 阻碍空气进入高压系统。

5. 挺柱组件及供油凸轮

挺柱组件又称油泵下体组件（俗称油泵推杆），安装于供油凸轮与喷油泵上体组件之间。它是喷油泵柱塞运动的传力机构，通过它将供油凸轮的回转运动转变成柱塞的往复运动。挺柱组件安装在机体挺柱箱内，其法兰支承面吊挂在箱的顶面。

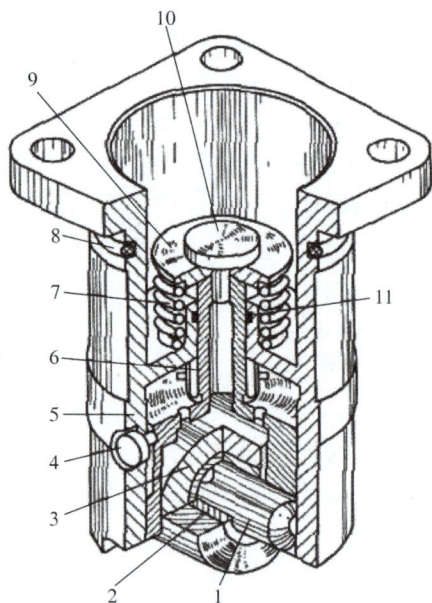

1—滚轮销；2—滚轮衬套；3—滚轮；4—导向销；
5—下体；6—滚轮体；7—弹簧；8—密封圈；
9—挡圈；10—镶块；11—O 形密封圈。

图 4-16　挺柱组件

挺柱组件由滚轮、滚轮衬套、滚轮销、挺柱、挺柱头、挺柱弹簧及挺柱套等组成（部分组件图中未标出），如图 4-16 所示。

挺柱套（又称推杆导筒）为铸铁导筒，筒体中由隔板分隔成上、下两腔，下腔内圆面为挺柱往复运动的导向面，套的顶部为支承法兰面，套的外圆面上有 2 个圆环，用作与机体安装定位，上定位面中的橡胶圈用于防止机体内机油外泄。

滚轮衬套的内外表面设有人字形油槽，内外槽之间有油孔相通，机油通过专用油管从凸轮轴座引到挺柱套下部进油螺孔。在挺柱套内表面相应部位处铣有弧形油槽，当挺柱运动到一定位置时，滚轮销芯孔与弧形油槽连通，机油被引入滚轮销内，又通过 4 个小孔引到滚轮衬套及滚轮内表面。这样的压力润滑改善了滚轮组件的工作条件，提高了工作可靠性和使用寿命。弧形油槽内机油还可同时到达挺柱与挺柱套滑动面之间，能建立可靠的压力润滑条件。

6. 喷油泵总成及几何供油提前角的调整

16V240ZJB 型柴油机喷油泵出油阀接头位于顶部，它与高压油管相连。出油阀接头的座面被压紧螺套紧压于出油阀座的顶面，喷油泵进油管接头与低压输油总管相连。挺柱套中部螺孔连接燃油污油支管，下部螺孔连接机油进油支管。

柱塞套在上体内由定位螺钉定位，它的上通油孔对准进油管接头。柱塞插入柱塞套时，其上螺旋边须对准柱塞套的上通油孔。

齿条与齿圈有一定的啮合关系，齿条的位置由指针刻线来表示。为了使多缸柴油机每个单体喷油泵指针所指示的齿条刻线反映相同的供油情况，要求齿条、齿圈和柱塞滑键精确加工，并具有统一的安装定位措施。因此在结构上使齿条上第三齿槽不切出（连齿），齿圈上某特定位置多切去一齿（缺齿），组装时齿圈的缺齿对准齿条的连齿插入，这就保证了齿条全行程移动及各泵齿条相互位置的一致性。

齿条中空，芯孔内装有调整螺栓及齿条弹簧，齿条的一端装有拨叉及螺套等零件。外力通过螺套刚性地推动齿条增加刻线；外力通过拨叉、调整螺栓及齿条弹簧等弹性地传动齿条减少刻线。多缸大功率柴油机的各单体式喷油泵通常采用同一根供油拉杆或左、右各一根供油拉杆。如果个别喷油泵柱塞偶件出现卡滞，则由于该泵齿条弹簧能压缩，虽然该泵齿条没有移动，但并不妨碍供油拉杆的移动，所以其余喷油泵齿条仍可移到减油位或停油位，这样就可以避免在柴油机卸载负荷时因卡泵而造成飞车事故。

喷油泵齿条刻线间的距离为 2 mm，0 刻线表示喷油泵在停油位。为了限制喷油泵的最大供油量，在齿条的一端设有供油限制螺母。

供油限制螺母的内侧面与泵体之间的齿条，只允许做往复运动而不允许转动，为此在齿条的背部开有轴向长槽，拧装在泵体上的导向螺钉的头部插入槽内，用以限制齿条的转动。

　　柱塞弹簧安装在上、下弹簧座之间，下弹簧座扣挂在柱塞尾部缩颈处。柱塞弹簧使滚轮与凸轮在任何位置都保持接触。柱塞弹簧在工作时承受高频脉冲载荷，要求它有较高的抗疲劳强度、弹性极限及较高的自振频率，以避免在工作过程中出现残余变形、折断和共振。同时要求柱塞弹簧有一定的安装预紧力，以保证滚轮与凸轮间的压紧力。柱塞弹簧采用抛光钢丝，表面经氮化处理以提高疲劳极限。为确保柱塞在工作时自由转动，柱塞尾端与柱塞弹簧下座支承肩之间留有间隙。

　　为了使各气缸内有相近的热力工作指标及动力均衡性，喷油泵在组装后应具有同一几何供油提前角。由于单体式喷油泵加工和组装误差的影响，不能保证各气缸在规定的几何供油提前角时有相应的柱塞状态，因此必须对喷油泵进行个别调整。

7. 喷油器的作用

　　喷油器（见图 4-17）控制燃油的喷射及喷射的质量，它依靠自身及与喷油泵共同建立起来的高压条件，将一定数量的燃油通过喷射，雾化成细小雾粒布散到燃烧室，形成高质量的混合气，以利于燃油的发火和燃烧。

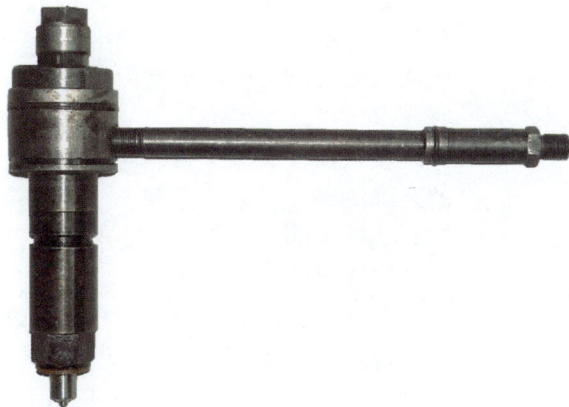

图 4-17　喷油器

　　喷油器有开式和闭式两类。开式喷油器的高压油道与喷油器喷孔之间为常开式，即两者之间并无针阀偶件启闭油道，有的仅在喷孔前加装单向阀以防燃气进入油道。开式喷油器有较多缺点，柴油机一般很少采用。机车柴油机广泛采用闭式喷油器。闭式喷油器在高压油道与喷孔之间设置针阀偶件，在非喷射期间由针阀偶件关闭油道。在喷油泵柱塞供油行程期间，当油管内升压到一定程度时，闭式喷油器针阀突升而喷射燃油，因而喷雾质量较高，停喷时也果断迅速，工作经济性较好。

8. 闭式喷油器的喷射原理

　　闭式喷油器的主要工作元件有针阀偶件、调压弹簧、止挡及进油管等。针阀偶件由针阀和针阀体配对组成。针阀呈细长针杆状，顶部有锥状针尖、缩颈小圆柱针头或缩颈小圆锥针头等形式，上部圆柱杆与针阀体孔配合为运动导向部分。针阀体的头部一般具有多个喷孔，喷孔之前具有密封锥面，用于封闭与高压油的通道。密封锥面以上针阀体与针阀间的空腔为高压油室，通过针阀体内部孔道将高压油引入油室。在针阀上部压着一个调压弹簧，弹簧的预紧力要求达到某一定值。在喷油泵柱塞供油行程之前，高压油管及针阀体油室只有剩余油压，由于在油室处针阀杆径较小，虽然有使其上升的压力，但尚未超过调压弹簧的预紧力，这时针阀偶件的锥面依然紧闭。

在喷油泵柱塞供油行程开始之后，高压油管中的油压迅速提高，作用到针阀导杆的上升力随之加大。当油压提高时，上升力略大于弹簧预紧力，这时针阀开始上升，密封锥面脱离接触，喷孔开始喷射燃油。与此同时，因为针阀受力面积突然增加，从而使针阀上升动作突然加速，油室通往喷孔间的流通截面迅速扩大，喷雾质量提高。由于上述动作比较迅速，使喷孔的开启达到了断然喷油的效果，因此减少了喷射初期的节流损失，防止了滴漏。

柱塞供油行程结束后，高压油管迅速降压。当油压降低到略小于弹簧预紧力时，针阀开始下降，喷油还在继续，但由于高压系统燃油无后继补充，故油压下降速度极快，针阀很快落座。针阀的整个落座过程较短，所以闭式喷油器的断油停喷动作也比较果断。

（1）针阀偶件

机车柴油机常用的闭式喷油器针阀偶件有多孔式和轴针式两类，多孔式针阀偶件又有普通型（短型）、长型和液冷型三种。

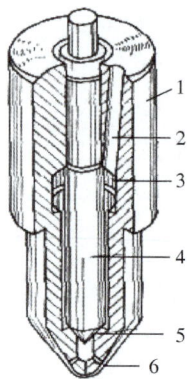

1—针阀体；2—油路；3—针阀体油室；4—针阀；5—针阀座；6—喷孔。

图4-18 轴针式针阀偶件

轴针式针阀偶件（见图4-18）的轴针头部为缩颈细圆柱体或细圆锥体，针头伸出体外，单喷孔针阀体与轴针之间形成圆锥形的流动截面，轴针头部的形状随燃烧室喷雾要求而定。

喷孔在针阀体中央，通常直径为1~3 mm。由于轴针的升降活动，喷孔不易结炭，而且还有自行除炭的功效。轴针式针阀偶件用于喷雾要求较低及缸内空气涡流较强的预燃室或涡流燃烧室柴油机。

多孔式针阀偶件用在直喷式燃烧室。多个喷孔既能保证一定的燃油流通截面，又能控制适宜的喷油持续期，同时以一定的方向及适中的射程，使油雾较均匀地布散于燃烧室空间。多孔式针阀偶件依靠较高的油压来保证喷射雾化，其雾化的质量较高，有利于混合气的形成和燃烧。

长型多孔式针阀偶件较普通型针阀偶件有更多的优点，前者的针阀导杆置于针阀体的上部而远离高温区，下部阀杆与针阀内腔之间有较大的间隙，这段阀杆被燃油包围具有液冷的工作条件，同时由于针阀体头部缩小而减小受热面积，因而使偶件的热故障减少。

（2）喷油器总成

16V240ZJB型柴油机的喷油器由喷油器体、调压螺栓、锁紧螺母、调压弹簧、进油管、喷油器滤芯、压紧螺母等组成（见图4-19）。喷油器安装在气缸盖中央，其针阀体的头部伸出于气缸盖火力面下，为防止燃气泄入气缸盖上部，在喷油器压紧螺母与气缸盖之间衬有紫铜垫，气缸盖顶面通过螺栓、压块及螺母等压住喷油器。

进油管是高压系统的组成部分之一，实际上它也是一根高压油管。进油管的一端用螺纹连接拧装于喷油器体，端面处用紫铜垫压紧密封。进油管的另一端内孔装有喷油器滤芯（高压滤芯或缝隙式滤芯，现在很多柴油机取消了该滤芯），拧紧高压油管接头螺母，则高压油管球头、滤芯锥面及进油管口相互压紧。喷油器滤芯是一根钢制的芯轴，其外圆面上铣有24个三角槽，其中12个通向高压油管端的进油道，另12个与喷油器体

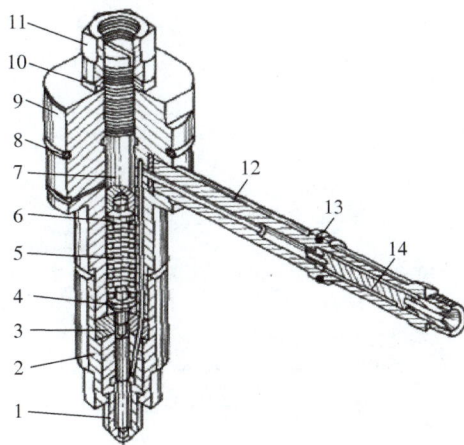

1—喷油器偶件；2—锁紧螺母；3—支座板；4—弹簧下座；5—调压弹簧；
6—弹簧上座；7—调压螺栓；8—密封圈；9—喷油器体；10—压紧螺母；
11—保护帽；12—进油管；13—O 形密封圈；14—喷油器滤芯。

图 4-19　喷油器总成

端的油道相通，两者间隔配置，互不直接沟通，只靠滤芯外圆面与进油管内孔间的间隙流通。这样可阻拦高压油管内积垢及管壁波动穴蚀剥落的杂物，以减少针阀偶件卡滞、喷孔堵塞或喷孔磨耗等。

　　喷油器体内安装有调压螺栓、弹簧上座、调压弹簧及弹簧鞍等。调压螺栓栽入体内的深度可调节，目的是控制一定的弹簧预紧力，以保证一定的初始喷油压。

　　弹簧鞍的底面与针阀尾杆压紧，以使弹簧预紧力直接作用在针阀上。由于调压弹簧置于喷油器体的下部，并尽可能地靠近针阀，这就使针阀及其上部的往复运动质量减小，因而对针阀体密封锥面的冲击力也减小。

　　喷油器体的一侧钻有高压油通道，此通道与垫座内油道相接，高压油一直可引至针阀体内油室。垫座安装在喷油器体及针阀偶件之间，为防止高压油泄漏，针阀体顶面与垫座的下平面、喷油器体与垫座的上平面之间为镜面密贴，并通过压紧螺母将三者紧固。少量燃油经针阀导杆的缝隙泄漏到调压弹簧腔，然后通过喷油器体泄油孔、气缸盖进油管孔及回油支管排出。垫座与喷油器体之间设有定位销，垫座下平面开有环形油槽，油槽与针阀体油道相通。针阀升程由针阀尾杆的凸肩与垫座下平面之间的距离决定。针阀升程的设计值为（0.5±0.03）mm。与出油阀升程相类似，针阀升程也不能过大或过小。针阀升起为高压油在喷射前提供必要的通道，如果针阀升程过大，则针阀落座时间延长，剩余油压降低，停喷前燃油喷射雾化不良，同时使针阀与针阀体间的撞击力增大，易损伤密封带而缩短使用寿命。如果针阀升程过小，则导致喷油量不足，高压系统内最高瞬时油压值增大，喷油持续期延长，后燃加重。

9. 高压油管

　　喷油泵和喷油器之间的连接管称为高压油管。高压油管是燃油系统中的一个重要部件，管内容积是高压系统中高压容积的主要部分。

　　高压油管一般都采用厚壁无缝钢管，其外径通常为内径的 3 倍以上，以尽量减少油管的弹性胀缩和提高承压能力。高压油管的长短、内外直径及安装刚度等对燃油喷射规律和燃烧过程有一定的影响，但高压油管的长度一般随喷油泵的结构形式及位置而定，其最佳管径可由柴油机热工性能试验选定。图 4-20 是高压油管的结构。

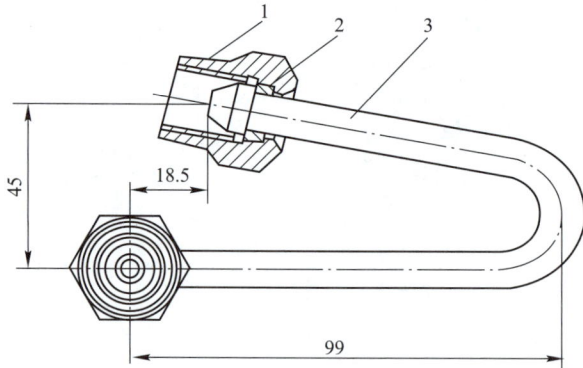

1—螺母；2—压圈；3—高压油管。

图 4-20　高压油管的结构

16V240ZJB 型柴油机采用厚壁无缝钢管，其内径和外径分别为 3 mm 和 10 mm，两头都有管接头螺母。在柴油机工作过程中，高压油管承受高频脉冲油压的胀拉力和振动附加载荷，油压波动的幅度较大，管内最高瞬间油压可达 98 000 kPa 以上。16V240ZJB 型柴油机在小时功率工况下高压系统最高瞬时油压为 77 244 kPa，剩余油压为 5 684 kPa。高压油在升压时引起油管弹性扩张，在降压过程中又引起油管弹性收缩和振动，油压的升降伴随着压力波在管内传播与反射，因而要求高压油管在最高油压下有一定的安全系数，并具有较高的耐振性和较小的弹性胀缩率。同一柴油机各气缸高压油管的长度应一致，管材规格应相同，以使各缸喷油和燃烧规律一致。对于采用较长高压油管的机型，必须将油管夹紧防振。

任务 4.3　GEVO16 型柴油机燃油通路

1. 燃油系统的组成

GEVO16 型柴油机的燃油系统包括柴油机燃油系统和机车燃油系统。机车燃油系统主要由燃油箱、燃油粗滤器、燃油泵电机组、燃油加热器、温度调节阀、燃油滤清器及相应的管路、阀类等组成。

2. 机车燃油系统的循环回路

GEVO16 型柴油机的燃油系统循环回路如图 4-21 所示。燃油被燃油泵从燃油箱抽出，经加热、滤清，然后输送给各动力组的高压喷油泵。机车燃油系统由三个部分组成：吸油支路、低压供油回路和回油/泄油部分。

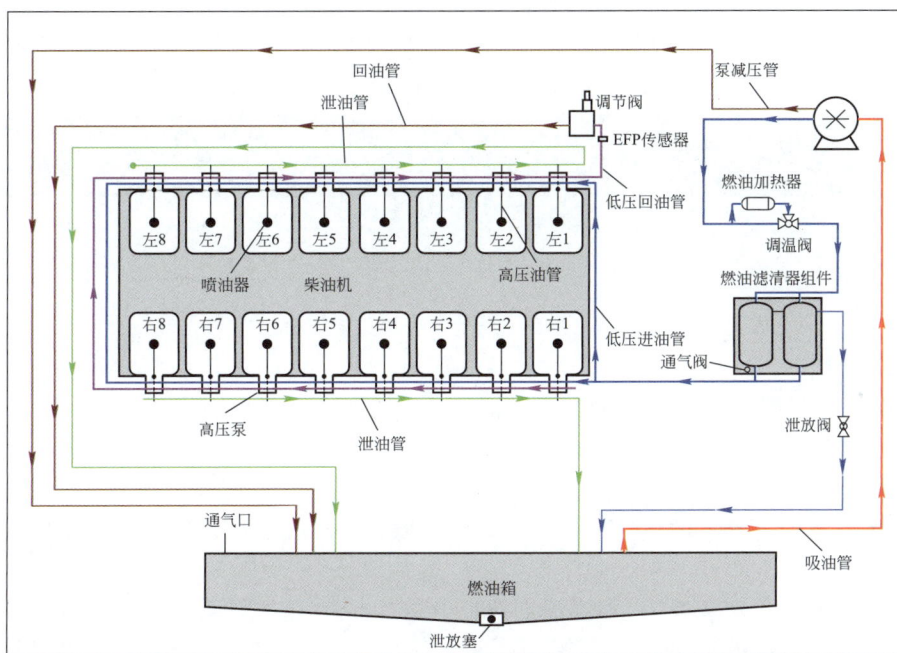

图 4-21　GEVO16 型柴油机的燃油系统循环回路

（1）吸油支路

该部分位于机车燃油箱和燃油泵之间。燃油泵在柴油机运行前启动，为燃油系统加注燃油并加压。

（2）低压供油回路

在正常工况下，燃油泵的流量为 57 L/min。燃油泵电机组中装有安全阀，在出口压力超过 900 kPa 时对燃油泵起到保护作用。例如，当燃油滤清器元件污脏或堵塞后，燃油泵出口压力将会升高，当压力超过 900 kPa 时，安全阀将开启，允许部分燃油（18~37 L/min）返回燃油箱。从燃油泵出来的低压燃油输送到温度调节阀，温度调节阀决定是否将燃油输送到燃油加热器或燃油滤清器。因为冷的柴油机燃油会结蜡（变稠和泥泞），所以燃油加热器利用双模式冷却系统的水来加热燃油，并用恒温阀调节出口的燃油温度。在主燃油流温度达到 24 ℃之前，恒温阀是常开的（燃油先经过燃油加热器，然后流经恒温阀）。在 24 ℃时，该阀开始关闭，燃油箱来的冷油就与燃油加热器来的热油开始混合。当燃油温度达到 30 ℃时，恒温阀将全部关闭，允许所有燃油进入燃油滤清器。燃油滤清器组件由两个并联的滤清器组成，每个滤清器筒内含有三个滤清元件，滤清元件能过滤掉燃油中直径大于 5 μm 的杂质。从燃油滤清器组件流出的燃油，经一个并联的低压供油总管分别流向柴油机上的每一个高压泵。燃油供油总管保证了燃油对每个高压泵的平均分配。

（3）回油/泄油部分

柴油机有两个漏油回油集流管，每侧各有一个。有少量燃油流经每个高压喷油泵和喷油器去润滑和冷却内部零件，这部分燃油经过回油集流管返回燃油箱。回油集流管端部有开口，能依靠重力泄油。

3. 燃油系统的工作温度和压力

正常情况下，柴油机低压燃油系统的工作温度和压力如表 4-1 所示。

表 4-1　柴油机低压燃油系统的工作温度和压力

手把位	柴油机转速/（r/min）	正常工作范围	
		温度/℃	压力/kPa
惰转	440	17~49	600~640
8 位	1 050	19~55	420~640

4. 燃油系统的主要部件

（1）燃油箱

GEVO16 型柴油机的燃油箱为钢板焊接结构，有效容积为 9 000 L。

（2）燃油加热系统

燃油黏度的大小对其在柴油机气缸中的燃烧质量有较大影响。为了确保燃烧质量，在燃油系统中设置了燃油加热系统，以保证在寒冷季节输入柴油机的燃油具有合适的黏度。

温度控制阀（见图 4-22）和燃油加热器共同组成燃油加热系统。燃油加热器是燃油总管上唯一有水流过的部件。温度控制阀是一个恒温混合阀，该阀调节燃油温度。燃油加热器为铜焊板式热交换器结构，燃油加热器壳体内的金属板将油、水隔开，使燃油从一个方向流过，而冷却水从另一方向流过。金属隔板不仅隔开两种流体，而且它们还构成燃油与冷却水之间的传热介质。

图 4-22　温度控制阀

燃油加热器安装在设备安装架上，与水平方向成 6° 的倾角，便于在检修时内部油水排出。燃油加热系统如图 4-23 所示。

（3）燃油粗滤器

燃油粗滤器的作用是滤掉燃油中的杂质，为燃油泵电机组提供清洁的燃油，从而达到保护燃油泵的目的。为了便于燃油粗滤器的维护保养，粗滤器采用免拆洗滤芯。滤清器体为铝质，滤芯采用钢丝网结构。燃油粗滤器安装在设备安装架上，靠近燃油泵电机组及预润滑油泵电机组。燃油粗滤器如图 4-24 所示。

图 4-23　燃油加热系统

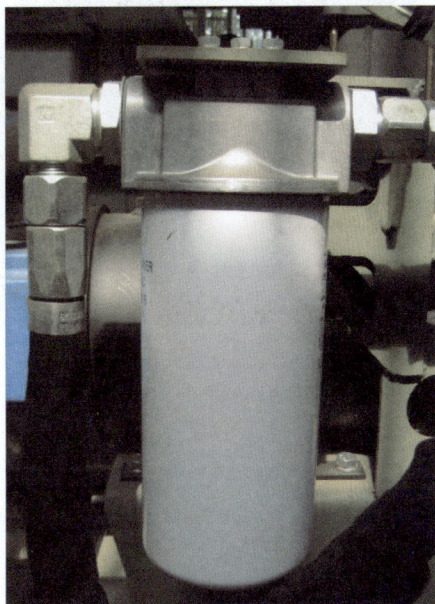

图 4-24　燃油粗滤器

（4）燃油滤清器

　　燃油滤清器组件由两个管路并联的滤清器组成，如图 4-25 所示，其作用是滤掉燃油中直径大于 5 μm 的杂质，为柴油机提供清洁的燃油，从而达到保护高压燃油设备的目的。燃油滤清器由滤清器体、滤清器端盖、卡箍及相应的接头、滤清元件等组成。每台机车有两个滤清器，每个滤清器内部装有三个滤清元件。滤清器设有放油接头，当燃油滤芯需要更换时，维修人员可通过放油接头将滤清器内的燃油排净。同样，滤清器在上盖附近设置了排气阀，目的是当滤清器排油时，允许空气进入滤清器筒内。燃油滤清器的滤芯更换周期一般为 90 天。

　　燃油滤清器相关参数为：滤清元件外层的滤清精度为 10~12 μm，内层的滤清精度为 5~7 μm，燃油进口流量为 0.91~3.63 m³/h。

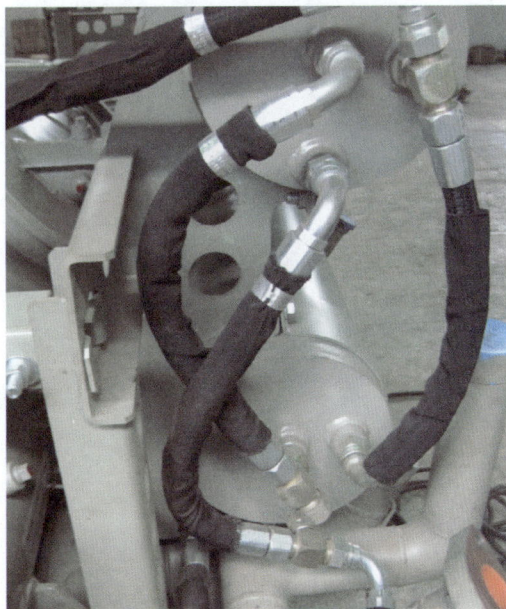

图 4-25　燃油滤清器

（5）喷油器

　　柴油机上的每个气缸动力组均装有一台高压燃油泵和一个喷油器。高压燃油喷射器安装在气缸盖上，是一个止回阀，其通过燃油管路接收来自高压燃油泵的高压燃油。在高压作用下，燃油流过喷油器梢部的小孔并被雾化而喷入燃烧室，如图 4-26 所示。

图 4-26 喷油器喷射

喷油器梢部装有弹簧加载的针阀。一旦喷油器内的燃油压力克服了弹簧压力，针阀就升起而离开针阀座，这使得燃油绕过针阀并经由喷油器梢部的小孔被雾化而进入燃烧室。由于压缩产生热，空气中的雾化燃油自发燃烧，燃烧释放的能量驱动柴油机工作。

5. 高压燃油泵

高压燃油系统的作用是升高供给气缸的燃油压力，并按顺序在适当的时刻向柴油机的每个气缸提供合适量的燃油。

柴油机上的每个气缸动力组均装有一台高压燃油泵［见图 4-27（a）］和一个喷油器。高压燃油泵安装在气缸底座上，安装位置如图 4-28 所示。

O 形圈

(a) 高压燃油泵

(b) 高压油管

图 4-27 高压燃油泵和高压油管

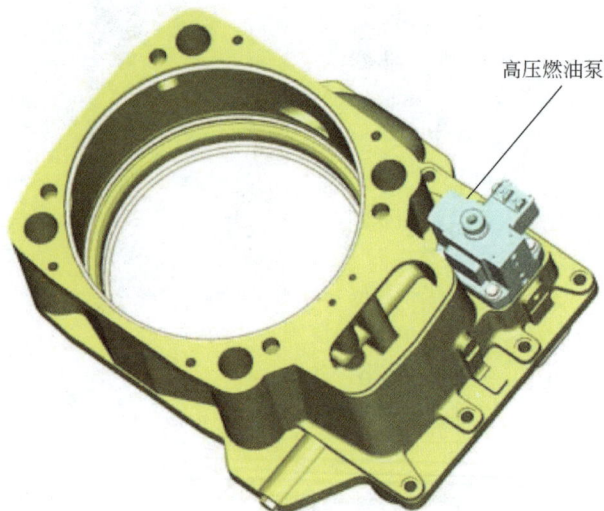

高压燃油泵

图 4-28 高压燃油泵的安装位置

　　高压燃油泵是一种增压泵，它接收来自低压燃油系统的燃油，并提升压力以使燃油呈雾化状态供给至燃烧室。

　　高压燃油泵受计算机控制。一个与高压燃油泵相连接的电磁线圈控制一个往复阀。当电磁线圈得电时，往复阀截获高压燃油泵内的燃油，被截获的燃油的压力通过高压燃油泵内的活塞上升而升高。高压燃油泵上的一个滚轮跨在凸轮轴供油凸起部上。凸轮轴上的供油凸起部提供使燃油升压的机械能。燃油喷射系统如图 4-29 所示。

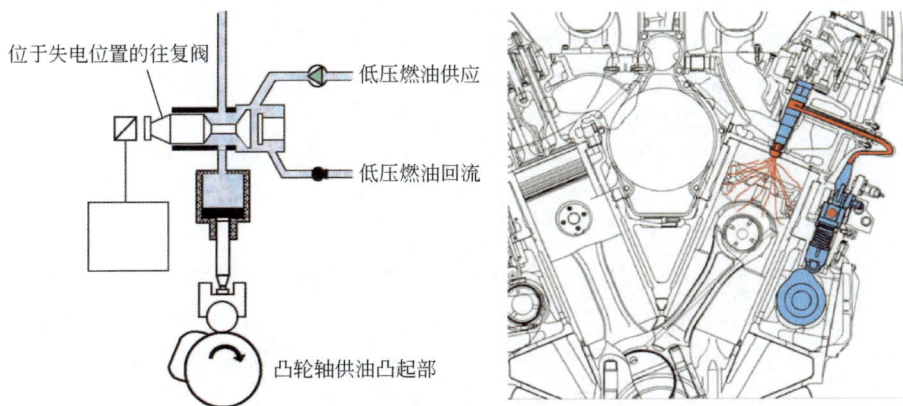

图 4-29　燃油喷射系统

任务 *4.4* 柴油机燃油系统异常处理办法

　　柴油机辅助系统主要包括柴油机的燃油系统、机油系统、冷却水循环系统与空气滤清系统。这些系统的故障绝大多数为跑、冒、滴、漏等惯性故障，对机车部件日常运用构不成多大损坏，但潜在的危害会使机车因缺水、缺油而导致冷却水温度升高、机油压力降低，从而使机车无法正常运行。

　　燃油系统是向柴油机提供燃料的供给系统，若该系统存在部件破损，会造成管路密封不良，管路内存有空气，供油拉杆弯曲、卡滞，喷油泵卡泵，喷油器损坏，滤清元件脏阻，燃油蜡化，燃油箱油位过低等故障。其共同的故障表象为燃油压力低，不能有效向柴油机提供燃油。

1. 燃油泵卡滞，燃油压力低，柴油机转速不上升

　　事由： 2010 年 9 月 25 日，DF₄B 型 1025 机车，牵引 26063 次货物列车，在兰新线哈密至鄯善区段的哈密站四场开车后，柴油机转速不上升，致使柴油机停机。于 2 时 33 分停车后，2 时 36 分再开车，柴油机转速仍然不升。进行了微机控制 ZY2000 转换，打开调速器盖进行手动调速，仍然无效，伴随有增压器冒黑烟现象，柴油机转速最高为 530 r/min，因此停在 K1330+509 m 处，请求救援。于 3 时 19 分由调车机拉回四场四道，3 时 25 分停车。站区总停时 46 min。

　　分析： 该台机车回段后，经检查为燃油泵卡滞故障，燃油泵速度下降使燃油压力降低，

进而使柴油机加载时供油量不足，造成柴油机转速不上升。

该故障与调节器故障下的转速不上升有同样的现象，但不会出现柴油机冒黑烟（冒黑烟是气缸内供氧不充分，造成燃烧不良产生的），当燃油系统提供的油量较少时，气缸内会出现在相应手柄位下供油量不足，柴油机转速达不到相应要求。其故障表象为司机操纵台燃油压力低（<150 kPa），供油拉杆控制的泵供油刻线被拉至最大，而且气缸内还会发出敲缸声。

该故障属于燃油泵机械性卡滞。此类故障比较容易处理，因为在该系统中有备用燃油泵，当某一燃油泵卡滞时，可立即更换另一备用燃油泵。

预防措施： 机车出段前，应检查燃油泵的工作状态，并按规定做好柴油机转速试验，以确定调节器的工作状态，做到心中有数。机车运用（行）中，当发生柴油机转速不上升时，应先简后难地判断故障，先司机室后机械间。当机车燃油压力低时，再去机械间检查燃油泵的运转工作状态，就可判断出故障原因。

2. 燃油滤清器蜡化性阻塞

事由： 2011 年 1 月 27 日，DF$_{4B}$型 5413 机车，牵引 88005 次货物列车，运行在兰新线哈密至柳园区段的红旗村站待避客车。20 时 30 分由红旗村开车。出站后，发现燃油压力低，机车无功率输出，检查燃油系统无异常，打开燃油排气阀后排油正常。同时与段技术支助热线"110"联系，维持运行。21 时 20 分运行至 K1305+285 m 处，燃油压力为 0 kPa，机车无功率输出，区间停车，按专业技术员指导，打开燃油粗滤器，取出滤芯，安装好后进行试验，燃油表仍无压力显示，请求救援。区间总停时 93 min。

分析： 该台机车返回段内后，经检查，燃油压力低，燃油箱内油位在低限位内（符合段定油位标准 3 000 L）。燃油系统排出大量混合油气体，经化验，油内含有超标的水分与石蜡成分。检查燃油预热器外观，无泄漏现象，对燃油预热器进行温度测试，燃油在预热进口与出口温度接近（表明燃油预热器不起作用）。在当时环境温度下（外界温度低于零下 20℃），加速燃油的石蜡凝固是引起燃油滤清器蜡化堵塞的重要因素。在司乘人员取出燃油粗滤器滤芯后，由于安装时未安装到位，使燃油粗滤器密封不严，从而引起排气阀排出大量气体。

预防措施： 此故障属于柴油机燃油系统供油发生阻塞，从而引起供油量不足，使柴油机无动力输出。该类故障与环境温度有很大关系，因环境温度低（低于零下 20 ℃），燃油箱油位低，虽然符合段限油位标准，但抗寒（蜡化）能力降低。同时，燃油预热器不起作用，因此加速了燃油蜡化过程，从而堵塞了燃油粗滤器的滤清通道，造成燃油压力下降。作为预防措施，机车出段前，应检查燃油供给系统是否泄漏，其燃油压力值是否符合要求（机械间燃油压力不低于 350 kPa，操纵台燃油压力不低于 250 kPa）。机车运行中发生此类故障时，在抽取燃油粗滤器滤芯时，芯体与上盖应组装到位，机车输出功率可适当降低，在机车降低输出功率的条件下，操纵台燃油压力应保持在 120~150 kPa。

3. 多枚喷油器故障，差示压力计起保护作用

事由： 2011 年 2 月 1 日，DF$_{4B}$型 0723 机车，牵引 11043 次货物列车，运行在鄯善至乌鲁木齐西的天山至达坂城站间。柴油机转速为 900 r/min 时，差示压力计突然起保护作用，柴油机停机。列车于 9 时 10 分停在 K1795+595 m 处，经检查，发现曲轴箱安全防爆阀 D13、D14、D15 缸被打开，机油喷出，差示压力计的 U 形管内无液体。确认为柴油机故障，于 9 时 16 分请求救援，9 时 51 分由区间开车。区间总停时 41 min。

分析： 该台机车返回段内后，经检查，D14、D15 缸防爆盖上防爆阀胶圈崩出，油气分

离器上胶筒破损，柴油机左侧地板上喷满机油，D8 位主轴下有碎小合金碾片，D8 位轴瓦上瓦拉伤，D9 位轴瓦上瓦拉伤。下车检查喷油器：D3、D5、D11 缸安装的喷油器不雾化，滴（流）油；清洗喷油器后，D11 缸喷油器安装不到位，有异物垫在工作面上无法建立油压，不喷射；D3 缸喷油器分解针阀副，板阀座压痕大；D5 缸喷油器分解针阀副，针阀阀线处起凸台不密封。机油被稀释，其原因是柴油机 D3、D5、D11 缸安装的喷油器雾化不良，滴（流）油，针阀副质量不过关。由于喷油器雾化不良形成的滴漏将机油稀释，使柴油机运动部件承载力减弱，造成运动部件拉伤。在曲轴部件拉伤后，形成的高温气体充斥着曲轴箱；同时曲轴箱内燃气比加重，造成燃油瞬间燃爆，曲轴箱压力急剧上升，导致差示压力计起保护（差示压力计 U 形管内液体一次性清空），曲轴箱防爆阀被打开。

预防措施：此故障属于柴油机配件结构性故障，即燃油喷油器针阀结构性故障，使燃油雾化不良产生滴漏，造成机油被稀释。稀释后的机油对柴油机运动部件产生危害，导致运动部件承载力下降，致使运动部件拉伤及易燃气体增加。

此故障属于燃油喷油器针阀故障，一般表现为针阀关闭不严。该类故障可通过高压油管脉冲波反映出来，即在柴油机启机后的低手柄位运动状态下，手摸高压油管脉冲，正常情况下，手指感觉有脉冲，当喷油器针阀锁闭不严时，手摸高压油管是无脉冲反应的，并伴随有敲缸的声音及柴油机冒黑烟。机车运行中如果遇此类故障，若属个别气缸喷油器故障，可将该气缸甩掉，维持机车运行。

4. 吸油管松缓漏气，导致燃油压力低

事由：2011 年 5 月 19 日，DF$_{4B}$ 型 0076 机车，牵引 11080 次货物列车，运行在兰新线哈密至柳园区段。当机车运行到烟墩站出站后，柴油机突然停机，于 16 时 05 分停在 K1248+867 m 处。重新启机，启机时发现没有燃油压力，又将另一个燃油泵闭合，仍然没有燃油压力。当时机车上还有两位本段技术科的添乘人员，在他们的指导下处理无效后，于 16 时 09 分请求救援。

分析：该台机车返回段内后，经检查，为燃油大油箱的吸油管接头松弛。柴油机燃油系统是在密闭的管路中循环工作的，若管路处发生泄漏或密封不良泄漏，会造成燃油泵吸不上燃油，导致柴油机因无燃油或燃油供给量不足而停机。此故障属于柴油机辅助燃油系统机械性故障。

预防措施：在机车出段前，应对机车的燃油箱进行全面检查，即认真检查油表刻度（确认油箱油位是否符合要求，特别是不清晰的油表），吸油管接头是否松弛（该管属于压力管路，不允许锤检），可通过检查（手触）油管接头处有无泄漏的油渍来判断大油管是否存在泄漏。机车运行中，应注意机车操纵台的燃油压力显示情况，若燃油压力低，应及时与机械间或后司机室的燃油压力表相对比，确认不属于仪表的显示故障后，应就近靠站停车处理，避免区间途停的事件发生。

复习思考题

1. 试述燃油滤清对供油喷射系统的作用。

2. 16V240ZJB 型柴油机单螺旋柱塞偶件是如何调节供油量和几何供油提前角的？

3. 出油阀组件有何作用？出油阀卸载凸缘在何处？卸载容积过大或过小对燃油系统的工作有何影响？

4. 出油阀弹簧有何作用？其预紧力的大小对燃油喷射有何影响？

5. 喷油装置的二次喷射有何坏处？有哪些防止办法？哪些因素影响喷射雾化质量？如何影响？

6. 哪些因素影响滞燃期？柴油机出现后燃有何不好？缩短后燃期有哪些途径？

7. 人为地减薄喷油泵调整垫对供油有何影响？

8. 试分析出油阀弹簧折断的后果，并分析造成这种后果的原因。

模块 5　柴油机进、 排气与配气机构

学习目标

- 掌握 16V240ZJB 型柴油机的进、排气通路；
- 掌握 GEVO16 型柴油机的进、排气通路；
- 理解 16V240ZJB 型柴油机的配气相位图；
- 掌握增压器故障的处理方法；
- 了解中冷器在 GEVO16 型柴油机上的位置。

进、排气系统的主要任务是将空气经过滤清、增压、中冷，处理成适合柴油机利用的状态，然后储存在稳压箱中备用；配气机构的作用是适当、适时地开启和关闭气体，按照配气相位图向燃烧室供给空气和排出废气。

任务 5.1 16V240ZJB 型柴油机的进、排气与配气

提高柴油机的输出功率向来是人们十分重视的问题，增加机车柴油机的单机功率对提高铁路运输能力尤为重要。要有效地提高柴油机的输出功率，只有增加参与燃烧的燃油和新鲜空气的数量。增加气缸中进气的数量是燃烧更多燃油和输出更多机械能的先决条件。

增加气缸数、加大气缸直径、增大活塞冲程、提高柴油机的转速、提高进气充量密度等皆可增大气缸进气量。对于这些改进，虽有其可能，但有一定的限度，这会使柴油机相应的体积和重量也增大，因此受到机车轴重的限制。提高柴油机的转速，虽能增加单位时间内气缸的进气量进而提高输出功率，但是柴油机热负荷和机械负荷增加较多、机件磨损严重、气缸充量系数下降及燃烧过程恶化等限制了柴油机转速的提高。如果采取措施增大柴油机的进气密度，则会使气缸内每个工作循环的进气量增多，柴油机在同一工作循环中就可能燃烧更多的燃油，这就可在其他条件不变的情况下使平均有效压力值提高，即增加柴油机的输出功率。可见，在增加柴油机输出功率的许多办法中，增大气缸进气的密度是为实践所证实的更为有效的方法。

图 5-1 是涡轮增压柴油机的工作系统。从柴油机气缸排出的燃气（废气）具有一定的压力，燃气进入涡轮机继续膨胀做功，由涡轮带动同轴的压气机旋转，空气经压气机压缩，压力和温度随之升高，再经中冷器使温度降低，然后进入柴油机气缸。涡轮机和

压气机连成一体，联合工作，这种机组就是涡轮增压器（废气涡轮增压器）。

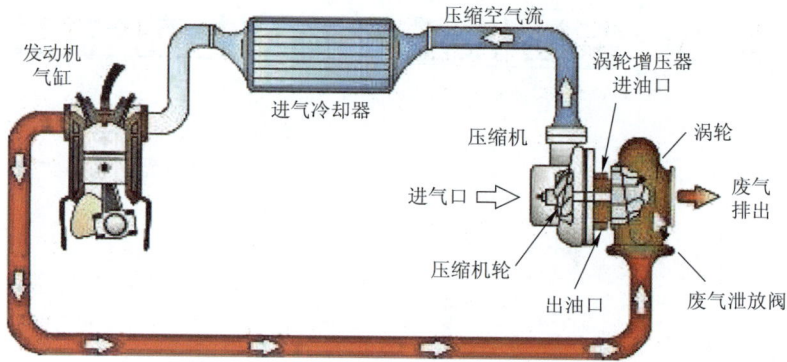

图 5-1　涡轮增压柴油机的工作系统

1. 涡轮增压柴油机的进、排气系统

柴油机的涡轮增压系统除包括涡轮增压器外，还包括进气管道和排气管道。排气管道的结构和布置形式对燃气能量的利用程度、涡轮的性能和效率，以及对柴油机的工作过程都有很大影响。

涡轮增压系统有三种基本类型：定压涡轮增压系统、脉冲涡轮增压系统和脉冲转换涡轮增压系统。

（1）定压涡轮增压系统

在定压涡轮增压系统中，向一台涡轮增压器供气的各个气缸的排气管接到同一根排气总管上。排气总管粗而长，有较大的容积，相当于一个稳压管。各个气缸排出的燃气在排气总管中得到膨胀和扩散，在总管中燃气的压力、温度和流动速度的波动较小，并基本上以稳定的压力状态进入涡轮机，这种增压称为定压涡轮增压。

柴油机采用定压涡轮增压系统，排气管道的结构简单，对涡轮布置的限制较少，高增压时涡轮效率较高。增压压力在 250 kPa 以上并经常在高负荷下工作的柴油机比较适合定压涡轮增压系统。16V240ZJB 型柴油机就是采用定压涡轮增压系统。

（2）脉冲涡轮增压系统

对柴油机各气缸的排气管进行分组，每组气缸的排气管连接在一根排气歧管上，几根排气歧管同时接到涡轮的进气壳上。由于排气歧管细而短，管内容积较小，燃气通过时膨胀和扩散的损失较少，因此在歧管内保留了较大的排气压力波。压力波呈周期性脉冲状态，涡轮在有较大波动的情况下工作，故此种系统称为脉冲涡轮增压系统。

在脉冲涡轮增压系统中，排气管分组的原则是：连接在同一根排气歧管上的各气缸排气相位，必须互不重叠或很少重叠。柴油机采用脉冲涡轮增压时对燃气能量的利用程度较高，在增压压力不高（250 kPa 以下）时效果较为显著，对变负荷的适应性好，加速性好，即使在低负荷时也能很好地改善柴油机的换气过程。但是，脉冲涡轮增压系统的排气歧管和涡轮的布置都比较复杂，适合于增压压力不高且经常在变负荷下工作的柴油机。

（3）脉冲转换涡轮增压系统

当柴油机的气缸数为 6、9、12 和 18 时，采用脉冲涡轮增压系统可满足排气管的最佳分组方案。为了保留脉冲涡轮增压及定压涡轮增压两者的优点，克服由于燃气间歇进入带来的涡轮效率下降的缺点，在排气管道中装设了脉冲转换器。柴油机气缸排气管仍按脉冲增压的原则进行分组，排气歧管接在脉冲转换器上，燃气在脉冲转换器里实现压力能和动能之间的转换，这种增压系统称为脉冲转换涡轮增压系统。

脉冲转换器由引射管、混合管、扩压管和稳压管组成。在脉冲转换器中，从一根排气歧管来的排气脉冲流过截面渐缩的引射管时，压力能转换成动能。这股高速气流对另一引射管产生引射和抽吸作用，如果此时连接在另一引射管中的某一缸正处于扫气阶段，那么可使该缸具有较低的排气背压，达到对燃烧室高质量的扫气效果。在混合管中不同流速的气流相互混合，然后进入扩压管，将动能转换成压力能，最后经稳压管的稳压作用，使进入涡轮的气流状态得到稳定。

脉冲转换涡轮增压系统兼有脉冲涡轮增压系统和定压涡轮增压系统的优点，既能有效利用燃气的脉冲能量，又能保证以稳态气流进入涡轮，从而提高了涡轮效率。

2. 16V240ZJB 型柴油机的进、排气系统

16V240ZJB 型柴油机采用定压涡轮增压系统，进、排气管路皆布置在柴油机 V 形夹角中央的上方。排气系统包括排气支管、排气总管、涡轮机及排气烟道等。进气系统包括空气滤清器、压气机、增压空气中间冷却器、进气稳压箱及进气支管等。

排气通路为

气缸—排气门—气缸盖排气道—排气支管—排气总管—增压器的涡轮机—排气烟道—大气

进气通路为

大气—空气滤清器—增压器的压气机—扩散弯管—中冷器—收敛弯管—进气稳压箱—进气支管—气缸盖进气道—进气门—气缸

图 5-2 是 16V240ZJB 型柴油机的进、排气系统。

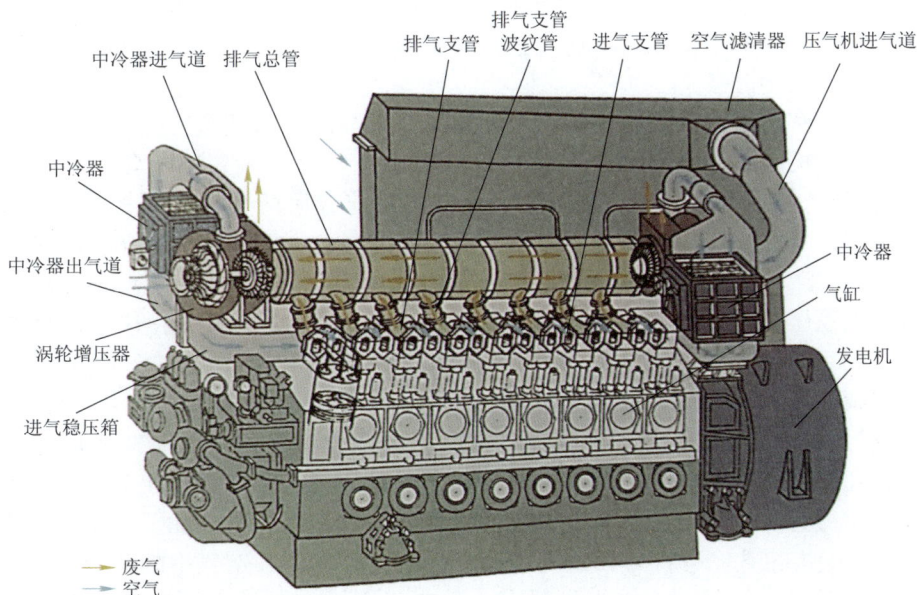

图 5-2　16V240ZJB 型柴油机的进、排气系统

排气总管连接所有气缸的排气支管，其两端还与增压器涡轮机连接。由9节蠕虫状石墨铸铁管组装连成，两端为锥形管，中间7节为圆柱形管。与各缸连接的支管以顺气流方向成60°角与总排气管同体铸造，以减少燃气流动时的能量损失。

每两节铸铁管之间用钢制成的大波纹管连接。为组装方便，铸铁管与大波纹管的锥面法兰用半圆形管卡固定。整个排气总管支承在8个支架上，支架固定在机体上，其安装螺钉孔为椭圆形，以调整各个支架的同轴度。这样，排气总管就具有了较大的柔性，能改善受热后的受力状态。

16V240ZJB型柴油机排气总管采用法兰连接，其内筒由不锈钢管组焊而成的形式。排气总管内径为240 mm，组焊的总管共两段，每段中部组焊三节波纹管，使排气总管与增压器涡轮进气壳之间为弹性连接，以补偿受热变形。

排气支管由铸钢制成，其内径为105 mm。为便于对中、装拆，减少振动和补偿热变形，在各排气支管与总管连接处设有小波纹管。小波纹管由法兰、衬筒及双层薄壁波纹管焊成，衬筒和波纹管均由耐热不锈钢制成，衬筒用来减小燃气对波纹管的传热，它必须顺气流方向安装。小波纹管与排气支管的连接法兰皆为锥面法兰，靠小波纹管的弹性变形使锥面法兰对中。为了减少燃气的热损失和减少排气管对柴油机其他机件的传热，在排气总管和各排气支管外均敷设了耐火纤维毡层，最外层再包以无碱玻璃布，并用铁丝扎紧。

3. 空气滤清器

空气滤清器拦阻或去除进气中的灰尘和杂质，以减少气缸套、活塞环、活塞及气门等机件的磨损和故障，同时还可以减少对机油的污染。

机车用空气滤清器有离心回旋式、叠纸滤芯式、金属板网式、泡沫塑料滤芯式、油浴式等基本形式，以及由上述基本形式组合成的复合滤清结构。

尽管空气滤清器的形式多种多样，但其滤清原理基本上有三类：惯性法引导气流高速旋转，利用离心作用把空气中所含的灰尘和杂质分离出来；油浴法使空气快速掠过油（机油）面，利用机油的黏性，黏住气流中的杂质；拦阻法使空气中的杂质被阻挡在滤芯外。

滤芯的空隙密而细，柴油机要求空气滤清器有较高的滤清效率。

东风型内燃机车采用离心回旋金属板网复合式空气滤清装置。两套空气滤清装置分别安装在机车动力室的车体左、右侧壁上，担负着前、后两台增压器的进气滤清任务。柴油机工作时，外界空气先经离心回旋式过滤装置进行一级滤清，然后进入钢板网滤清装置进行二级滤清。清洁空气经风道及帆布连接套后进入压气机升压，压力空气经中冷器冷却后进入稳压箱。气体处理完后被储存在柴油机V形夹角上方，这个位置称为进气稳压箱（见图5-3）。

离心回旋式（又称为旋风式）过滤装置，每一侧壁上装有2组，每组安装有21个旋风筒。旋风筒由旋风筒体和出风口两部分组成，两部分皆采用聚酰胺树脂压注成形。旋风筒体上有8个扭曲的导向叶片。旋风筒体和出风口利用对称布置的4个凸耳分别卡紧在框架的前、后板上。每一组旋风过滤装置的下方有4个储尘袋。柴油机工作时，外界空气被吸入旋风筒，并沿8个导向叶片旋转前进，由于离心作用，空气中的杂质被甩向筒壁碰落在框架底部，然后逐渐进入储尘袋暂存，而空气则经中央的出风口进入内部风道去进行二级滤清。橡胶制成的弹性储尘袋平时呈闭合状态，当需要除尘时用手捏动下部，排尘口打开，排出杂质。图5-4是空气滤清器的结构。

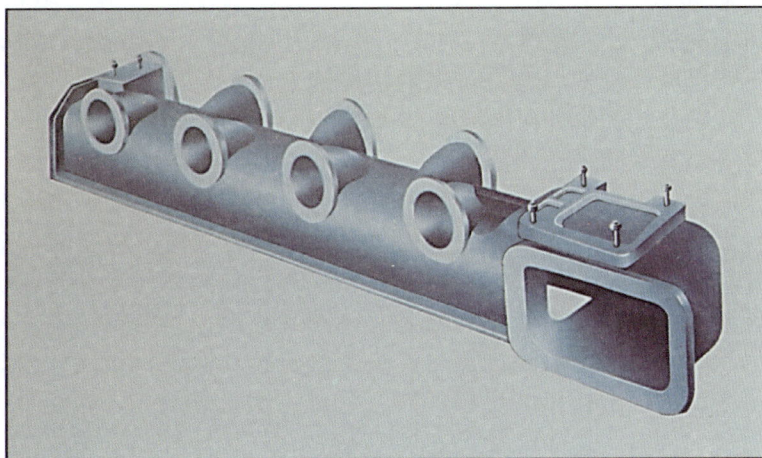

图 5-3　进气稳压箱

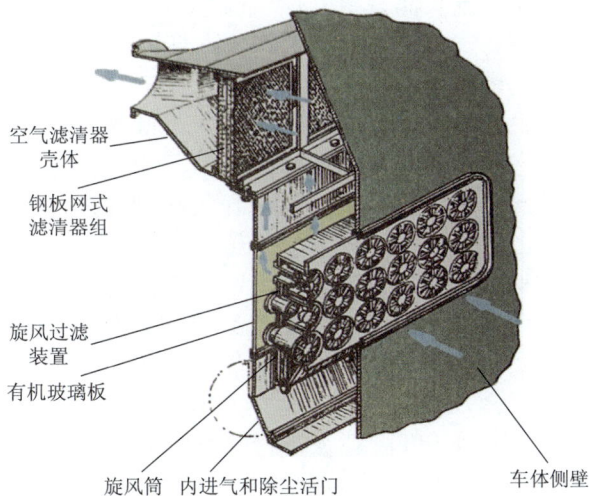

空气滤清器
壳体

钢板网式
滤清器组

旋风过滤
装置

有机玻璃板

旋风筒　内进气和除尘活门

车体侧壁

图 5-4　空气滤清器的结构

在动力室每侧空气滤清器风道内，并列装有 8 组钢板网滤清器组，每组的滤芯安装在同一框架中。每组装有 4 个滤清元件，每个滤清元件由 6 层钢板滤网叠成，中间 4 层为细滤网，外部 2 层为粗滤网。粗、细滤网用薄钢板冲出不同尺寸的菱形网眼而区分，相邻层板网上的网眼交错 180°角。网眼的边棱上存有机油，当空气流过 24 层钢板网时，交错的网眼使空气曲折流动，空气中的杂质被网眼边棱上的机油黏附。每个框架上还装有拉手、弹簧和挂钩，弹簧用来把滤清器组压装在空气滤清器风道构架上。当机车途经多风沙、暴风雪及空气严重污染地区时，可打开空气滤清器下部的内进气活门，使压气机抽吸车体内的空气。在正常情况下，内进气活门仅用来清扫风道和除尘。

要重视对空气滤清器的保养。旋风过滤装置要定期除尘，钢板网滤清元件要定期清洗，并要重新浸渍在干净的机油内，然后垂直提起滴干，重新装入风道。如果长期不洗，则会出现网眼阻塞或油膜干结，从而使进气真空度增大，气缸内充气量不足，进而使柴油机的动力性和经济性下降。

4. 涡轮增压器的工作原理

在涡轮增压柴油机上，涡轮机是一种动力机械，它把燃气的一部分能量变成机械能。压气机是一种工作机械，它把涡轮机传来的机械能变成空气的压力能。机车上的涡轮增压器大多采用单级轴流式涡轮机和单级离心式压气机。

（1）单级轴流式涡轮机的工作原理

单级轴流式涡轮机由燃气进气壳、喷嘴环、涡轮及燃气出气壳等组成。喷嘴环是由一圈喷嘴叶片（叶栅）组成的圆环，它与燃气进气壳一起固定，位于燃气进气壳与涡轮之间。喷嘴叶片之间形成燃气的流道，用以对燃气进行导向和使之加速流动，因此喷嘴环叶片又称为导向叶片。涡轮由转轴、轮盘及一圈叶片组成，涡轮转轴支承在燃气出气壳中，燃气在涡轮叶片之间的流道内流过，迫使涡轮转动产生机械能，因此涡轮叶片又称为工作叶片。柴油机气缸排出的燃气经排气管进入燃气进气壳，先经导向叶片，再入工作叶片，最后由燃气出气壳排入大气。

一圈导向叶片和一圈工作叶片组成涡轮的一个"级"。只有一个级的涡轮机称为单级涡轮机；有两个或两个以上级的涡轮机称为双级或多级涡轮机。燃气流动的方向与涡轮转轴轴线平行的涡轮机称为轴流式涡轮机；燃气流动方向与涡轮轴线垂直的涡轮机称为径流式涡轮机。

（2）单级离心式压气机的工作原理

单级离心式压气机主要由导流壳、叶轮罩、压气机叶轮、扩压器及蜗壳等组成。叶轮是压气机的主要部件，它与涡轮安装在同一转轴上。压气机叶轮上有一组径向叶片，叶片的前部呈弯曲形，后部为直叶片。扩压器在压气机叶轮的外缘，它是固定在机壳上的一个圆环状叶栅，叶片之间形成渐扩形空气流道。

压气机叶轮在涡轮的驱动下高速旋转，由于离心作用，叶轮流道中的空气被甩向轮外缘，空气的压力和流速皆提高，气温也随之上升，这就使输入压气机叶轮的机械能转化为空气的压力能、动能及热能。与此同时，叶轮芯部入口处形成局部真空，因此外界空气沿进气道连续不断地吸入压气机。由于进入叶轮的空气也随叶轮一起做圆周运动，所以原来在进气道内沿轴向运动的气流，在进入叶轮时的相对速度并不与轴平行，而是与转轴成某一交角。如果这时叶轮前部的叶片是径向直叶片，则进气气流会与叶片产生冲击损失；如果叶轮前部叶片朝相对速度方向弯曲，则叶片可以引导进气气流的运动，这就是为什么叶轮前部叶片总是顺着转动方向扭弯一个角度的原因。由于制造工艺的方便，通常将叶轮分成两部分，前部具有扭曲叶片的部分称为导风轮，后部称为工作轮。

从压气机叶轮中甩出的高速气流进入扩压器。由于扩压器流道呈渐扩形，根据能量守恒原理，空气流经扩压器时流速降低，压力增加，温度升高，空气的动能一部分转化成压力能。扩压器流出的空气汇集在蜗壳内，蜗壳的流道容积也是不断扩大的，所以空气流速继续下降，气流继续扩压，动能继续向压力能转换。

由此可知，输入离心式压气机的大部分机械能，首先经过压气机叶轮转换成空气的动能和压力能，然后在扩压器和蜗壳中部分动能继续转换成压力能。

在压气机中，如果气流依靠高速离心作用沿径向流动，则称为离心式压气机。增压器用的压气机除离心式外，还有转子式（容积式）和轴流式。离心式压气机也有单级和多级之分。一个叶轮加一个扩压器组成压气机的一个级，在涡轮增压器中大多采用单级离心式压气机。

5. 涡轮增压器的构造

45GP802-1A 型涡轮增压器采用单级离心式压气机、单级轴流式涡轮机、内置式滑动轴承及水冷式壳体。图 5-5 是涡轮增压器和中冷器的实物图，图 5-6 是涡轮增压器的剖视图。

图 5-5　涡轮增压器和中冷器的实物图

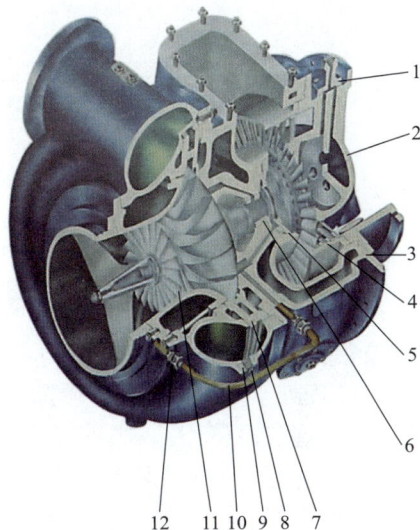

1—座；2—涡轮进气壳；3—涡轮出气壳；4—喷嘴环；
5—涡轮气封内圈；6—涡轮端轴承；7—扩压器；
8—内六角螺堵；9—钢套；10—引气管；
11—转子；12—压气机蜗壳。

图 5-6　涡轮增压器的剖视图

（1）涡轮增压器壳体

涡轮增压器壳体（见图 5-7）包括压气机导流壳、叶轮罩、压气机蜗壳、涡轮出气壳及涡轮进气壳等。涡轮出气壳是整个涡轮增压器的支承基础，它安装在增压器的中部，另一端与涡轮进气壳相接。

涡轮出气壳由合金铸铁制成，内部设置 2 个轴承座孔，体内有通向 2 个轴承座的机油通道，上部为长方形的废气排气口。为减少出气壳的受热变形及燃气对轴承的影响，涡轮出气壳体内铸有冷却水腔。涡轮出气壳的体外装有进油管接头和水管接头，底部还设有排油孔、排污堵和排水堵。

涡轮进气壳由球墨铸铁制成，对燃气的流动起引导作用。涡轮进气壳的外端法兰与排气总管紧固，里端法兰与出气壳紧固，其内部与喷嘴环组件相连接，芯部铸出凸球部，由铸筋与外筒壁相连。为排出泄入空心凸球内的燃气，在铸筋中钻有引气孔。

压气机蜗壳用于汇集和排出压缩空气，并使增压空气流动均匀和增大压力。压气机蜗壳的芯部装有叶轮罩和导流壳，二者组成了压气机收缩形的进气流道。叶轮罩内表面与压气机叶轮相配合。

（2）扩压器和喷嘴环

压气机蜗壳、导流壳及叶轮罩均由铝合金铸成。扩压器位于压气机工作轮出口处，夹装在压气机蜗壳与涡轮出气壳之间。扩压器由体和盖板紧固而成。扩压器体上铣出 19 个三角形叶片，叶片间构成截面渐扩的流道。从压气机工作轮出来的气流进入叶轮外围与扩压器叶片之间的环形空间，气流速度降低，压力上升，所以该环形空间也称为无叶扩压部。气流从无叶扩压部进入有叶扩压部时，其叶片的入口角和入口截面对压气机的

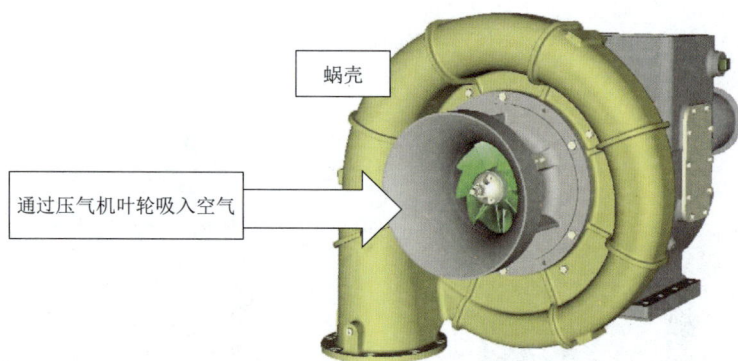

蜗壳

通过压气机叶轮吸入空气

图 5-7　涡轮增压器壳体

性能有很大的影响。

　　喷嘴环处于燃气入口一侧的涡轮之前，紧固于涡轮进气壳的内侧。喷嘴环组件由喷嘴环镶套、喷嘴环叶片、喷嘴环外圈、外圈镶套、喷嘴环内圈、内圈镶套及喷嘴环气封圈等组成。用耐热不锈钢制成的 28 个喷嘴环叶片依靠两端的榫头按一定角度镶嵌在喷嘴环内圈和喷嘴环镶套之间，并用内圈镶套及外圈镶套等卡紧。喷嘴环内圈及喷嘴环镶套均由螺钉紧固在涡轮进气壳上。喷嘴环内圈上还紧固有喷嘴环气封圈。喷嘴环流道出口截面的大小对涡轮机的性能和涡轮增压器与柴油机的匹配有较大影响。图 5-8 是扩压器体，图 5-9 是喷嘴环。

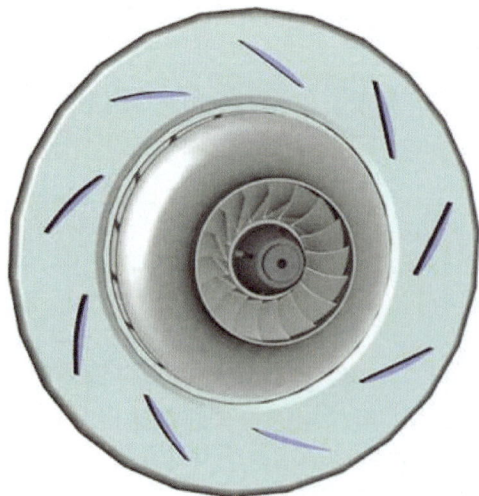

图 5-8　扩压器体

图 5-9　喷嘴环

　　（3）涡轮增压器的转子

　　转子是涡轮增压器的重要部件，用以实现能量的转换和机械能的传递。转子由涡轮盘、涡轮叶片、导风轮、压气机工作轮、叶轮衬套、油封、甩油盘及轴承套等组成。

　　主轴由钢制成，一端安装涡轮，另一端安装压气机。轴承套处于轴的中部，轴承套代替了轴颈，其外圆面与轴承配合，一端具有止推凸肩，并有油封及甩油盘。

　　涡轮增压器工作时，转子旋转的动力传递路线为：燃气—涡轮叶片—涡轮轮盘—涡轮圆柱销及螺钉—主轴—压紧螺母—压紧圈—叶轮衬套及圆柱销—压气机叶轮。

为防止涡轮增压器转子强烈振动和确保轴承工作可靠，转子组件需进行动平衡试验。检修中，如果转子上更换零件或变更零件安装位置，则必须重做动平衡试验。

（4）涡轮增压器轴承

45GP802-1A型涡轮增压器上设有径向轴承和止推轴承。

径向轴承为整体套式结构，它以过渡配合安装在轴承座内，背面用销钉定位。

径向轴承起着支承涡轮增压器转子的作用。径向轴承采用钢背高锡铝合金，圆周均布有椭圆形进油孔，在油孔内表面的一侧铣出油楔（故称为三油楔径向轴承），使轴承内表面容易建立油膜且油膜均匀，以利于改善高速零件的润滑。为防止机油大量散失，每侧的挡油边（油楔边与轴承边之间的距离）增大到5 mm。涡轮侧的径向轴承与主轴轴颈直接配合，压气机侧的径向轴承与轴承套相配合，配合间隙均为0.12~0.15 mm。由于油楔具有单一的方向，为保证轴承工作油膜的形成，在组装时应使油楔方向与主轴转动方向相一致。

当涡轮增压器工作时，转子的主推力的传递路线为：主轴—轴承套凸肩—推力轴承—止推垫板—压气机端轴承座—涡轮出气壳等机件；辅助推力的传递路线为：主轴—轴承套凸肩—辅助推力轴承—推力轴承端板—螺钉—压气机端轴承座—增压器壳体。

45GP802-1A型涡轮增压器转子两侧的轴承布置在压气机和涡轮的内侧，称为内置式轴承，它区别于将轴承布置于压气机及涡轮外侧的外置式轴承。前者能使转子长度缩短，转动惯量减小，自振频率提高，但轴承拆装复杂，工作时受热严重，油、水和气的密封较困难。

（5）气封和油封

设置气封的目的是减少燃气或压缩空气的泄漏，从而降低功率损失和减小转子轴向推力，并减少燃气对机油的污染和降低机油的温升。45GP802-1A型涡轮型增压器在涡轮轮盘两侧设置气封以密封燃气，在压气机叶轮背侧的气封阻挡压缩空气的泄漏。这些气封的工作原理大致相同，气封圈上设有多道气封槽，气封圈与轮盘或压气机叶轮之间有较小的径向或轴向组装间隙。燃气或压缩空气从前一道气封槽向后一道气封槽泄漏时，经过很小的间隙通道而产生节流与膨胀现象。节流能降低气流的压力，膨胀进一步降压并减慢流速。泄漏的气体经多次节流与膨胀后，逐渐消减其压力和流速，从而达到阻挡气流泄漏的作用。

为了防止机油窜入空气流道或燃气空间，减少空气及叶片表面的污染，减少气封槽和燃气流道内的积炭，在涡轮增压器两个轴承的外侧设置了油封，甩油盘和油封固定在转子轴上，油封盖与轴承座一起固定在涡轮出气壳上。甩油盘随转子旋转，它能阻挡和甩回部分泄漏的机油。油封外圆上有梯形螺纹槽，由于机油的黏性，漏入螺纹槽的机油随转子的旋转而沿槽回流，因而减少了机油外泄量。在涡轮侧，主轴法兰外圆面上加工有另一旋向的梯形螺旋槽，此面与涡轮气封内圆组成油封，使外泄的机油旋回油腔内。

此外，在45GP802-1A型涡轮增压器上还采用了气障封油封气法。由于一部分压气机叶轮背后泄入的压缩空气压力大于轴承中外泄的油压，所以压缩空气从油封盖与油封的间隙中吹入，封闭了机油的外泄通路。另一部分压缩空气由涡轮出气壳内部通道引到涡轮气封圈与涡轮轮盘之间，压缩空气吹向涡轮端油封间隙，同时又吹向涡轮气封槽，因而既能阻挡机油外泄，也能阻挡燃气泄入油腔。但是在柴油机高负荷工况下，泄入压气机叶轮背后的气压较高，超过了气障封油的需要，同时也使转子的主推力增大，因此设置引气管将一部分空气抽回到导流壳的进气道。

（6）冷却水通道及机油通道

45GP802-1A 型涡轮增压器的冷却水来自机车柴油机的高温水系统，其进水管与柴油机冷却水管并联。由高温水泵供给的冷却水由涡轮出气壳下方接头处引入，在涡轮出气壳水腔中流动，经壳体上部两侧 2 个出水口导出。

涡轮增压器与柴油机共用一个机油系统。压力油从柴油机 V 形夹角中的主机油道经油管引入涡轮增压器。进油口设在涡轮出气壳中部，然后分两路进入转子两端轴承，工作后机油从涡轮出气壳底部出油口流回柴油机曲轴箱。为了防止进入增压器的机油压力过高而造成窜油，进而影响增压器及柴油机的正常工作，特在进油管上设置了一个减压阀，当油压超过 245 kPa 时使部分机油旁通流回柴油机曲轴箱。为了提高机油的滤清效果，确保增压器轴承可靠工作，在涡轮增压器的进油管路上设置了机油精滤器。

6. 中冷器

在涡轮增压柴油机上装设中冷器，不但可以进一步提高增压效果，而且还能提高柴油机的经济性和工作可靠性。实践表明，增压空气每降低 10 ℃，柴油机的功率可提高 2%~3%，燃油消耗率可降低 1.5%左右，而且由于柴油机排气温度降低，使涡轮增压器和柴油机受热机件的工作状况得到改善。

机车柴油机的中冷器大都采用管片式水空冷却器，用低温水流过冷却管来降低管外增压空气的温度。常见的冷却管有扁管、椭圆管及圆管等，它们大都采用铜质管材制造。

16V240ZJB 型柴油机有 2 台扁管肋片式水空中冷器，分别安装在柴油机前、后端的上方。中冷器外形如图 5-10 所示。

图 5-10 中冷器外形

中冷器由进水管、出水管、端盖、壳体及水管弯头等组成。壳体由钢板焊成，6 个冷却组（冷却单节）安装在壳体内的隔板之间。冷却组由管板、补强板、支撑管、冷却片及侧护板等组成。扁管按棋盘形布置，紫铜冷却片串联在扁管上，以增大传热面积。每个冷却片包容 34 根冷却管。

中冷器由柴油机低温水系统供水，冷却水从端盖上的进水管流入，在 6 个冷却组的扁管中单程流动，从另一端盖上的出水管流出。由压气机送来的压缩空气经扩散弯管从上方进入中冷器，在扁管外冷却片之间流过，经下方的收敛弯管进入空气稳压箱。冷却水在管内流动，增压空气在管外流动，水、气交叉流动进行热交换。中冷器的冷却总面积约 70 m^2。在柴油机装车功率下，当大气温度为 20 ℃、冷却水的进口温度为 45 ℃时，中冷器能使 145 ℃的增压空气温度降到 65 ℃以下。

7. 配气机构的任务和工作要求

配气机构用来控制柴油机的换气过程，按照规定的配气正时和气缸发火顺序，准时地、正确地控制各个气缸进、排气门的开启和关闭，以保证换气过程的顺利进行。由于进气和排气所占的时间极为短促，因此配气机构的零部件是在急剧变速运动下工作的，其中有些零件还受高温影响，所以它们受到较大的惯性力和热应力，加之润滑条件较差，就会使零件的磨损增加，甚至破坏配气正时。柴油机对配气机构的要求是：进、排气门的启闭严格按照配气正时和发火顺序，保证换气过程准时进行；气门开度大小和气门启闭过程符合换气过程的要求；气门关闭时有良好的密封性；机件的惯性冲击小，振动和噪声小；结构简单，工作可靠，便于调整和维修。

8. 配气机构的组成与动作过程

四冲程柴油机广泛采用气门式配气机构。配气机构包括气门机构和气门驱动机构两个部分。气门机构主要由气门、气门导管、气门座、气门弹簧、气门锁夹和气门锁夹套等组成；气门驱动机构主要由齿轮传动装置、凸轮轴、气门挺柱（俗称推杆）、气门推杆（俗称挺杆）、气门摇臂及气门横臂等组成。图 5-11 是四冲程柴油机的配气机构。

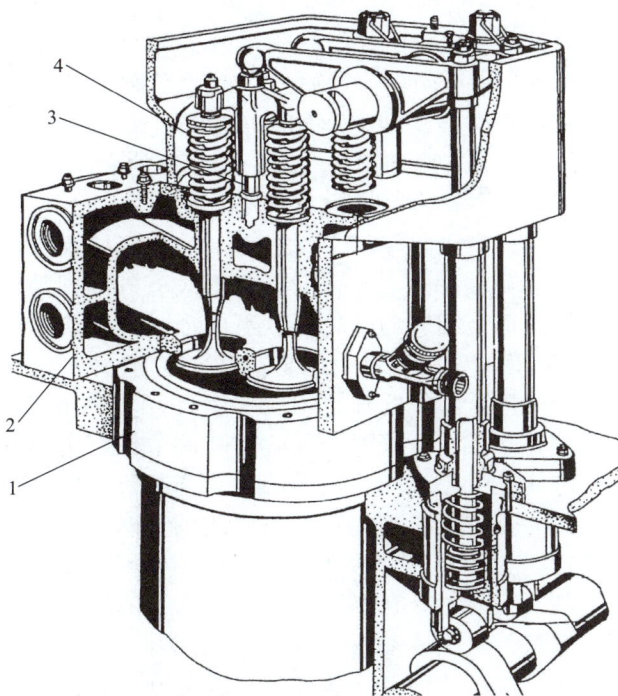

1—气缸；2—气缸盖；3—横臂；4—气门弹簧。

图 5-11　四冲程柴油机的配气机构

配气机构的动作过程如下。曲轴旋转，通过曲轴正时齿轮和齿轮传动装置带动凸轮轴转动。挺柱滚轮贴紧于凸轮型面，当挺柱由凸轮型面推动上升时，气门推杆、摇臂及与推杆接触的一端也被顶着上移，摇臂绕摇臂轴摆动，摇臂的另一端压气门横臂向下，气门横臂压在两个同名气门上，使气门弹簧压缩，气门下降而离开气门座孔，气门因此逐渐开启。当挺柱滚轮与凸轮在型面顶端接触时，气门弹簧压缩量达到最大，气门开度最大。当凸轮型面的顶端转过之后，气门挺柱和气门推杆逐渐下移，摇臂回摆，摇臂对横臂和气门弹簧的压力减小，在气门弹簧复原力作用下，气门随之上升，气门逐渐与气门座接近，即气门开度逐渐减小，最后使气门全闭。当气门全闭时，气门横臂与摇臂脱离。

9. 气门和凸轮轴的布置

四冲程柴油机的进、排气门一般都布置在气缸盖上，向下运动为气门开启，向上运动为气门关闭，这种布置称为顶置式。中小型柴油机一般采用双气门机构，即每个气缸有 1 个进气门和 1 个排气门。机车柴油机广泛采用四气门机构，即每个气缸有 2 个进气门和 2 个排气门。相同作用的气门称为同名气门。四气门机构与双气门机构相比，在同样气缸直径下，四气门机构可以获得较大的气门通流截面，进气和排气阻力减小，充量系数提高，而且由于气门数量增加，气门散热面积增大，从而降低了气门的热负荷。四气门机构的气道有串联和并联两种布置方式。

用 1 根凸轮轴布置在 V 形夹角中间，如 12V180ZJB 型柴油机所采用的方案；由 2 根凸轮轴分别布置在柴油机两侧，以驱动左、右两列气缸的进、排气门，16V240ZJB 型柴油机采用这种方案。凸轮轴上除设有进、排气凸轮外，还有喷油泵凸轮，用以控制喷油泵正时地向各个气缸供应燃油。

10. 柴油机配气机构总体布置

16V240ZJB 型柴油机采用顶置式四气门机构。由于进、排气管道均布置在 V 形夹角中间，因此进、排气同名气门排成两列，气缸盖内的气道采用串联方案。在 4 个气门中央设置喷油器，气门驱动机构安装在柴油机两侧和气缸盖上。气门安装在气门导管内，用于定位和导向。每个气门尾部装有内外圈气门弹簧，弹簧的底座落在气门导管的凸台上，顶面顶住气门杆尾部的锁夹套。锁夹套通过锁夹与气门杆相连，靠气门弹簧的预紧力将气门压靠在气门座上，使燃烧室密封。每个气缸盖上的进气摇臂和排气摇臂都安装在同一根摇臂轴上，摇臂可绕摇臂轴摆动。摇臂的外侧安装有气门间隙调整螺钉，通过它与气门推杆、气门挺柱与凸轮轴上相应的凸轮相联系；摇臂内侧通过压球座和气门横臂同时控制 2 个同名气门。气门横臂上下运动由压装在气缸盖上的横臂导杆导向。气门挺柱与气门推杆、气门推杆与气门摇臂、气门摇臂与压球座之间均采用球面关节式连接，以减少推杆及横臂连接处的滑动摩擦。由摇臂的气门间隙调节螺钉中心到压球中心之间的距离为摇臂总长，它正好与气缸中心到凸轮轴中心的距离相等，使气门推杆与气缸纵向轴线平行，可改善气门推杆的受力状态和实现气门启闭的准时性。摇臂通过压球座将力传给横臂，压球座与横臂之间为平面活动接触，在此可用量具测量气门间隙。为了保证气门横臂的两臂同时与同名气门接触，在横臂的一个臂上装有可调高度的调整螺钉。气门摇臂上的气门间隙调整螺钉，上下旋动可以调节气门间隙，调整完毕后用锥面自锁螺母锁紧。气门挺柱在挺柱导筒内上下滑动，挺柱导筒安装在机体两侧的气门挺柱箱内，气门挺柱下部设有挺柱滚轮，依靠挺柱弹簧的压紧力使滚轮与凸轮贴紧。图 5-12 是配气机构的实物图，图 5-13 是配气机构的构成。

图 5-12　配气机构的实物图

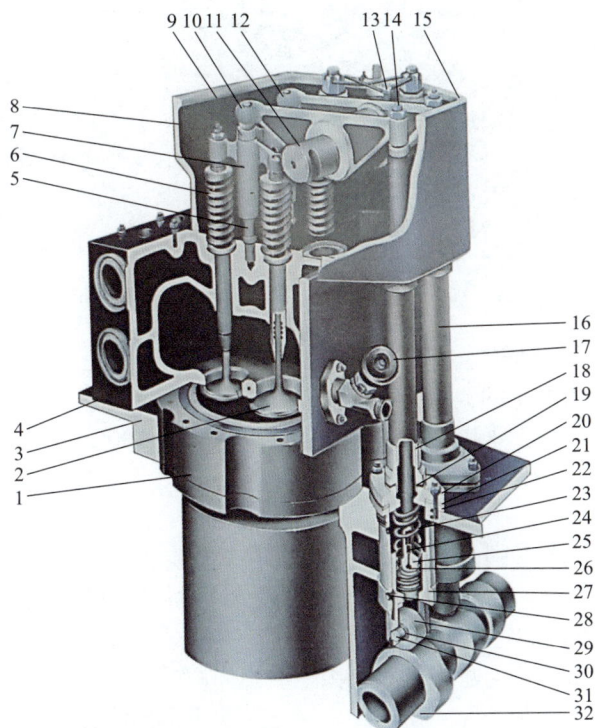

1—气缸；2—气门；3、4—气缸盖；5—横臂导杆；6—气门外弹簧；7—横臂；8—横臂调整螺钉；
9—压球座；10—排气摇臂；11—摇臂轴；12—进气摇臂；13—止动螺钉；14—气门间隙调整螺钉；
15—摇臂轴座；16—推杆套筒；17—示功阀（检爆阀）；18—压紧螺母；19—密封圈；
20—推杆法兰；21—垫片；22—挺柱导筒；23—弹簧；24—推杆；25—推杆座；
26—挺柱头；27—导块；28—销钉；29—滚轮；30—滚轮挡圈；
31—滚轮轴；32—凸轮轴。

图 5-13　配气机构的构成

11. 气门驱动机构

气门驱动机构是气门机构的传动机件，柴油机的曲轴通过气门驱动机构把作用力传到气门，借以按配气相位要求准时启闭气门。

正时齿轮传动装置将曲轴的运动及动力传递到凸轮轴，使两者按一定的速度比对应工作。图 5-14 为 16V240ZJB 型柴油机的正时齿轮传动装置，它由 8 个大小不同的齿轮组成，对称布置在柴油机机体前端的传动齿轮箱里。全部齿轮皆为优质合金钢的直齿圆柱齿轮，曲轴正时齿轮安装在曲轴的自由端。凸轮轴正时齿轮分别安装在左右凸轮轴的自由端。中间齿轮和大小介轮均通过滚动轴承分别安装在齿轮支架轴上，大小介轮同轴安装，齿轮支架固定于机体前端板上。

图 5-14　16V240ZJB 型柴油机的正时齿轮传动装置

四冲程柴油机的凸轮轴转速应为曲轴转速的一半。小介轮的齿数为 23，凸轮轴正时齿轮的齿数为 46，其他齿轮的齿数为 40（调控传动齿轮除外），故正时齿轮系的传动比为 1：2，即当曲轴转速为 1 000 r/min 时，凸轮轴转速为 500 r/min。

12. 凸轮轴和凸轮轴承

（1）凸轮轴

凸轮轴的任务是依靠不同相位凸轮的特殊形状控制各气缸进、排气门的升降，控制合适的几何供油提前角等。左、右两根凸轮轴安装在机体上部两侧的凸轮轴箱内，由于凸轮轴长，所以分成 4 段制造。每段凸轮轴上配有 6 个凸轮，控制相邻两气缸的进、排气和供油。各段凸轮轴依靠法兰处的凸肩与内定位孔相连及定位，保证它们之间的同轴度，在调整好凸轮之间的圆周相位后，在连接法兰上分两批同时钻铰 6 个螺栓孔，用铰孔螺栓及锁紧垫紧固。每根凸轮轴控制着同一列 8 个气缸的凸轮工作，各气缸同名凸轮之间的相对位置由柴油机发火顺序决定；同一气缸的进、排气及供油凸轮之间的相对位置由柴油机的配气相位图决定。为了保证柴油机各气缸工作的正常进行，必须严格检查凸轮的形状和相对位置。凸轮轴正时齿轮与凸轮轴前端法兰用 6 个螺栓连接。左侧凸轮轴前端装有调控传动齿轮，通过它将曲轴的转速变化反映给调节器；右侧凸轮轴前端装有传动轴，通过它驱动测速发电机，以实现电测柴油机转速。

（2）凸轮轴轴承

每根凸轮轴有 9 个轴颈及 9 个滑动轴承，其中 8 个为径向支承式轴承，最后端的 1 个为径向支承加轴向止推式轴承。前 8 个滑动轴承为厚壁钢背锡锑白合金剖分式轴瓦，上下瓦之间由定位销定位，并用弹簧卡环箍紧装在机体凸轮轴座孔内。为了防止轴瓦转动，通常采用螺管定位。前端第 1 位轴瓦较宽，其外缘的两个凸肩与座孔面之间构成油腔，通过油管从主机油道引入机油。中间 7 对轴瓦宽度较小，只有 1 个凸肩，无进油孔，它们之间的结构尺寸皆相同。凸轮轴的止推轴承为整体式的轴承套，其内圆面及一个端面上浇有白合金，此端面作为承受推力的一个面，另一个止推面由止推法兰的端面构成，止推法兰用锡青铜耐磨材料制成。止推法兰与压紧圈之间通过 6 个螺栓将止推轴承夹装在机体的止推轴承座孔内，构成一个双向止推的组件。凸轮轴后部有一个止推凸肩，另一个止推凸肩由挡圈担负，组装时挡圈可轴向移动。凸轮轴中心制成直径为 38 mm 的内油道，各个轴颈上均设有油孔，机油自前端第一轴颈上的进油孔引入内油道，然后从其他轴颈处油孔流出，在各个轴承中进行润滑。通过凸轮轴承座处的定位螺管，可以将一部分机油由小油管引到喷油泵下体。

13. 气门挺柱和气门推杆

（1）气门挺柱

气门挺柱传递凸轮的运动和推力，将凸轮的回转运动变成往复运动，并将这种运动传给摇臂。

机车柴油机广泛采用滚动式气门挺柱，以减少气门挺柱与凸轮之间的摩擦和磨损。气门挺柱主要由挺柱、挺柱头、挺柱滚轮、挺柱导筒、挺柱弹簧等组成。挺柱导筒用铸铁制成，其上部法兰与挺柱盖用螺栓紧固在机体侧顶板上。在挺柱导筒的外圆面有上下安装定位面与机体气门挺柱孔相配合。为防止机油泄出机体，安装定位面上的环槽内装有橡胶密封圈。

（2）气门推杆

气门推杆一般由无缝钢管制成，以减轻运动质量，增大刚度。气门推杆用来传递凸轮轴经过气门挺柱传来的运动和推力。推杆两端常制成凹球面或球头，与摇臂和挺柱头形成球面关节，以保证对中和增大接触面积。

16V240ZJB 型柴油机的气门推杆由无缝钢管制成，两端装有用钢制成的硬化球面座，上端与摇臂的气门间隙调整螺钉球头相配装，下端与气门挺柱的挺柱头相配装。气门推杆外围设有推杆套，套装在摇臂轴座与挺柱盖之间，并用压紧螺母连接。推杆套与推杆之间的环形空间形成配气机构的回油通道，气缸盖顶面的机油沿推杆套、挺柱导筒和挺柱回油孔掉到滚轮和凸轮上，然后流回油底壳。

14. 摇臂和气门横臂

（1）摇臂

摇臂实际上是一个杠杆，它将气门推杆传来的力改变方向和位置后，传递给气门横臂或直接压在气门尾端。为减轻重量和增加刚度，通常采用 T 形或 I 形断面模锻工艺。16V240ZJB 型柴油机的摇臂由合金钢模锻而成。每个气缸盖上有一个进气摇臂和一个排气摇臂，两者装在同一根摇臂轴上，其间用隔套定位。摇臂内端设有压球，以过盈压入摇臂孔中。压球球头与气门横臂上部的压球座相配装。摇臂外端拧入气门间隙调整螺钉，螺钉上拧装带切槽的锥面锁紧螺母，以防松动。在摇臂中部的轴孔中过盈压入锡青铜衬套，它与摇臂轴的配合间隙为 0.025 ~ 0.085 mm。摇臂轴座（俗称围墙）是一个框形铸铁箱体，用来支承摇臂和摇臂轴，并使其定位。摇臂轴座用螺栓紧固在气缸盖顶部。

摇臂轴是摇臂的摆动支点。为防止摇臂轴转动和轴向移动，特采用2个紧固螺栓穿过摇臂轴两端缺口。气门摇臂轴是空心轴，内孔形成润滑油道，机油自摇臂轴座盖板上的进油管导入轴内，先润滑摇臂衬套，再经衬套油孔及摇臂体内的油道，分两路润滑摇臂两端的球面关节。

（2）气门横臂

气门横臂传递摇臂的作用力，驱使2个同名气门同步开启。16V240ZJB型柴油机进、排气摇臂的压球下各有1个气门横臂，气门横臂的结构尺寸相同。气门横臂由钢模锻而成，呈T形。在气门横臂的上端自由放置压球座，压球座与摇臂上的压球球头相配合，在两者未压紧时，压球座可自由转动，并可在压球座与横臂之间测得间隙。气门横臂的下部呈套管状，套装在横臂导杆上。横臂导杆以过盈压装在气缸盖上，导杆上部开有垂直导向槽，横臂下部设有1个定位销，定位销的头部插入横臂导杆的导向槽内，防止气门横臂在工作时绕横臂导杆转动而脱离气门尾端。气门横臂的一个臂上装有调整螺钉，压在靠柴油机内侧的气门杆尾端，另一个臂上压装有平面压销，它压在靠柴油机外侧气门杆的尾端。设置气门横臂调整螺钉，可以使横臂的两臂同时与2个同名气门接触，从而保证同名气门同步启闭。

气门横臂内部钻有十字形油道，机油从摇臂压球上油孔经压球座引入气门横臂，通过十字形内油道分别润滑两臂上的工作面和气门横臂与横臂导杆之间的导向面。

15. 气门机构

（1）气门

气门由头部和杆部组成。气门头部呈圆盘形，它直接与燃烧室的高温燃气接触，在高温条件下工作。由于气门对气门座及气门对气门导管之间的传热条件较差，当柴油机在全负荷下工作时，排气门的最高温度可达 $600\sim800$ ℃，进气门因受新鲜空气冷却，温度稍低，但其最高温度仍在 $300\sim400$ ℃。气门在高温下工作强度降低，容易挠曲变形，影响使用寿命和密封性能。气门杆与气门导管、气门盘与气门座之间的润滑条件较差，加上受高温高压燃气的作用，润滑条件更加恶化。气门还受到燃气压力、气门弹簧力、运动惯性力等综合作用，在气门关闭时对气门座具有较大的冲击力。因此，柴油机要求气门材质具有良好的耐热性和耐磨性，关闭时密封性好，结构刚度大、重量轻，开启时对气流阻力小等。

16V240ZJB型柴油机气门锁夹是分成两半的锥面夹块，内表面有一凸环与气门杆锁夹槽相配装，外表面为锥面，与气门锁夹套相配装。当锁夹套向上时锥面压紧，通过锁夹的内凸环使气门向上；当气门被压向下时，由锁夹传递压力和运动，锁夹和锁夹套锥面压紧，气门弹簧压缩，气门开启。

（2）气门座

气门座是气缸盖上气门座合的部位，它与气门相配合，对气缸起密封作用，并对气门头部起散热作用。气门座在气缸盖上可以与盖同体，也可由其他材质的座圈过盈镶嵌在座孔处。单件制造的气门座圈镶入气缸盖，一方面可按不同要求合理地选用材料，以利于提高气门座的密封性和耐磨性；另一方面更换方便，可以延长气缸盖的使用寿命。但是，镶入的气门座不如同体的气门座的传热性能好。

（3）气门导管

气门导管压装在气缸盖上，对气门起导向作用和传热作用，并保证气门与气门座正确座合。16V240ZJB型柴油机的气门导管外圆面由蠕虫状石墨铸铁或合金铸铁制成，管的下半部的过盈量压入气缸盖导管孔中，然后再精铰气门导管，以保证内圆面的加工质量。

（4）气门弹簧

气门弹簧的作用是保证气门和气门座在关闭时密封，防止在气门启闭过程中因气门、推杆、挺柱等运动件的惯性力而产生彼此脱离及挺柱滚轮脱离凸轮的现象，还可避免气门落座时产生弹跳现象。气门弹簧如果损坏，不仅影响柴油机的配气规律，使配气机构出现冲击和噪声，甚至还会造成气门落入气缸，出现活塞破损等重大事故。因此，气门弹簧应具有适当的弹力，以克服配气机构的惯性力影响。气门弹簧的弹力也不宜过大，否则会使气门落座时产生过大的冲击力和噪声，从而使气门机构的受力增大，进而加快气门下陷。气门弹簧在安装时要有一定的预紧力，以免柴油机振动时气门发生跳动而破坏气门的密封性。

气门弹簧多为圆柱螺旋弹簧。机车柴油机普遍采用一个气门安装两个同心弹簧的形式，这样可减小弹簧的高度，提高弹簧的弹力，防止共振和提高工作的可靠性。气门内、外圈弹簧绕向相反，以防在工作中或折断时簧圈卡住。

16. 气门间隙和配气正时的调整

为保证柴油机工作过程的正常进行，在制造、检修和使用柴油机时必须对配气机构进行调整或校核。配气机构的调整通常包括冷态气门间隙调整和配气正时调整。

（1）冷态气门间隙调整

在冷态（冷机状态）下的柴油机，当气门处于关闭状态时，气门驱动机构与气门之间必须有一定的间隙，这个间隙通常称为气门间隙。所谓柴油机的冷机状态，通常是指其体内的油、水温度不高于 40 ℃。气门间隙是在组装调整配气机构时预先留定的，柴油机的结构不同，气门间隙的数值也不相同。

柴油机为什么要预留一定的气门间隙呢？因为柴油机运转时工作条件有较大的变化，气门机构和气门驱动机构都会因受热膨胀而伸长，气门机构会出现下陷，配气机构各机件会因振动而脱离原定位置。如果不留气门间隙或气门间隙留得太小，则必将导致气门关闭不严而漏气，使柴油机动力性和经济性下降，还可能出现气门杆卡住及气门烧损等事故。如果气门间隙留得太大，虽然不会出现上述问题，但配气机构各个零件之间的冲击和噪声加大，使机件之间的磨损加快，并将造成气门的晚开和早关，从而使实际开启时间缩短，影响充量系数。另外，预留一定的气门间隙还可使气门落座时产生的冲击力不会直接传给气门驱动机构。所以，柴油机预留一定的气门间隙，对于保证工作循环的正常进行是十分必要的。

16V240ZJB 型柴油机的进气门间隙为 0.40 ~ 0.45 mm，排气门间隙为 0.50 ~ 0.55 mm。正确调整或校核气门间隙的前提是：柴油机必须处于冷机状态；气门处于关闭状态，即气门挺柱滚轮与凸轮基圆相接触之时。如果配气机构有气门横臂，则气门横臂与两个同名气门尾端同时接触。在测量调整前，以上条件必须同时满足。调整和校核气门间隙的基本方法是：根据各气缸进、排气凸轮基圆位置与曲轴转角的关系，选择某几个特定位置，然后松开被测气门的摇臂锁紧螺母，拧松气门间隙调整螺钉使间隙增大，并用塞尺放在气门横臂顶端与压球座底面之间（无横臂的气门驱动机构在摇臂压球或调节螺钉头与气门尾端面之间），逐渐拧紧气门间隙调整螺钉使间隙减小，拉动塞尺使得到合适的松紧程度时保持螺钉的高度位置，然后拧紧锁紧螺母，最后用塞尺复试松紧程度。

当某一气缸的活塞处于压缩上止点时，不仅该气缸的进、排气门处于关闭状态，而且按发火顺序，与其相近的几个气缸也都处于压缩或膨胀过程中，因此这些气缸的进、排气门都处于关闭状态，它们的进、排气门间隙均可同时调整或校核。

（2）配气正时调整

配气正时是指柴油机每个气缸的进、排气门的启闭符合配气相位图的要求，各个气缸同名气门的开启和关闭顺序，均符合柴油机发火顺序的规定。如果柴油机配气不正时，不但动力性和经济性明显下降，甚至会使柴油机不能启动或者造成活塞撞击气门的严重事故。配气正时调整的目的是调整配气机构使其同时满足上述两个要求，以保证柴油机工作过程的正常进行。

各气缸进、排气门的开启和关闭决定于凸轮轴有关凸轮的控制，控制的次序决定于凸轮轴上各凸轮间的相位。所谓柴油机的配气正时，也就是凸轮相对于活塞在气缸中所处的位置而处于对应的相位。凸轮轴通过正时齿轮传动装置与曲轴联系，要达到以上要求，必须使凸轮轴与曲轴之间符合一定的相位关系。所以柴油机配气正时的调整和校验，归根到底就是准确调整凸轮轴相对于曲轴的相位。

检验柴油机的配气正时，首先要从各凸轮之间的相位关系开始。同一气缸的凸轮相位由配气相位图和凸轮轴与曲轴的齿轮传动比决定。以16V240ZJB型柴油机左、右凸轮轴的调整为例，通常以第1缸的进气门开启始点来确定右凸轮轴的位置，以第16缸的进气门开启始点来确定左凸轮轴的位置。调整时，首先应把凸轮轴正时齿轮与凸轮轴脱开，切断凸轮轴与曲轴的联系，然后转动曲轴，使第1缸的活塞处于进气上止点前42°20′，接着再单独转动凸轮轴，使第1缸的进气门处于开启始点位置。由于气门的启闭状态是由驱动气门下行的凸轮（或挺柱）升程所决定的，在设计时所需进、排气凸轮升程为0.38 mm。

这样，凸轮轴、曲轴和活塞三者的相应位置，都满足了工作过程的要求。然后装上左右凸轮轴正时齿轮，并与正时齿轮系相啮合，钻铰该齿轮与凸轮轴的定位锥销孔并定位紧固，至此配气正时调整完毕。按照有关规定，将正时齿轮系盘到第1缸上止点前25°处，在各齿轮啮合齿的端面刻印啮合标记，以便今后拆检时重装。

任务 5.2 GEVO16 型柴油机的进、排气与配气

GEVO16 型柴油机作为高强度的大功率中速柴油机，采用了废气涡轮增压系统。废气涡轮增压系统由排气管、废气涡轮增压器、中冷器、进气管组成，如图 5-15 所示。

1. 柴油机空气滤清系统的作用及工作原理

空气滤清系统是对柴油机进气进行过滤的重要保护装置之一，其作用是给柴油机提供经滤清后的满足其要求的清洁空气，防止空气对中冷器污染、堵塞及对柴油机有关部件的异常磨损，保证柴油机正常工作。

GEVO16 型柴油机空气滤清系统如图 5-16 所示。首先通过 V 形滤网进行过滤，大的杂物被阻隔在外面。空气经过惯性式空气滤清器（又称旋风筒式滤清器）的滤清，较大的颗粒（灰尘等）从空气中除掉。最后一步滤清是在袋式空气滤清器中进行的，此时细小的颗粒物也从空气中除掉了。滤清后的空气进入增压器，被压缩冷却后经进气总管进入各个气缸。

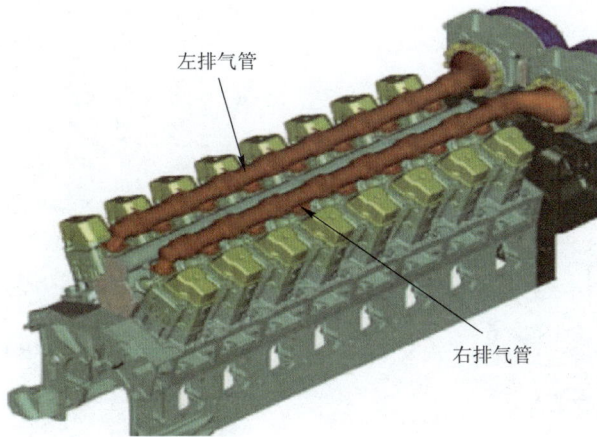

图 5-15　废气涡轮增压系统

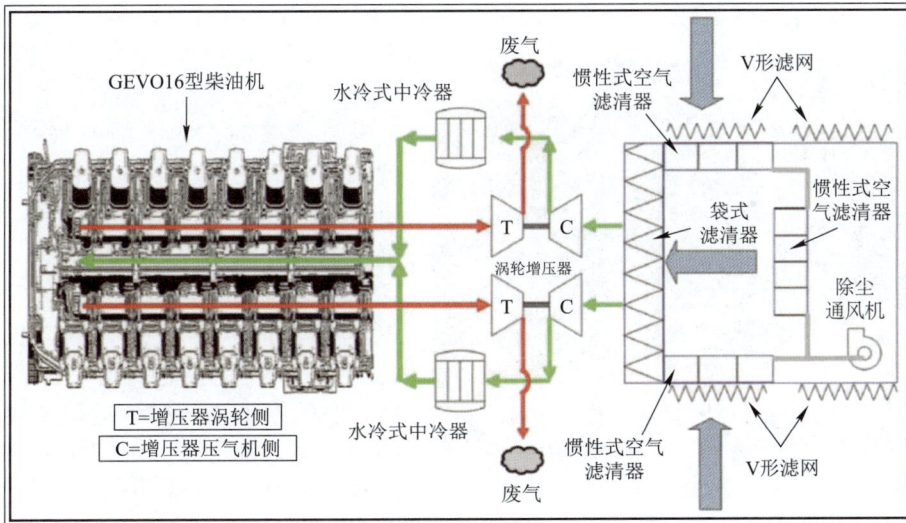

图 5-16　GEVO16 型柴油机空气滤清系统

2. 柴油机空气滤清系统的主要部件

柴油机空气滤清系统组件包括 V 形滤网、惯性式空气滤清器、袋式空气滤清器、冬/夏转换门等。

（1）V 形滤网

V 形滤网位于冷却室两侧，为多孔型。V 形滤网可以增大空气进入的流通面积，而且能阻挡废纸、树叶等进入空气系统。

图 5-17 是机车上燃烧空气的进口位置，图 5-18 为 V 形滤网（去掉部分框架）。

113

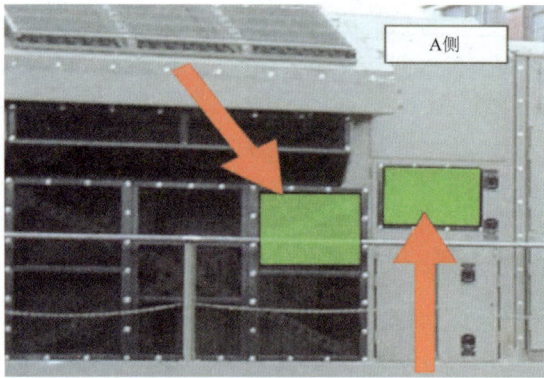

图 5-17　燃烧空气的进口位置

图 5-18　V形滤网（去掉部分框架）

（2）惯性式空气滤清器

GEVO16 型柴油机的惯性式空气滤清器（见图 5-19）是对空气中污染物的第二次滤清。其工作原理是：气流经过 10 个惯性式空气滤清器（两侧各三个，靠近冷却室端部 4

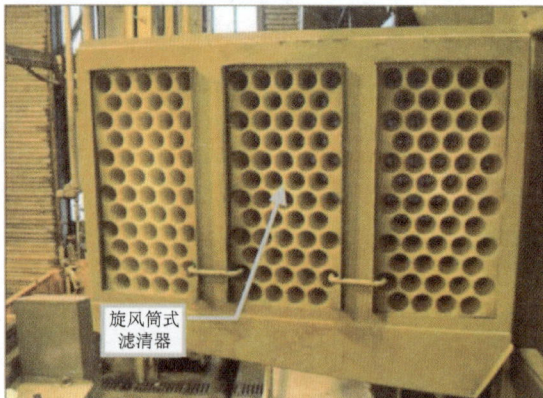

图 5-19　惯性式空气滤清器

个），每个滤清器包含 54 个独立的旋流管，这些旋流管都有螺旋叶片，当空气流经旋流管时，它能使空气产生旋流，就像龙卷风一样。因旋涡作用，迫使较重的尘粒处于气流的外侧，含杂质的空气在旋流管的出口处被分离出来，排放到脏空气风道中。惯性式空气滤清器的工作原理如图 5-20 所示。空气排污管（见图5-21）上连接着排污通风机，以提供必要的抽吸力。排污通风机将含杂质的空气送入冷却室。气流中间部分的清洁空气进入各自管中流向袋式空气滤清器。

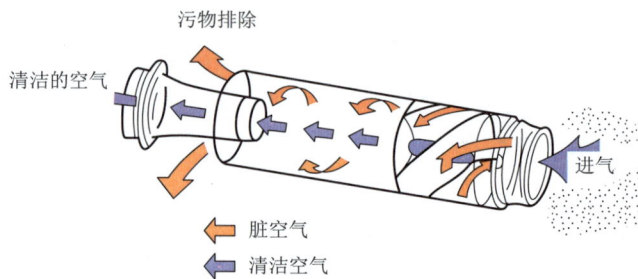

图 5-20　惯性式空气滤清器的工作原理

　　完好无损、没有碎片的惯性式空气滤清器，除了目测检查外，不需要进行常规的运用维修。如有裂纹或破损，则必须更换。如果惯性式空气滤清器被碎片堵塞，则应拆下

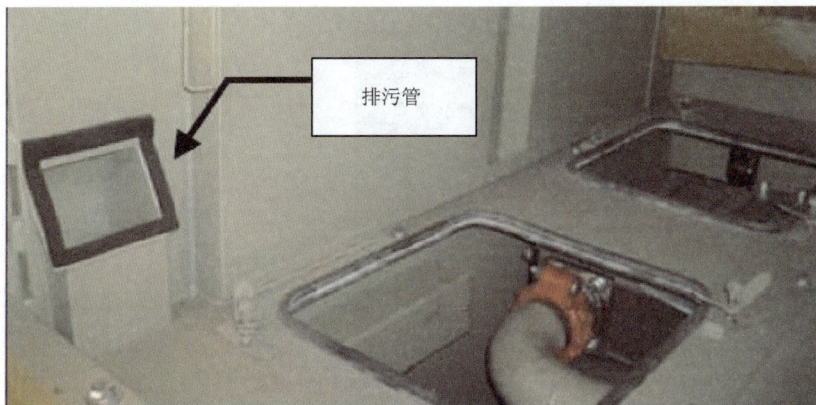

图 5-21　排污管

滤清器，清扫后再装回机车。

（3）袋式空气滤清器

袋式空气滤清器（见图 5-22）的作用是清除来自惯性式空气滤清器的清洁空气中的细小颗粒（直径大于 $3 \mu m$）。机车共有 6 个袋式空气滤清器。每个袋式空气滤清器由连续的细玻璃纤维介质构成，纤维上涂有胶体油，工作中用于黏附脏物。这些滤清器安装在位于冷却室的燃烧空气滤清器箱内，通过机车两侧的门，可以接近这些滤清器。

运用中应注意观察柴油机及增压器的工作状态。如果发现柴油机

图 5-22　袋式空气滤清器

冒黑烟、排气管发红及排气温度较高等情况，则有可能是袋式空气滤清器太脏，从而使进气阻力增加，进气量减少。此时，应对袋式空气滤清器进行更换。一般情况下，袋式空气滤清器的更换周期为 92 天。

更换时，应按如下步骤进行。

① 停掉柴油机。

② 从冷却室 A 侧打开柴油机空气滤清器室的门。

③ 拆除从这一侧能够接近的杆式夹紧装置和篮式框架。

④ 拆卸旧的袋式空气滤清器，更换新的袋式空气滤清器。

⑤ 安装篮式框架。

⑥ 从冷却室 B 侧打开柴油机空气滤清器室的门。

⑦ 拆除从这一侧可接近的篮式框架，用新的袋式空气滤清器更换旧的袋式空气滤清器，安装篮式框架。

⑧ 关闭并扣紧柴油机空气滤清器室的门。

⑨ 在机车的 A 侧，安装杆式夹紧装置，紧固袋式空气滤清器。

⑩ 关闭并扣紧柴油机空气滤清器室的门。

冬/夏转换门

图 5-23　冬/夏转换门（冬季位置）

（4）冬/夏转换门

冬/夏转换门（见图 5-23）的作用是在寒冷季节将动力室的暖空气与车外冷空气混合，防止冰晶堵塞袋式空气滤清器，以及使柴油机进气总管空气的温度维持在较高水平。

冬/夏转换门位于冷却室的隔间中。根据机车使用季节的不同，机车有两种工作方式，即采用冬/夏转换门进行转换。如果冬/夏转换门不能在对应的气候下有正确的位置，机车性能可能会受到损坏。在寒冷的天气工作时，为了将动力室的暖空气与车外冷空气混合，防止冰晶堵塞袋式空气滤清器，以及使柴油机进气总管空气的温度维持在较高水平，每个门应部分阻断从惯性式空气滤清器来的空气通路，同时该位置将打开从动力室来的空气通路。在夏季工作时，每个门应能阻断通到动力室的空气通路。

3. 增压器

GEVO16 型柴油机的增压器是由 GE 公司自主开发的，具有高效率、大流量、高几何压缩比等特点。该增压器不仅性能优越，而且重量轻、尺寸小、结构紧凑、可靠性高，能适用于不同环境的应用。GEVO16 型柴油机选用了两个增压器布置在柴油机的自由端，安装在前端集成盖上，左右对称布置，如图 5-24 所示。

GEVO16 型柴油机的增压器压气机为单级离心式，由进气直管、导风轮、压气叶轮、扩压器、进气蜗壳等组成。导风轮和叶轮的设计具有能满足大流量气流的要求、气动性好、流动损失小、效率高及变工况性能好等特点。进气蜗

图 5-24　增压器布置图

壳可沿增压器轴心方向周向旋转，能按照不同进气管路的要求调整角度。

增压器支架与增压器的蜗壳铸成一体，并将增压器的冷却水进口和润滑油的进出口集成在蜗壳的底座上。这样既便于柴油机的总体布置，又大大简化了冷却水和润滑油的管路，方便了柴油机的检修和维护。增压器底座采用 8 个螺栓固定在前端盖组件上，同时在蜗壳和前端盖组件之间采用了马鞍形的过渡板加强连接，保证了增压器的可靠应用。图 5-25 是 16 缸涡轮增器的前视图和顶视图。

4. 中冷器

GEVO16 型柴油机配置了 2 个中冷器，分别装于前端盖组件左、右两侧的内腔中。图 5-26 是中冷器的安装，图 5-27 是右侧中冷器组装。

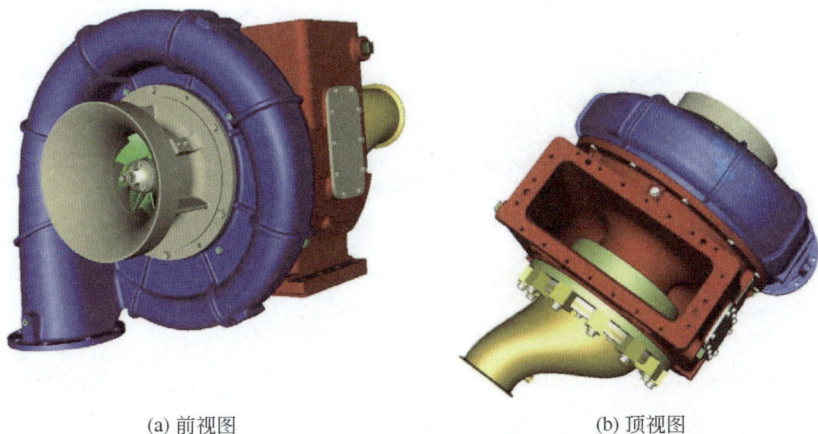

(a) 前视图　　　　　　　　　　(b) 顶视图

图 5-25　16 缸涡轮增压器的前视图和顶视图

图 5-26　中冷器的安装

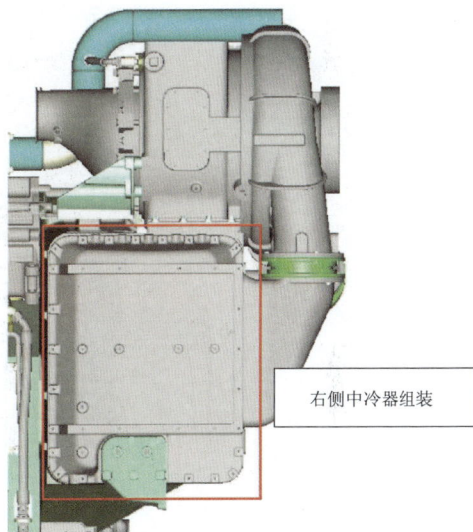

右侧中冷器组装

图 5-27　右侧中冷器组装

　　GEVO16 型柴油机选用了冷却面积大、效率高的铜芯中冷器，采用板翅式结构和胀接工艺，即总管到支管和支管到肋片的装配通过胀管紧密连接，其中水处于各支管内，而空气则流动于肋片之间。GEVO16 型柴油机的中冷器采用抽屉式安装方式，即中冷器首先安装在前端盖组件的铝制侧罩盖上，芯体和铝盖之间用螺栓连接，中冷器和铝罩盖形成完整的冷却水循环并组成一个整体，像抽屉一样，然后将此整体插入到前端盖组件的安装内腔中，并依次通过螺栓紧固到前端盖组件上。这样中冷器铝罩盖为中冷器水管和进气管提供了安装平面并将中冷器芯体悬挂在前端盖组件内。

5. 进气管

　　GEVO16 型柴油机的进气管道由左右独立的进气支管、安装中冷器的侧盖罩和位于柴油机 V 形夹角内的四节进气总管（见图 5-28）组成。

　　进气总管是柴油机进气系统的重要零件，共四节，每两缸一节，固定安装在机体 V 形夹角间的顶部。四节进气总管用螺栓连接成一体，形成柴油机的进气稳压室。从左右中冷器冷却后的压缩空气经过前端盖组件的通道混合后进入进气总管形成的进气稳压室，

图 5-28　进气总管

稳定后流入气缸内。

　　四节进气总管的 16 个出气口与 16 个气缸盖的进气口一一对应，在每个出气口设有圆形卡槽，用于安装 O 形密封圈。在安装气缸盖时，进气总管出气口与气缸盖进气孔通过 O 形密封圈紧密贴紧，从而保证了空气的密封。图 5-29 和图 5-30 是燃烧空气流道。

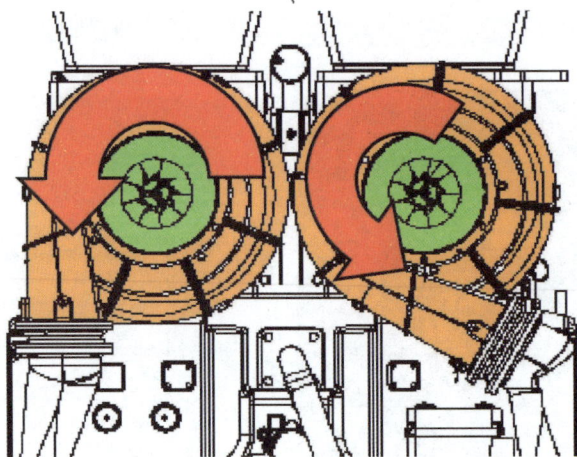

图 5-29　燃烧空气流道（一）

从涡轮增压器出来的经过压缩的空气被导入位于发动机前端的相应的中冷器，然后再被导入位于发动机V形夹角内的进气总管

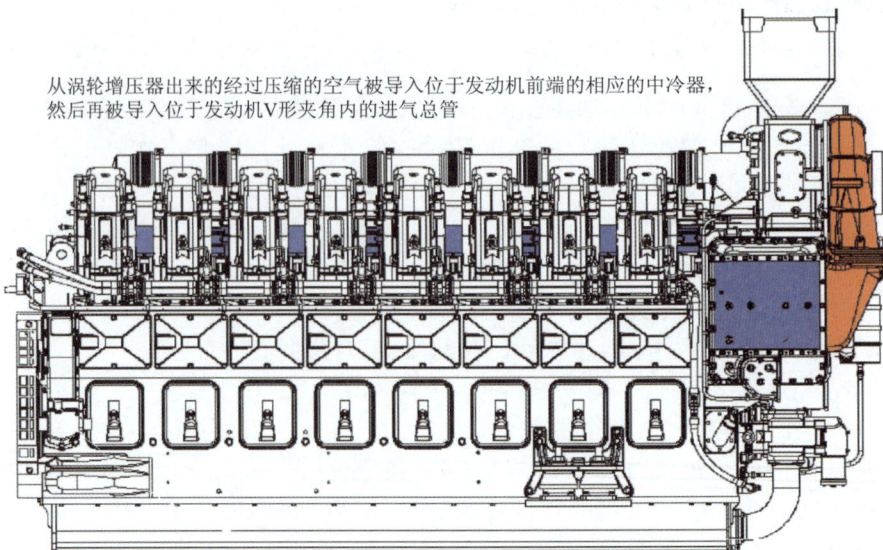

图 5-30　燃烧空气流道（二）

6. 排气管

GEVO16 型柴油机考虑到铁路运用负荷的实际情况，增压系统采用了脉冲转换系统。左、右列气缸的废气分别进入左、右各自的增压器涡轮。

GEVO16 型柴油机排气管利用铸造的不锈钢体形成波纹管的内衬导流管，避免了焊接式内衬导流管脱落而损坏增压器的质量故障。波纹管与排气管体焊接在一起的另一个优点是确保了排气管的安装方向，彻底解决了独立式波纹管膨胀节由于操作失误导致反方向安装的可能，从而避免了增压器的损坏。另外，波纹管与排气管焊接成整体，也方便了各排气管的组装调整。GEVO16 型柴油机的各节排气管之间采用卡箍连接，拆装方便。图 5-31 是排气总管，图 5-32 是废气流动示意图，图 5-33 是排气总管的布置，图5-34是单缸排气管。

图 5-31　排气总管

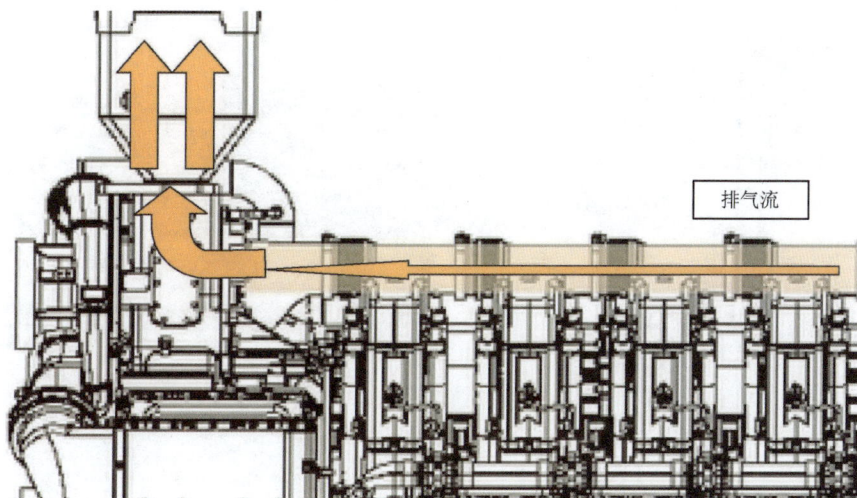

图 5-32　废气流动示意图

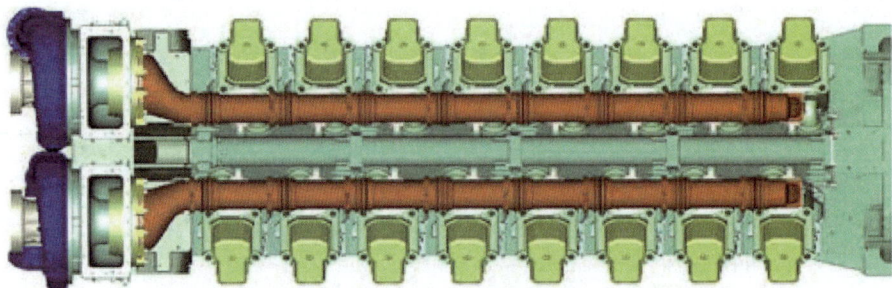

图 5-33　排气总管的布置

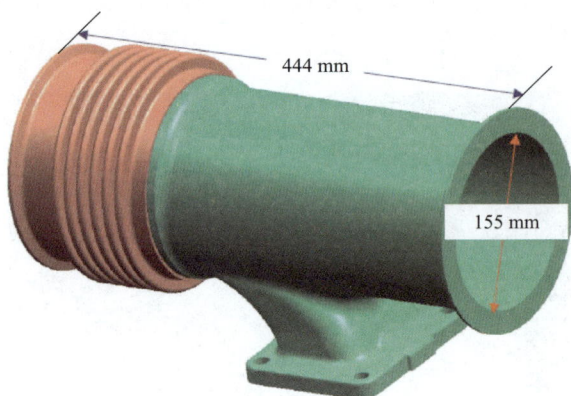

图 5-34　单缸排气管

7. 配气机构

配气机构是柴油机换气过程的控制机构，它按规定的配气相位定时地开启和关闭进、排气门，并在规定的时间内把新鲜空气吸入气缸，把燃烧后的废气排出气缸。配气机构的合理设计对柴油机的工作性能有很大影响，而其零部件的结构特性对柴油机的可靠性和耐久性也产生很大的影响。

配气机构由气门驱动机构、气门组件、气缸盖及附件等组成，其具体构成如图 5-35 所示。图 5-36 是配气机构的布置。

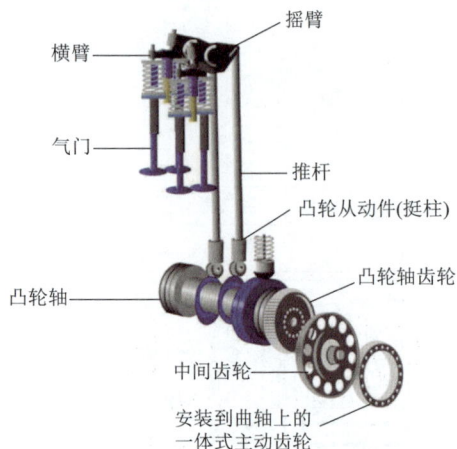

图 5-35　配气机构的具体构成

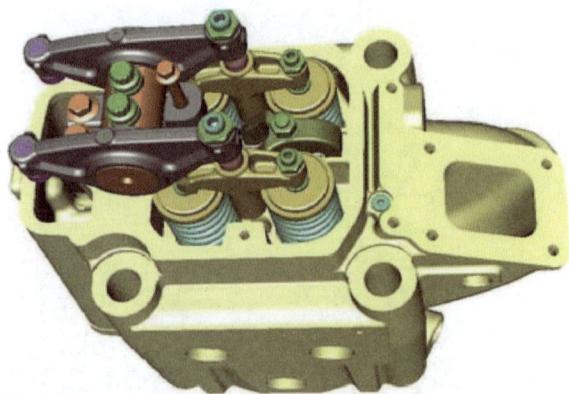

图 5-36　配气机构的布置

气缸盖布置在左右两列气缸的上部，每个气缸盖的上平面装有气门组件、摇臂轴座、摇臂轴、摇臂、气门横臂和横臂导杆等。在柴油机的两侧设有下置式的凸轮轴及由其驱动的挺杆组件和推杆组件。在凸轮轴的每个配气凸轮上方都对应一个滚轮式配气挺杆，用来推动推杆，并经摇臂和气门横臂的传递驱动气门的开启。另外，凸轮轴上的供油凸轮推动喷油泵下体的滚轮，从而使喷油泵供油。

8. 气门驱动机构

气门驱动机构主要由凸轮轴、凸轮从动机构（挺杆组件）、推杆组件、摇臂、摇臂轴、摇臂轴座、气门横臂、横臂导杆等组成。

凸轮轴由位于柴油机交流发电机端的齿轮系带动旋转。安装在曲轴上的一体式主动齿轮经一中间齿轮驱动凸轮轴。凸轮轴上的凸轮通过推杆和挺柱为安装在气缸盖上的摇臂的转动提供机械能。摇臂压横臂，横臂压气门，从而使空气和燃气分别以精确的定时进入或排出燃烧室。

左、右两根凸轮轴布置在柴油机的两侧，分别驱动左、右两列气缸的进气门、排气门和单体式电控喷油泵。进、排气门摇臂安装在摇臂轴的两端，摇臂轴安装在摇臂轴座上，并固定在气缸盖上。气门横臂安装在同名气门的横臂导杆上，借助于导杆的导向作用，使气门横臂做上下运动，从而控制气门的启闭。

GEVO16 型柴油机的气缸盖采用四气门结构，保证了良好的充气能力、较大的充气系数和良好的换气能力。图 5-37 是气门驱动机构。

9. 凸轮轴

柴油机左、右两根凸轮轴分别安装在柴油机机体左、右两侧的 9 挡滑动轴承中。每根凸轮轴分为 8 个单节，即每缸 1 节。每 2 节凸轮轴之间安装一个凸轮轴颈，其中左、右两侧的输出端（左、右第 9 位）为止推凸轮轴颈，以控制凸轮轴的轴向推力；左、右两侧自由端（左、右第 1 位）为末端凸轮轴颈；其余左、右的 2~8 位为凸轮轴支承轴颈。各节凸轮轴和轴颈之间采用螺栓连接并采用空心定位套定位。图 5-38 是凸轮轴传动图，图 5-39 是单节凸轮轴。

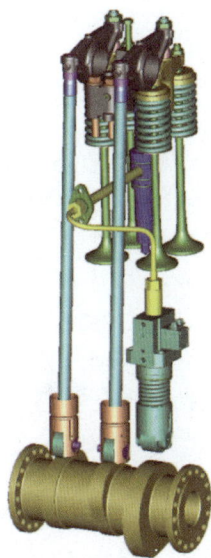

图 5-37 气门驱动机构

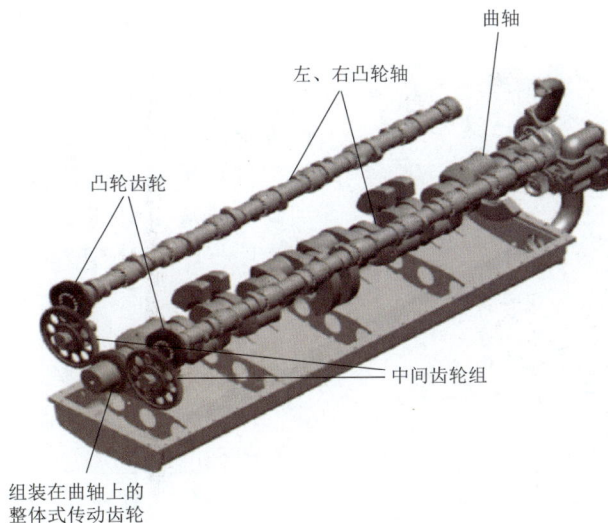

图 5-38 凸轮轴传动图

排气凸轮

进气凸轮 燃油凸轮

图 5-39 单节凸轮轴

凸轮轴上的进气凸轮、排气凸轮和供油凸轮采用整体式结构，保证了凸轮在受到冲击力时能安全可靠地工作。GEVO16 型柴油机凸轮轴采用了传统的一缸一节结构，能够从柴油机机体侧面的凸轮轴观察孔安装和拆卸，可维护性和可接近性较好。GEVO16 型柴油机凸轮轴的另一个优点是采用了凸轮轴段和凸轮轴颈组装式结构。

左、右两根凸轮轴的中空部分分别形成柴油机的左、右主油道，润滑油既通过径向油孔润滑各挡凸轮轴承，同时又通过凸轮轴承上的贯穿钻孔使润滑油从凸轮轴流向机体的各挡主轴瓦。

凸轮轴段由合金钢制成，其中各凸轮经淬硬处理，以适应对凸轮耐磨的要求。

10. 气门组件

气门组件主要由气门、气门座、气门导管、气门弹簧、气门旋转体、气门杆密封圈等组成。图 5-40 表示了气门组件的安置位置。

考虑到应用要求和制造成本，GEVO16 型柴油机的进气门和排气门分别采用了不同的材料，排气门采用了摩擦焊接结构。为了提高气门阀盘座面的高温耐磨性能和抗腐蚀能力，GEVO16 型柴油机在进气门的阀盘上和排气门座圈的密封面上分别堆焊钴铬钨合金，该堆焊层能在高温下保持较高的硬度，而在气门杆部采用了镀铬处理，以提高杆部的表面硬度，从而保证了气门杆的耐磨性和抗疲劳强度。GEVO16 型柴油机的气门阀盘采用了平顶结构，该结构形状简单，受热面积小，既便于制造，又具有可靠性和重量轻等特点。为了使气门可靠地与气门座圈紧密贴合，进、排气门的座面处均做有30°锥角，以保证气体具有较高的流速。

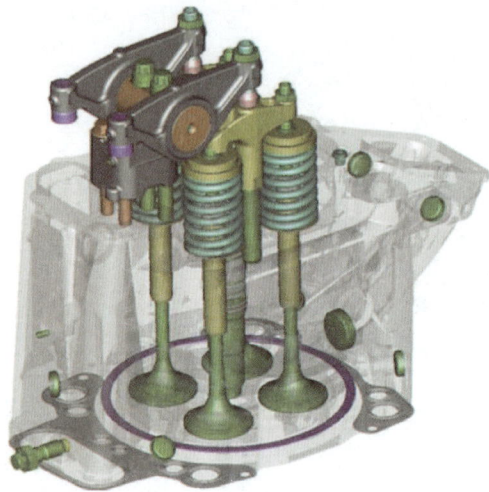

图 5-40 气门组件的安装位置

安装在气缸盖上的嵌入式气门座圈为环

形结构，它以过盈配合的方式安装在气缸盖的气门座孔内。气门座圈采用合金钢制造，并经过热处理。气门座圈和气门一样，承受着高温和高压燃气的作用，因此 GEVO16 型柴油机的气门座圈选用的材料具有高温下塑性变形小、硬度高等特点。

GEVO16 型柴油机的气缸盖上采用了上置式气门旋转机构。气门组件如图 5-41 所示。

GEVO16 型柴油机的气门导管采用特种铸铁制成，以过盈配合压入气缸盖的导管孔内。气门杆与气门导管之间的间隙是保证气门可靠工作的重要条件。GEVO16 型柴油机在选择了合适的配合间隙的基础上又增加了气门杆密封圈，从而严格控制了润滑油进入运动配合面的间隙。

图 5-41　气门组件

任务 5.3　柴油机配气相位图

连杆的传动使活塞的往复运动与曲轴的转动相对应，气缸中一定的活塞位置与曲柄圆上一定的曲轴圆周位置（相位）对应。通常将曲轴转一圈等分成 360 份，它的 0° 和 360° 皆与活塞上止点位置相对应。四冲程柴油机在一个工作循环中每个气缸的活塞有两个上止点，一个是压缩上止点或称发火上止点，曲轴转角通常作为 0°，另一个是换气上止点，曲轴转角通常作为 360°。

配气相位图主要用来了解气缸内工质的工作过程。在直角坐标图上，活塞的上、下止点分别位于纵坐标的上方和下方，坐标的中心代表曲轴转动中心。按曲轴的转动方向标出进气门和排气门启闭位置的图形称为配气相位图。通常，该图上还应标出理论上向气缸提前供应燃油的相位——几何供油提前角（θ）。

不同结构、不同转速范围、不同增压方式和增压度的柴油机，其配气相位也不同。合适的配气相位是由多次实机试验优选而来的。16V240ZJB 型柴油机的配气相位如表 5-1 所示。

表 5-1　16V240ZJB 型柴油机的配气相位

机型\相位	进气		排气		气门重叠角	换气持续角	几何供油提前角
	α	β	γ	δ	$\alpha+\delta$	$360°+\beta+\gamma$	θ
16V240ZJB	42°20′	42°20′	42°20′	42°20′	84°40′	444°40′	21°

图 5-42 是 16V240ZJB 型柴油机的配气相位图。

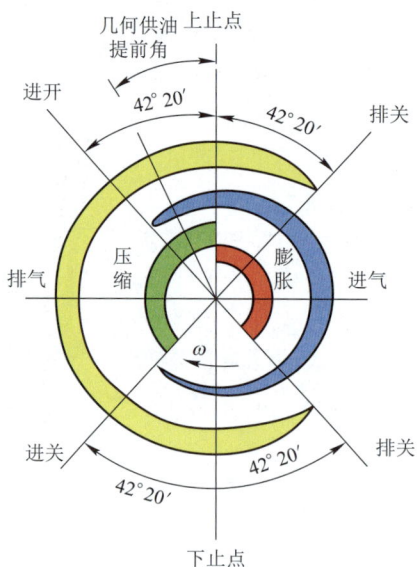

图 5-42　16V240ZJB 型柴油机的配气相位图

任务 **5.4** 柴油机进、排气故障分析与处理

机车运用中的故障表象主要为柴油机冒黑烟与柴油机输出功率下降，或称柴油机压转速，即提升相应的主手柄位得不到相应的转速。针对此类故障的主要检查方法有"稳压箱排放鉴别法""烟度分析法""惰转听诊法"。

柴油机的涡轮增压系统在运用中可能会出现一些异常现象，严重时可能造成故障，这不但影响柴油机的动力性、经济性和运转的平稳性，严重时还会使增压器损坏，甚至使柴油机无法运转。

配气机构属于柴油机的主要辅件装置，它与柴油机有机械性接触（属于非机械性连接），主要通过凸轮中基圆与凸轮间的圆度差形成的上举推力来保证向柴油机定时、定量、定质地供给燃油，定时开启、关闭气门，保证废气从气缸内及时排出及新鲜空气的充入，使燃油进入气缸内能得到充分的燃烧。其功能的完善，直接关系到柴油机的运转性能与运用效率。该类装置主要装配在柴油机内的两侧与气缸盖围墙内，具有隐蔽性与不可视性。在机车运用中其损坏的部件主要是挺杆、摇臂、摇臂座螺钉、气阀、气阀弹簧等。故障现象主要为柴油机冒黑烟；前期损坏时，伴随有柴油机的"敲缸"声响与"甩车"时发出的喘息声，或手摸高压油管出现不规则的大脉冲。针对这类故障的检测方法有"巡声倾听法""气阀听诊法""甩缸鉴别法"等。

1. 离心式压气机的喘振

喘振是离心式压气机在运用中出现的一种工作不稳定现象。在一定转速下，压气机的增压比和效率随流量变化而变化的关系称为流量特性。离心式压气机的转速不同，则增压比和流量也不同。如果压气机转速一定，随着流量减少，增压比和效率先是提高，到某一流量时效率达到最高。当流量继续减少时，离心式压气机的增压比和效率开始下降。这种特性主要在于当流量变化时，气流进入导风轮叶片的相对流动的方向及进入扩压器叶片流道的方向发生改变，气流对叶片的冲击损失和涡流损失增加，因而造成效率降低和增压比减小。当空气流量减小到某一极限值时，离心式压气机就会出现工作不稳定现象。此时，空气的压力和流速周期性强烈波动，压气机内部空气的正常流动被破坏，叶轮和扩压器强烈振动，同时伴随有特殊的声响。

如果涡轮增压器与柴油机匹配不当，离心式压气机处于喘振区工作时就会出现工作不稳定现象，因此柴油机和增压器要经过调整和配套试验。在正常工况下，压气机应处于稳定区工作，既不能离喘振线太近，又不能离喘振线太远。

匹配好的增压器在运转条件变化时，仍可能出现喘振现象。空气滤清器、中冷器、压气机叶片和扩压器叶片、喷嘴环叶片和涡轮叶片等如果沾污和堵塞，或柴油机气门和气道积炭，都会造成增压器流量减小，很可能诱发喘振。因此，应经常保持空气流道和燃气流道的清洁和畅通，按时检查和修理。当柴油机突然卸载或转速急剧降低时，气缸内所需的空气量大大减少，但由于增压器转子惯性运转的原因，一时压气机空气量供过于求，因而背压升高、流量减小，也可能发生喘振。所以在机车运行过程中，司机手柄不能回得过急，并要尽量防止柴油机突然卸载。环境温度变化幅度过大、机车通过长大隧道或高原地区、中冷器水温过高或水量过小等都会改变增压器与柴油机的匹配关系，从而发生喘振。

涡轮增压器在运用过程中，有时会出现异常强烈的振动现象，不但加大了轴承和其他机件的机械负荷，缩短了轴承的使用寿命，而且还可能造成旋转件与固定件的碰擦及破损事故。产生异常振动的主要原因是增压器转子不平衡，零件脱落、破损、松动而使安装位置变化，轴承损坏及转子严重积炭等。在检修过程中要保证转子的动平衡，必要时进行试验与调整。运用中如果发现异常振动，应立即停机，防止事故扩大。

2. 增压压力不足

增压压力不足是指在同样柴油机负荷下，与正常情况相比出现增压压力比正常压力低的现象。增压压力不足会使柴油机的气缸充量减小，不但功率下降，而且在同样负荷下还会使燃烧过程恶化，造成柴油机燃油消耗率增加和排气温度上升。如果柴油机排气温度升高过大，会直接影响柴油机和涡轮增压器的工作可靠性。

空气滤清器、压气机叶片和扩压器叶片等空气流道沾污或阻塞；压气机叶轮与叶轮罩或与气封间隙过大；压气机叶轮与上述壳体有碰擦现象，从而使机械阻力增加，这些因素都会使增压压力不足。因此，应根据使用条件定期清扫空气流道，并提高压气机的组装精度。

燃气流道沾污和积炭，涡轮背压升高或喷嘴环阻塞较严重；气封、油封不严，机油结渣，转子转动阻力增加；与柴油机匹配不当，喷嘴环出口截面较大等，也会造成增压压力不足。因此，应注意对喷嘴环及涡轮气封等的保养，定期进行检修和清扫流道。

此外，在涡轮增压器以外的压缩空气通道内气体漏泄，如中冷器进气道软接管橡胶老化或接口错位、气缸盖进气支管漏气等，也会使增压压力降低。

3. 排气小波纹管漏燃油

排气小波纹管是每个气缸盖排气支管与排气总管之间的弹性连接件，气缸内燃烧后的废气由此排向排气总管。

故障现象：柴油机运转中，在排气小波纹管与排气总管的连接法兰处渗出燃油。

原因分析：出现排气小波纹管漏油的这个气缸的喷油器雾化质量低劣，造成相当数量的燃油不能参与燃烧，当气缸排气时，这些燃油随废气排出气缸，流经排气小波纹管时，由于燃油的黏度较小，就容易从排气小波纹管与排气总管连接处渗漏出来，顺着法兰接口面向外漏出。

处理：

（1）修理或更换该缸的喷油器。喷油器的喷射压力调整和雾化质量的检查，最好在手动试验台上进行，并以每分钟50~90次的喷油速度进行慢压试验，以确保喷油器的喷射压力和雾化质量。应尽量少采用转速较高的电动雾化试验台，在这样的试验台上，调整出来的喷油器的雾化质量可能得不到保证，实际的喷射压力也达不到要求。

（2）更换不良喷油器时，应同时把该缸小波纹管夹层内的存油清理干净，或干脆更换小波纹管。由于小波纹管是一个带夹层的结构，其内衬套与作为外壁的波纹管之间形成一个圆环形筒体。当雾化质量低劣的喷油器工作时，没有燃烧的燃油从气缸排出，流经小波纹管时，部分燃油沿小波纹管与排气总管的法兰面的间隙漏出，另一部分燃油积存在小波纹管的环形夹层内，而且不需太长时间，就会在夹层内积聚相当数量的燃油。如果此时只更换该气缸的喷油器，当该气缸的废气流经小波纹管时仍会把小波纹管夹层里积存的燃油引出并顺着法兰面流出，直至小波纹管夹层内积存的燃油流完为止，这需要较长时间。

4. 排气挺杆卡滞

事由：2010年8月13日，DF$_{8B}$型5351机车，牵引11088次货物列车，运行在兰新线哈密至柳园的尾亚至天湖间。学习司机巡检机械间发现有大量的烟雾，检查D1缸工作不正常，甩缸后维持运行。运行到K1175+947 m处，差示压力计起保护作用，柴油机停机。之后，由本务机车单独牵引维持运行至天湖站内，停车后与段技术支助热线"110"联系，按专业技术员的指导，打开曲轴箱与凸轮箱孔盖及摇臂箱盖检查，曲轴箱内未发现异物，D1排气阀挺杆被卡死，通知更换机车。站内总停时75 min。

分析：此事故属于柴油机内部机械疲劳性损坏故障。机车运用（行）中发生此类故障时，因排气挺杆损坏，其相应气缸的排气阀不能打开，该气缸内的废气不能排出，废气只能经进气通道排入稳压箱内，造成柴油机换气恶化，柴油机内部窜（泄）燃气严重，使差示压力计起保护作用。同时，损坏的零部件在柴油机运转中，发出极不协调性的声响。但该类故障不会损坏柴油机的曲轴、连杆、活塞及轴承，所以检查时在油底壳的滤网上不会发现金属块。

预防措施：该类故障属于柴油机内部附属运动部件的机械性疲劳损坏。日常机车检查中直接检查出该类故障，有一定的难度，但通过具体的判断方法，即"间接检查识别法"，在柴油机运转的动态情况下，是能检查出来的。

机车运行中，发生此类故障时可将故障缸甩掉，打开示功阀，适当降低机车主手柄位（即降低机车输出功率），就能维持机车运行，运行到前方站，待机做相应处理。如果该台机车的故障气缸是D1，则将故障缸的进、排气阀间隙调至最大，使两气阀挺杆接触不到两摇臂，两气阀相应关闭，再甩掉该气缸，并打开示功阀，就可继续牵引列车运行，待机车返回段内后再进行修理。

复习思考题

1. 16V240ZJB 型柴油机的进、排气通路是怎样的?

2. 空气滤清器为什么要定期保养? 它对柴油机及增压器的工作有何影响?

3. 增压柴油机设置中冷器的目的何在? 简述 16V240ZJB 型柴油机中冷器的构造。

4. 分析涡轮增压器增压压力偏低的各种原因及其影响。

5. 简述增压器喘振的原因。

6. 16V240ZJB 型柴油机的气门机构由哪些主要零件组成? 简述对进、排气门密封锥面的要求。

7. 柴油机为什么要预留一定的冷态气门间隙? 调整和校核气门间隙的前提条件是什么?

8. 16V240ZJB 型柴油机的气门凸轮升程有何作用?

9. 四冲程柴油机进、排气门过早开启和过迟关闭各有什么弊端?

模块 6　柴油机调节与控制系统

学习目标

- 掌握柴油机供油量的调整过程；
- 掌握调控机构的动作原理；
- 了解调控系统的故障处理方法。

　　调速器把柴油机曲轴及燃油供-喷装置联系起来，形成了一个具有自动控制能力的回路系统，通常称为调节与控制系统，简称调控系统。

　　调控系统通过调控传动箱，将柴油机受外界负荷影响使转速变动的信息及时"通知"调速器，借助于调控杠杆机构将调速器的控制动作不折不扣地传给喷油泵齿条。

　　内燃机车在牵引过程中工况总在变化，机车需要根据工况的变化时时调整供油量，这项任务就是通过调控系统来完成的。

　　内燃机车柴油机必须设置调速器，因为它要根据机车外界情况的变化，调节燃油喷射量，以适应牵引运输的要求。内燃机车柴油机所输出的扭矩，大部分供机车主传动装置牵引消耗，小部分维持辅助装置工作消耗，如 DF_{4B} 机车的柴油机还直接驱动启动变速箱和静液压变速箱等辅助装置。如果两部分消耗与柴油机输出动力矩相平衡，则柴油机就处于某一工况下稳定运转。曲轴输出动力的外部消耗，即加给曲轴的阻力矩称为柴油机的荷载。

　　机车柴油机的负荷是经常发生变化的。当线路坡度、线路曲率、牵引吨位、运行速度、轨面状态、气候、风力及风向等变动时，牵引消耗随之变化。当风扇及空压机等间歇或变速工作时，辅助装置消耗也随之变化。外界负荷的瞬间变化，常使作用于曲轴的阻力矩与输出的动力矩不平衡，从而导致柴油机的转速波动、转速不稳。如果不及时调节气缸内的喷油量，则柴油机的转速就会随着外界负荷的瞬变而忽高忽低波动。

任务 6.1　调控系统自动控制原理

1. 机车柴油机设置调速器的必要性

不装设喷油量自动调节设备的柴油机在工作时会出现下列问题。

（1）空转不稳，可能熄火

柴油机空转时，内部阻力矩也并非稳定不变，加上机油和冷却水温低，每个循环的燃油喷射量少，喷油雾化差，甚至出现间歇等不稳定喷油状态，因此柴油机发出的指示扭矩也不稳定。如果机内阻力矩稍有增加或指示扭矩减少，柴油机转速就会下降，严重时会导致气缸熄火停机。

（2）突卸负荷时可能导致飞车

柴油机原来在较大负荷及较高转速下工作，当机车遇紧急情况而突卸负荷，或机油压力过低或水温过高等保护装置动作而突卸负荷，或电机或电器故障而突卸负荷时，曲轴转速会瞬间上升到"飞车"程度。所谓飞车，就是指转速失控急速上升而超过安全运转限度，使柴油机运动零部件在巨大惯性力作用下出现裂损和飞离等事故。

（3）柴油机转速波动，不利于正常工作

如果由司机手控调节气缸的喷油量，则由于负荷的多变易使司机劳累而反应不及，这样柴油机的运转仍处于不稳定状态。因此，柴油机必须装设自动调速装置，根据外界负荷的变化而自动调节喷油泵对气缸的供油量，使曲轴输出的动力矩与外界变动了的阻力矩迅速平衡，从而防止柴油机超速或熄火，实现正常、安全和持久运转。

2. 调速器的类型

调速器的基本功能是调节柴油机的转速。按照调速效果，调速器可分为单程调速器、两极调速器、全程调速器和极限调速器等。

单程调速器是用于控制恒定转速的自动调速装置，通常在柴油发电机组上运用。

两极调速器限制和稳定柴油机的最高转速和最低转速，其余中间转速值由人力控制或外界负荷决定。它用在汽车、船舶和某些液力传动内燃机车柴油机上。

全程调速器使柴油机在全部转速范围内有级或无级自动控制，它用于拖拉机、重型汽车、工程机械、船舶及内燃机车柴油机。

极限调速器是柴油机的安全保护设备之一，它保证柴油机不超速运转。

任务 6.2 16V240ZJB 型柴油机联合调节器

1. 联合调节器的主要作用
① 保证柴油机的启动和停机。
② 随着司机控制手柄位置的改变调节供油量，从而改变柴油机转速。
③ 当柴油机负荷变化时，能自动调节喷油泵的供油量，以维持柴油机在某恒定转速下运转。
④ 通过功率调节机构，自动调节机车的输出恒功率。

2. 联合调节器的主要组成
① 配速装置。根据司机操作要求按挡位自动给定转速。
② 速敏元件。对柴油机转速变化做出相应反应的机件。
③ 调速滑阀组。根据转速变化发出动作讯号。
④ 调速伺服机构（执行机构）。调节动作讯号实施的机件。
⑤ 反馈装置。
⑥ 柴油机自动控制停机装置。柴油机超速时自动停机。
⑦ 功调装置。根据挡位和负荷的变动做出相应的功调动作。

为了充分合理地发挥设备潜力，获得预期的牵引性能，在电传动内燃机车柴油机上采用了全程液压式联合调节器。调速器只具有单一的调节转速的功能，当柴油机负荷变动而引起转速波动时，它虽具有稳定转速的功能，但最后结果总是有欠载或超载的缺点。内燃机车柴油机处于负荷多变的环境中，采用转速功率联合调节器的柴油机能自动卸除超载负荷或自动增补欠载负荷，即做到在每一挡位上有预定的转速、输出功率和燃油消耗量。图 6-1 为调控系统简图。

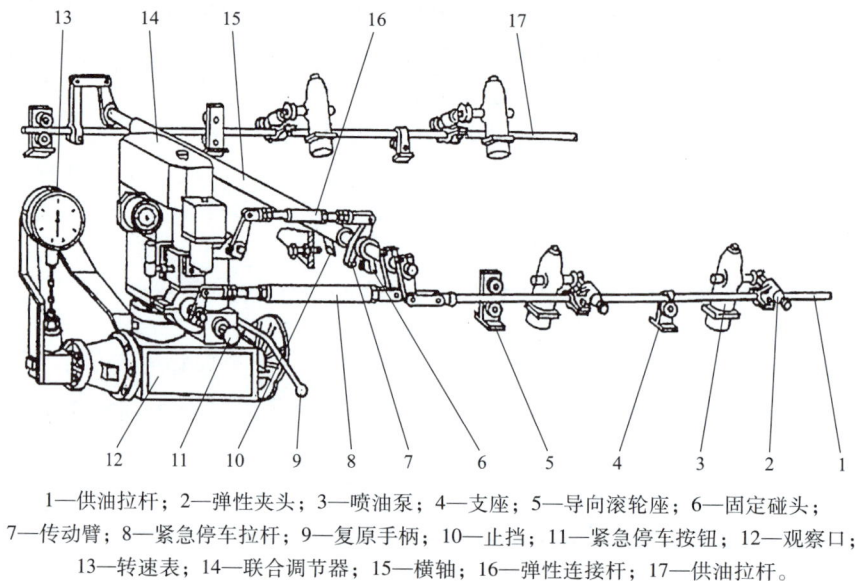

1—供油拉杆；2—弹性夹头；3—喷油泵；4—支座；5—导向滚轮座；6—固定碰头；
7—传动臂；8—紧急停车拉杆；9—复原手柄；10—止挡；11—紧急停车按钮；12—观察口；
13—转速表；14—联合调节器；15—横轴；16—弹性连接杆；17—供油拉杆。

图 6-1　调控系统简图

3. 全程液压式联合调节器的工作原理

全程液压式联合调节器一般用飞锤组作为转速速敏元件。调节器的执行机构并不靠飞锤组较小的机械力量去推动喷油泵齿条，而是在执行机构处应用液压放大技术，增大对齿条的推动力。液压供油系统由齿轮油泵、储油室及有关油路等组成。储油室又称蓄压室或稳压室，是考虑到减小漏泄影响、油泵转速变化及油温变化而设置的，以保证工作时油压稳定。储油室由活塞及弹簧等组成。如果系统内油压过高，则压力油克服弹簧反力推储油室活塞向下，储油室体上的外泄孔露出，一部分油外泄而使系统内降压，活塞返回向上关闭外泄孔。如果系统内油压不足，则弹簧顶活塞向上，缩小系统容积而保压。图 6-2 为 C 型联合调节器实物图。

飞锤的趾部抵着推力轴承及弹簧盘，弹簧盘与柱塞上端连接，柱塞在调速滑阀中做上下运动。调速弹簧是一种变刚度的塔形弹簧，其预紧力由配速活塞的位置决定。调速滑阀自由浮装于由锥齿轮对带动旋转的滑阀套座中。滑阀和套座都带有通油孔。调速滑阀油孔的启闭由柱塞中部的工作盘（圆柱阀面）控制。

联合调节器的执行机构为伺服马达，它由动力活塞、动力活塞弹簧、动力活塞杆及传动装置等组成。动力活塞安装在动力缸内，其上部的弹簧具有一定的安装预紧力，来自调速滑阀和套座的压力油通过油道引到动力活塞的下方，由弹簧力和液压力来决定动力活塞移动的方向和行程大小。动力活塞杆将动力活塞的运动传递到传动装置。

图 6-3 是全程液压式联合调节器原理图。

图 6-2　C 型联合调节器实物图

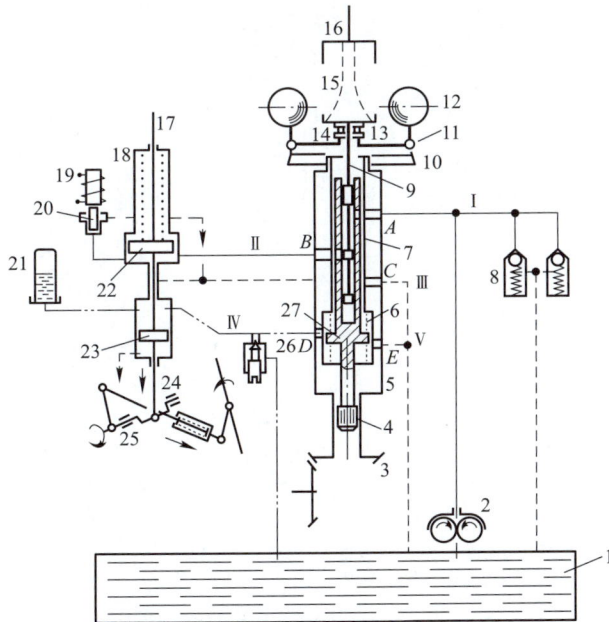

1—油池；2—齿轮油泵；3—传动锥齿轮对；4—传动轴；5—滑阀套座；6—缓冲弹簧；
7—调速滑阀；8—储油室；9—柱塞；10—匀速盘；11—销轴；12—飞锤；13—推力轴承；
14—弹簧盘；15—调速弹簧；16—配速活塞；17—动力活塞顶杆；18—动力活塞弹簧；
19—停车电磁联锁；20—停车滑阀；21—储气筒；22—动力活塞；23—补偿活塞；
24—动力活塞杆；25—传动装置；26—补偿针阀；27—随动阀盘。

图 6-3　全程液压式联合调节器原理图

131

4. C型联合调节器的功调系统

C型联合调节器的功调系统由功调滑阀组、功率伺服器及联合杠杆等组成。图6-4是C型联合调节器的结构图。

柴油机负荷的瞬时变动引起转速的瞬时变化，在调速过程中动力活塞杆相应动作，因此以动力活塞的运动作为功调的讯息，通过功调滑阀组发出指令，由功率伺服器执行。功率伺服器调节测速发电机的励磁电阻，以改变励磁机的励磁电流值。励磁机输出的电流即牵引发电机的励磁电流，随着励磁电流的改变，牵引发电机输出功率也相应改变。因此，柴油机外界负荷（牵引负荷及辅助负荷等）的变化，通过功率伺服器的调节作用，最终使柴油机的总负荷保持不变。

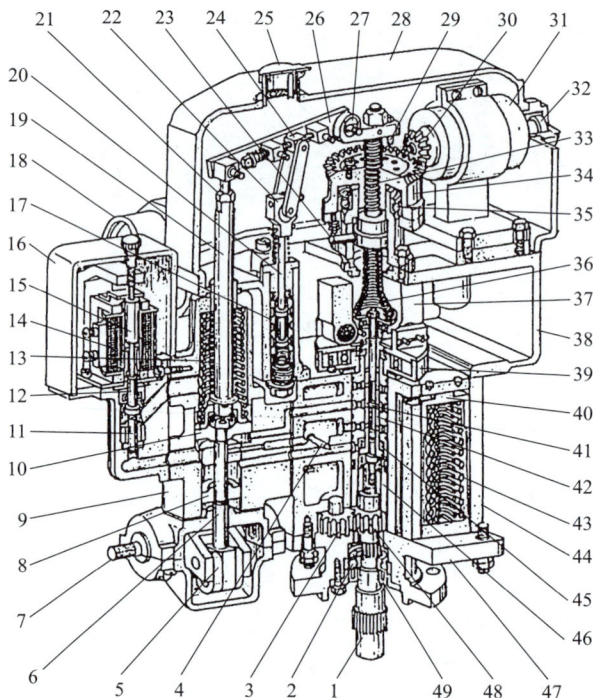

1—传动轴；2、32、35、49—轴承；3、48—齿轮；4—针阀；5、22—偏心轮；6—动力活塞杆；7—传动轴；8—补偿活塞；9、40—壳体；10—动力活塞；11—停车滑阀；12—推杆；13—动力活塞弹簧；14—电磁联锁；15—顶杆；16—罩壳；17—油孔；18—功率伺服器；19—动力活塞顶杆；20—功调滑阀；21—功调螺栓；23—止挡；24—十字销；25—加油口；26—联合杠杆；27—功率调整轮；28—罩盖；29—水平杠杆；30—小锥齿轮；31—步进电机；33、43—弹簧；34—大锥齿轮；36—调速弹簧；37—飞锤；38、44—外壳；39—弹簧盘；41—柱塞；42、46—滑阀套座；45—调速滑阀；47—下部安装座。

图6-4　C型联合调节器的结构图

5. C型联合调节器的部件

（1）配速系统

按机车操纵要求，柴油机的工作转速范围可分成若干个挡位或无限个挡位。配速就是由司机给定挡位，调节器内部实现挡位要求的过程。如前所述，如果改变调速弹簧的预紧力，则飞锤就会取得不同的平衡转速。配速系统是按司机的挡位指令，自动改变调速弹簧预紧力的一套机构。C型联合调节器的配速机构由步进电机、传动锥齿轮对、导向套、螺杆（配速活塞）、调速弹簧、止挡、止挡螺钉、水平杠杆及最高转速调整螺钉等组成。图 6-5 是 C 型联合调节器的动作原理图。

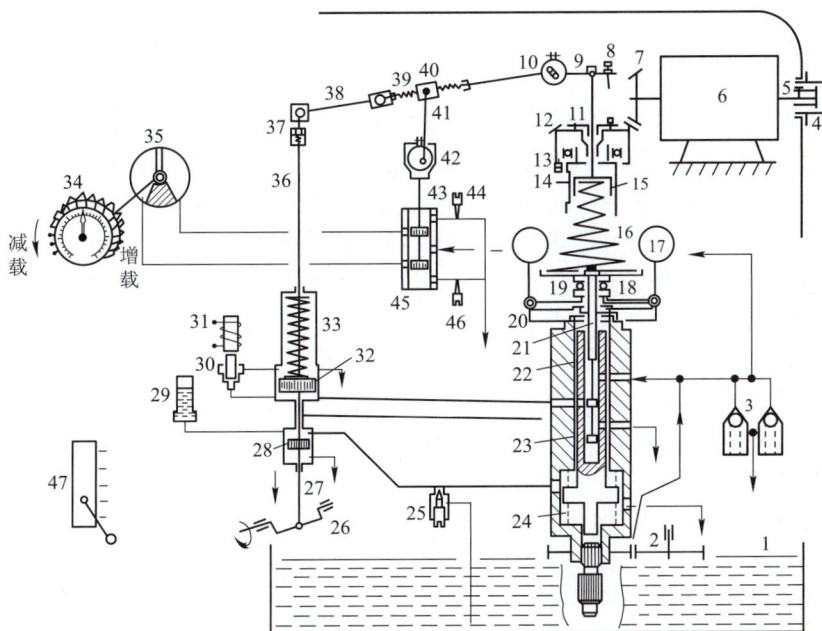

1—油池；2—齿轮油泵；3—储油室；4—螺套；5—手把；6—步进电机；7—小锥齿轮；8—最高转速调整螺钉；
9—水平杠杆；10—功率调整轮；11—导向套；12—大锥齿轮；13—止挡螺钉；14—止挡；15—配速活塞；
16—调速弹簧；17—飞锤；18—弹簧盘；19—推力轴承；20—匀速盘；21—柱塞；22—滑阀套座；
23—调速滑阀；24—缓冲弹簧；25—补偿针阀；26—传动装置；27—动力活塞杆；28—补偿活塞；
29—储气筒；30—停车滑阀；31—电磁联锁；32—动力活塞；33—动力活塞弹簧；
34—变阻器；35—油马达；36—动力活塞顶杆；37—功调螺栓；38—联合杠杆；
39—螺杆；40—十字销；41—连板；42—偏心轮；43—功调滑阀；
44—增载针阀；45—功调滑阀套；46—减载针阀；47—司机操纵手柄。

图 6-5 C 型联合调节器的动作原理图

步进电机为三相六极电机，它根据司机操纵手柄发出的升速或降速电脉冲信号，逆时针或顺时针旋转（从电机后端向前看）。每一个电脉冲使步进电机转子轴转动，在司机手柄置于升速位时，步进电机的转速为 70 r/min，即每秒 140 个电脉冲；在司机手柄置于降速位、0 位及 1 位时，步进电机的转向相反，且转速为 60 r/min，即每秒发 120 个电脉冲。在司机手柄置于保持位时，步进电机未得到电脉冲，因此电机停转。

小锥齿轮驱动大锥齿轮，大锥齿轮通过滚动轴承水平安置在配速缸体上部，它在转动时的高度位置不变。大锥齿轮的中央安装有导向套和配速活塞的螺杆，当该齿轮顺时针转动时，螺杆就上升，反之则下降。螺杆与配速活塞同体，配速活塞压在调速弹簧的顶部。因此，螺杆的升降直接改变调速弹簧的预紧力，这样就可调节柴油机的平衡转速值。

配速活塞的外圆面上插装有止挡，止挡只能沿配速缸体纵向槽上下移动。当配速活塞处于最高位时，止挡与大锥齿轮下部的止挡螺钉头侧面相碰，这时步进电机虽仍有转动的趋势，但大锥齿轮已受制于止挡而无法转动，此时所限制的柴油机平衡转速为最低工作转速。螺杆上部与水平杠杆紧固，杠杆的右方拧装着一个调整螺钉，当配速活塞处

133

于下部位置时，调整螺钉的下端与导向套顶面止挡螺钉头的侧面相碰，这时配速活塞无法进一步下降。

（2）补偿系统

调节器的补偿系统由补偿活塞、储气筒组件、补偿油道Ⅳ、补偿针阀、缓冲弹簧及随动阀盘等组成。

补偿针阀开度和补偿弹簧的预紧力对柴油机的转速稳定性有重大影响。如果补偿弹簧的刚度或预紧力不当，则柴油机转速会出现波动或游车。如果补偿针阀的开度不当，柴油机转速的波动会更加敏感。为了避免柴油机调速反应迟钝，在不妨碍平稳运转的条件下，补偿针阀的开度应尽可能大些。对不同的环境温度和不同黏度的工作油，补偿针阀的开度也不应相同，环境温度较高或工作油黏度较小时，补偿针阀的开度应小，反之开度应大。对于快速波动的调节器，如果无其他内部机件不良因素，可将补偿针阀的开度调小，也可换用黏度大一等级的工作油。对于经常慢速波动的调节器，可将补偿针阀的开度调大，也可换用黏度小一等级的工作油。以上所指仅是在调节器试验台或柴油机实机试验时进行的调整，调整完后由铅封封闭针阀位置，此后不许随意变动。

储气筒的空气垫对补偿系统的弹性大小有一定影响，它改善了调节工作的稳定性，但它容易漏油和漏气，造成转速波动。

调速滑阀应追随柱塞运动，柱塞的行动在先，调速滑阀追随于后，两者之间的动作有一定的时间差。补偿系统在调速滑阀下部有一个直径较大的阀盘，称为随动阀盘，阀盘的上、下部各安装一个相同规格的缓冲弹簧。随动阀盘上腔与套座上的 D 孔、补偿油道Ⅳ、补偿活塞上腔及储气筒相通。储气筒的筒内具有一定高度的油面，油面上方是一个封闭的空气室，空气室的气压与一定高度的油面相平衡，空气室起到了一种暂存或暂借能量的气垫层作用。调速滑阀运动的原动力来自补偿系统，补偿系统动作的动力来自动力活塞的运动。当柱塞向下运动使动力活塞上行时，动力活塞杆带动补偿活塞同时向上，补偿活塞下油腔呈真空状态，这时它通过泄油孔从油池中吸油，而补偿活塞上油腔则呈增压状态，压力油沿油道输送到各处，进而使储气筒油面升高、气垫增压，以后逐渐释放能量，油面重回平衡位。

在补偿油道Ⅳ中设置了补偿针阀，形成了一条压力油外泄或真空状态补油的捷径，它使补偿油道中压力或真空度减小，增加了反馈动作的柔性，使补偿活塞运动阻力减小，这就可使动力活塞较快地调节气缸内的喷油量，同时也使调速滑阀的追随动作延缓一个时间差。

调整补偿针阀的开度可获得合适的调速过程。由于补偿针阀开度的存在，调速滑阀追随柱塞运动的起始时间比刚性反馈有所延缓，追随速度有所下降，动力活塞对喷油量的调节较充分，转速波动程度受到抑制。补偿针阀开度的大小对调节过程的控制有重大影响，开度不能过大或过小。如果开度过小，则动力活塞运动阻力大，滑阀追随柱塞运动的起点早，对气缸内喷油量的调节不够充分，柴油机转速长时间波动不能稳定，调速动作显得迟钝。如果开度过大，则动力活塞运动阻力小，调速滑阀追随柱塞运动的起始点延迟，追随速度慢、动作幅度小，柴油机转速波动幅度大，在柴油机空载工况时，转速游动极为显著。

影响柴油机转速稳定性的主要因素，除了补偿针阀的开度以外，还有缓冲弹簧的预紧力。缓冲弹簧也有延迟调速滑阀动作起始点及控制动作的速度的作用，调速滑阀追随动作应先快后慢，这样有利于减小转速波动。缓冲弹簧的预紧力也不宜过大或过小，过小或过大的后果与补偿针阀开度过小或过大类似。此外，储气筒有暂存能量和缓冲的作用。

（3）自动停车装置

在动力缸体的一侧设有柴油机自动停车装置，它由停车电磁联锁、停车滑阀和有关油道组成。动力活塞底腔与停车滑阀下端的油道相通，停车滑阀上部的油道与动力活塞弹簧腔相通，动力缸罩上还有与油池相通的泄油孔。当柴油机处于正常运转时，电磁联锁线圈有电，铁芯吸下，通过顶杆将停车滑阀压下，动力活塞下腔的泄油路封闭，这时一定的动力活塞高度能保证正常的燃油供应量。如果电磁联锁线圈失电，则停车滑阀铁芯等被压力油顶在上部，动力活塞底腔的压力油被迅速排掉，动力活塞及活塞杆被弹簧力推到燃油停油位，柴油机迅速停机。图 6-6 为自动停车装置的结构。

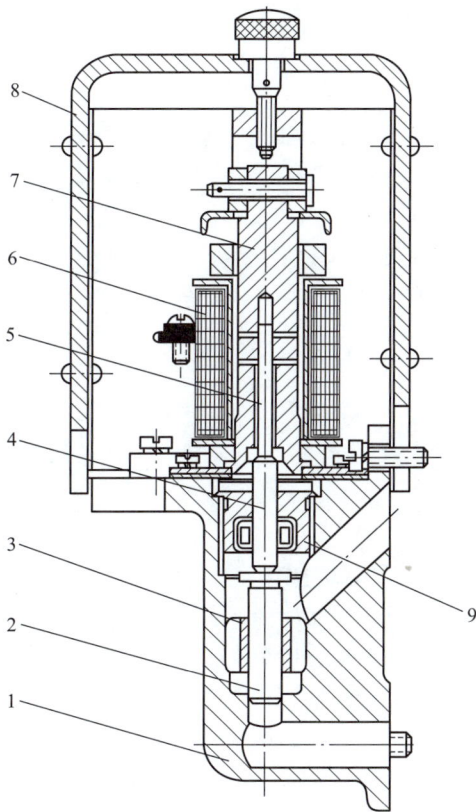

1—停车阀体；2—停车滑阀；3—导向环；4—推杆；5—顶杆；
6—电磁联锁线圈；7—铁芯；8—罩壳；9—旋塞。

图 6-6 自动停车装置的结构

（4）功率伺服器

功率伺服器是功调系统的执行机构，它由油马达和变阻器两部分组成。

油马达是一种回转式液压驱动装置，它由圆环形油缸、转轴、挡块、回转板及端盖等组成。油缸体设进、出油孔，当一孔通入压力油时，另一孔就变成出油孔。回转板安装在油缸中，压力油通过时被推动旋转，它旋转的方向和幅度由回转板两边的油压差决定。

变阻器由转轴、指针、电刷、滑环组件及金属膜片电阻等组成。油马达的转轴穿到变阻器滑环组件的前方，电刷指针装在轴端。滑环组件由导电片与云母片组成。导电片之间由云母绝缘片隔开，电阻焊在相邻两个导电片的两端，使导电片前后串联，电刷动触头在导电片组端面（滑环面）滑行。

（5）功调滑阀组

功调滑阀组由功调滑阀、功调滑阀套、定位套、压盖、夹叉及偏心轮等组成。

功调滑阀套上有5组油孔，中部第3组为压力油进油孔组，第2、4组油孔（从上到下命名）分别与油马达回转板两侧油腔相通，第1组和第5组油孔为泄油用。功调滑阀安装在功调滑阀套内，它具有2个工作盘。当2个工作滑环组件关闭第2、4组油孔时，油马达回转板静止不动，这就是功调滑阀的平衡位或中立位。当功调滑阀离开中立位上移时，则压力油通过第3、2组油孔进入油马达，而第4、5组油孔则排出回转板另一侧油腔的部分油，回转板逆时针转动，柴油机减载。当功调滑阀离开中立位下移时，则压力油通过第3、4组油孔进入油马达，从第2、1组油孔中排出部分油，回转板顺时针转动，柴油机增载。

为避免过快的负荷变动而出现较大的转速波动，必须使功调过程有高度的平稳性，这就需要采用增、减载针阀和微孔渐开的措施来调节和减缓进、排油的速度。增载针阀和减载针阀分别安装在上、下泄油道上。功调滑阀套上第4组油孔设计成4个几乎衔接的微孔，在功调滑阀离开中立位时，4个微孔逐个开启，开启面积逐步增加。通过调节针阀的开度，可以使柴油机增减载的速率与增压器升降速率相协调。

任务 6.3 控制机构

控制机构是实施调节器调节要求的中间执行机构，它将柴油机启动、挡位变换、负荷增减及正常停机等要求传达到喷油泵齿条，以保证在一定的工况下稳定运转。在紧急停机时，控制机构迅速地将喷油泵齿条拉到停油位。在超速保护装置动作时，控制机构实现最直接、最快停机，以防柴油机飞车。

16V240ZJB型柴油机的控制机构由调节杠杆系统、紧急停车拉杆系统及超速停车装置（此部分内容见6.4节）等组成。为了使调控系统动作正确、灵活可靠，要求控制机构的运动阻力小、重量轻、刚度大，无挠曲变形，安装位置正确。图6-7是控制机构动作原理图。

1. 调节杠杆系统

调节杠杆系统由传动臂、弹性连接杆、横轴、左臂、右臂、油量开关、左右供油拉杆及喷油泵弹性夹头等组成。调节杠杆系统连接调节器和喷油泵齿条。

弹性连接杆通过传动臂连接调节器和横轴，它的两头与两个传动臂相铰接，而传动臂与调节器传动装置输出轴采用花键齿槽夹紧的方式相固接。因此，弹性连接杆是联合调节器传输调节动作的重要机件。

弹性连接杆由叉头、导杆、导套、弹簧及调节螺母等组成。弹性连接杆的导杆通过螺纹栽入叉头，可根据需要调整长度，调整好后用调节螺母锁紧。弹簧安装在导杆与导套之间，导套与另一个叉头固接，当导杆的端头顶住该叉头时，弹簧的安装预紧力为（186±19.6）N。

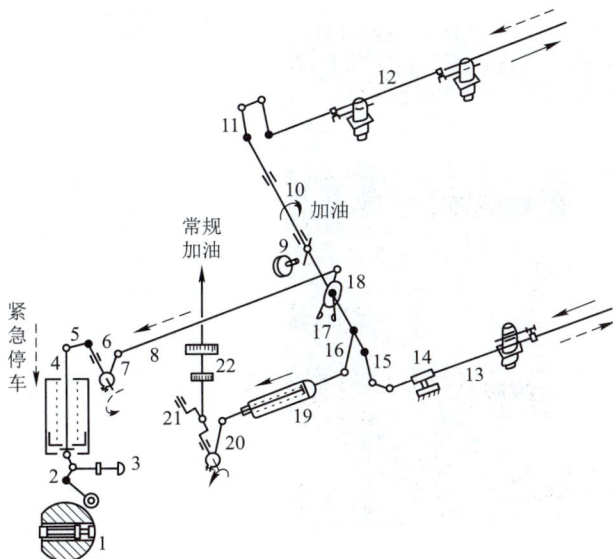

1—极限调速器飞快轮盘；2—拐臂；3—紧急停车按钮；4—停车拉杆；5—摇臂；6—停车传动轴；
7—连接臂；8—紧急停车拉杆；9—最大供油止挡；10—横轴；11—右臂；12—右供油拉杆；
13—左供油拉杆；14—油量开关；15—左臂；16—传动臂；17—固定碰头；18—停车摇臂；
19—弹性连接杆；20—传动臂；21—调节器传动装置输出轴；22—动力活塞杆。

图 6-7 控制机构动作原理图

当联合调节器动力活塞杆向下移动时，花键传动臂顺时针扭转（面对调节器输出轴），弹性连接杆由调节器端向横轴端方向运动，导杆的端头刚性地推动导套，并通过另一传动臂使横轴逆时针转动。当调节器动力活塞杆向上移动时，花键传动臂逆时针扭转，弹性连接杆向调节器端（柴油机自由端）方向运动，导杆的端头压弹簧，弹簧将力传给导套，因而拉力被弹性地传到横轴，使横轴顺时针转动。由于弹簧的预紧力大于调节杠杆系统的总阻力，所以此弹性传动力并不会使横轴动作打折扣。

横轴设置在柴油机自由端的上方，安装于机体顶面并穿过传动齿轮箱。横轴由轴、左臂、右臂、传动臂、停车摇臂、固定碰头及供油止挡等组成。横轴的两端与左、右臂用圆锥销固接。左臂和右臂分别与左、右供油拉杆连接。为了使柴油机左、右两列喷油泵完全通用，左、右供油拉杆的运动方向必须相反，因此使左臂朝下、右臂朝上。与弹性连接杆相连的传动臂位于左侧，此臂朝下并与横轴固接。当横轴顺时针转动时，齿条增大供油量；当横轴逆时针转动时，齿条减少供油量。横轴的圆周位置决定供油拉杆的轴向位置，因此横轴的圆周位置与齿条供油量有关。决定供油拉杆初始位置的是左、右臂相对于横轴的安装位置，因此必须严格按规定调整。

每个供油拉杆皆由 4 节钢管和 3 组杆套借铰孔螺栓紧固连接。为了防止供油拉杆因长度较大而挠曲变形，特在机体顶面加设了多个导向滚轮支座，支座底面用垫片调节其支承高度，以保证各导向滚轮支座同一支承高度。在较早的未装设电子油量开关的 DF_{4B} 型机车上，柴油机在左供油拉杆的自由端（靠近第 9 缸）设有机电式的油量开关 UK，它由锥形轴段及微动开关组成。当左供油拉杆向柴油机自由端方向移动齿条达 8 刻线时，微动开关闭合，通过中间继电器接通柴油机，卸载油压继电器 3YJ 和 4YJ 的电路。这样一旦柴油机机油压力不足时，继电器 3YJ 和 4YJ 任一个动作，则柴油机立即卸载。UK 在齿条 8 刻线及以上（相当于转速 760r/min 及以上）起作用。在左、右供油拉杆的一定位置上，

137

图6-8 弹性夹头

各夹装有8组弹性夹头（见图6-8）。

弹性夹头是供油拉杆与喷油泵齿条之间的中间传动元件，它由夹头体、夹头销、弹簧、锁销及螺母等组成，夹头销安装在夹头体内，后端的螺柱头上拧装调整螺母，前端呈扁平销形，销头插入喷油泵齿条拨叉座中，弹簧安装在夹头销与夹头体之间，当夹头销向后移时压缩弹簧，夹头销可退出齿条拨叉，使供油拉杆与该喷油泵脱离。夹头体上开有深槽和浅槽，锁销穿过夹头销和夹头体，固接于夹头销中。此时如果将夹头销拔出并转动90°，使锁销从夹头体深槽转到浅槽，则供油拉杆与齿条脱离，然后将喷油泵齿条推到零刻线，这就人为地停止了该喷油泵的工作。锁销在浅槽中不会因振动而脱出，从而保证了工作的可靠性。

2. 紧急停车拉杆系统

紧急停车拉杆（事故停车拉杆）系统使停车器与横轴连接起来，它由连接臂、接头、调节杆及停车摇臂等组成。

拉杆由两个接头、杆部及锁紧螺母等组成。杆部两头具有正反向螺纹，螺纹段栽在接头中，转动杆部可改变拉杆长度，以达到调整停车摇臂与横轴固定碰头之间的角度位置。调好后用螺母锁紧，以保持运用长度不变。连接臂的花键孔套在停车器花键传动轴端并夹紧，上部与拉杆铰接。停车摇臂又称为活动碰头，上部与拉杆铰接，中部圆孔套装在横轴上，并能以横轴为支点摆动，下部具有触头，这与固定碰头的触头相对应。两触头间的夹角在柴油机运转前为27°，在运转中此夹角缩小，但此夹角不会影响在柴油机最大燃油供油位时横轴的转动。

当停车器动作时，停车器花键传动轴使连接臂逆时针摆动，两个碰头的触点相压并一起逆时针转动一定角度，即横轴被停车摇臂强制逆时针转动，从而使喷油泵齿条移到停油位，柴油机迅速停机。

在柴油机正常运转时，紧急停车拉杆系统并不运动。柴油机紧急停车动作也不受联合调节器的约束，虽然调节器动力活塞仍处于油缸的上部位置，即处于正常的供油位，但由于弹性连接杆的存在，当横轴被停车摇臂强制逆时针转动时，弹性连接杆的导套被横轴带动后移，此时调节器动力活塞杆及弹性连接杆的导杆皆不动，所以弹簧受压缩，这样就使紧急停车动作与调节器工作无关，从而加快了停车速度。

任务 6.4 调控传动装置

16V240ZJB型柴油机调控传动装置安装于自由端左前侧，它包括调节器传动箱、超速停车装置、紧急停车装置。调控传动装置使曲轴和调节器联系起来，向调节器传递柴油机转速变化的信息，同时使柴油机在超速运转时得到自动保护，在发生意外时可实现手动紧急停机。调控传动装置的结构如图 6-9 所示。

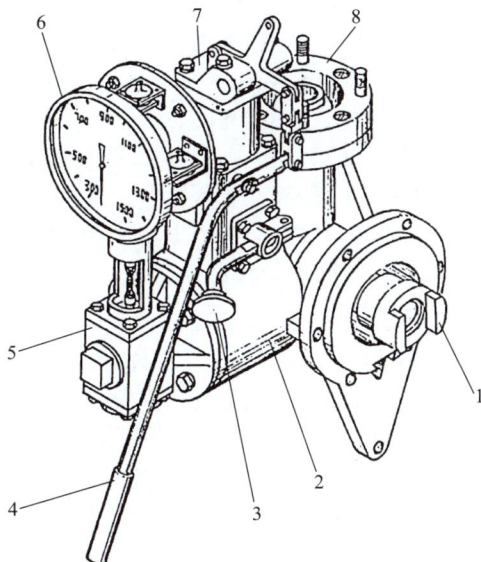

1—传动轴；2—复原传动臂；3—停车按钮；4—复原手柄；5—安装座；
6—转速表；7—安装垫板；8—调整垫。

图 6-9　调控传动装置的结构

1. 调节器传动箱

调节器传动箱包括从动齿轮、传动箱主轴、传动锥齿轮、调节器空心传动轴及轴承箱等零部件。从动齿轮在传动箱体外主轴轴端，它由柴油机左凸轮轴前端的调节器驱动齿轮带动。传动锥齿轮安装在主轴上，由它传动另一个锥齿轮，后者即垂直安装的空心传动轴。空心传动轴悬挂在轴承箱中，它的上部具有花键内孔，联合调节器的花键传动轴插在此孔中。轴承箱用螺钉紧固在传动箱体上，它与传动箱体间的垫片厚度可调整锥齿轮对的啮合间隙。轴承箱顶面的螺栓用于紧固调节器下体法兰。

2. 超速停车装置

超速运转是一种不稳定的失控状态，转速在瞬间飞快上升，运动零部件受到较大的惯性力，某些部件往往超过设计安全限度，如曲轴组、连杆组、增压器转子及电机转子等可能裂损或飞离，还会引起其他机件的破损。

超速运转引起摩擦发热和磨损加剧，油膜厚度变薄，机件受热膨胀，原有的配合间隙发生变化，常常出现拉缸和轴瓦烧损等事故。

超速运转导致进气量不足，燃烧过程恶化，排气温度增高，排气冒黑烟等。由于单位时间内受热次数增加，加上燃烧和摩擦等因素使机件体温急剧上升，活塞第一气环槽内机油结胶积炭增多。同时还造成柴油机机油及水的温度升高，机油黏度下降，油压降低，油膜变薄，活塞冷却效果不好。

柴油机超速会导致涡轮增压器超速运转，机车启动变速箱及静液压变速箱超速，会发生牵引电动机通风机叶轮被打坏等故障。

由于柴油机超速过程短，往往反应不及而机破人伤，故设置了超速停车装置。超速停车装置由极限调速器和停车器组成。

（1）极限调速器

极限转速所限制的最高转速，通常为柴油机标定转速的110%左右。在正常运转状况下，柴油机转速被控制在标定转速内。标定转速是柴油机正常运转的最高工作转速，一旦失控，柴油机转速在短期内飞快上升，当达到极限转速时，极限调速器动作而停机。极限调速器安装在传动箱体主轴中部，它由飞块轮盘、飞块弹簧及调节螺母等组成。飞块轮盘套装于主轴上，采用平键传动，轮盘的中央径向地安装着飞块。飞块的外形呈干字形，它的尾杆穿过主轴，尾杆后部装有飞块弹簧及调节螺母，飞块弹簧的预紧力使飞块头部压紧在主轴上，因此飞块与传动箱主轴及飞块轮盘同速旋转。当飞块的离心力大于飞块弹簧预紧力时，飞块头伸出轮盘而实现停机动作。

（2）停车器

停车器安装于调控传动箱体后部，它由停车器体、停车弹簧、弹簧座、停车拉杆、摇臂、停车传动轴、连接臂、拐臂及滚轮等组成。拐臂的角部为臂的摆动支点，臂的下端装有滚轮，滚轮位于飞块轮盘的外缘，两者间隙为 0.4~0.6 mm，臂的上端与连接臂铰接。连接臂的另一端与停车拉杆下部铰接，停车拉杆上部有停车弹簧。在正常情况下，停车拉杆被拐臂支撑在上部位置，为了使支撑稳定，拐臂的上臂与连接臂铰接点偏置，并由按钮的顶杆顶住而维持偏心 0.6 mm。停车拉杆的上部与摇臂相连，摇臂的另一端与停车传动轴固接。

当柴油机达到极限转速时，飞块伸出轮盘而撞击滚轮，使拐臂上部的偏心状态变更而倒向另一边，这时由于对停车拉杆的支撑力消失，停车弹簧压迫弹簧座使停车拉杆迅速下移，拉杆上部的摇臂顺时针摆动，停车传动轴逆时针转动（面对传动轴端），通过紧急停车拉杆系统实现柴油机紧急停机。

3. 紧急停车装置

（1）紧急停车按钮

如果柴油机及辅助装置在运转中被发现有异状、异音或异味，可迅速按压紧急停车按钮。紧急停车按钮组件包括按钮、推杆、顶杆、复原弹簧、推杆座及推杆体等。复原弹簧置于顶杆与推杆体之间，由于弹簧复原力使推杆与顶杆压紧，而推杆的轴向位置由推杆座及推杆体与箱体间的垫片厚度决定。按压按钮时，推杆及顶杆向里伸，弹簧受压缩，顶杆头推倒拐臂上部，停车拉杆与拐臂的原支撑自锁状态破坏，柴油机迅速停机。

（2）复原手柄

紧急停车动作以后，柴油机左、右喷油泵齿条被停车器弹簧力锁在停油位，操作人员必须首先检查及排除故障，然后在再次启动柴油机之前人为地释放供油拉杆，这就必须借助于复原手柄。复原手柄由手柄、复原传动臂、滚轮、传动轴及弹簧等组成。在柴油机紧急停车动作后，拐臂与停车拉杆的连接臂的铰接点倒在复原传动臂的滚轮上。当复原手柄向上提时，复原传动臂推此铰接点向原位摆动，停车拉杆被迫上移，压缩停车弹簧，铰接点靠在顶杆端面维持原偏心位置，这就使横轴停车摇臂脱离固定碰头，左、右供油拉杆与联合调节器联系而不受紧急停车拉杆系统的影响。当复原手柄放下时，复原传动臂的滚轮搁置于箱体右侧的调节螺钉上。调节螺钉伸入箱内的距离可限制铰接点倒伏的幅度，即控制停车拉杆下移的行程，因而使左、右供油拉杆达到一定的移动量。为了使柴油机紧急停机时喷油泵齿条拉到零刻线，可调整调节螺钉头的位置，保证停车拉杆的行程不小于 13 mm，并锁紧螺母。图 6-10 为 16V240ZJC、16V240ZJD 型柴油机调控传动装置。

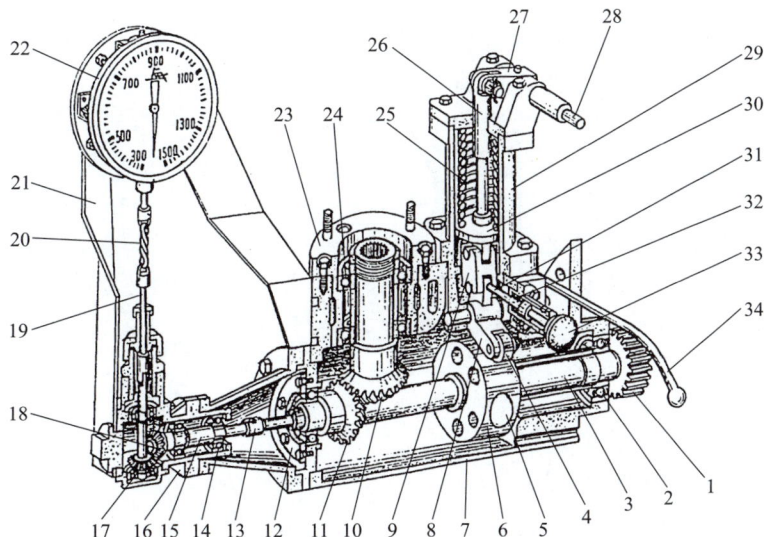

1—传动齿轮；2—螺钉；3—传动箱主轴；4—滚轮；5—飞块；6—飞块轮盘；7—箱体；8—拐臂；9—连接臂；
10、11、17、18—锥齿轮；12—盖板；13—传动轴连接；14—支撑；15、24—轴承；16—轴承座；
19—连接轴；20—尼龙轴承；21—防护板；22—转速表；23—座；25—停车弹簧；26—停车拉杆；27—摇臂；
28—停车传动轴；29—停车体；30—弹簧座；31—顶杆；32—推杆；33—停车按钮；34—复原手柄。

图 6-10　16V240ZJC、16V240ZJD 型柴油机调控传动装置

任务 6.5　机车改变供油量动作过程

1. C 型联合调节器的综合调节动作

调节器的综合调节动作是指在各种工况下配速、调速及功调各系统的动作过程。C 型联合调节器在各种工况下的综合调节动作如下。

（1）柴油机启动

在柴油机停机时飞锤处于收拢状态，柱塞处于最下方，柱塞工作盘在 b 孔之下，油道 I 接通油道 II，为柴油机启动做好准备。

从调节器齿轮油泵及启动加速器出来的压力油一起通过油道 I 及油道 II，进入动力活塞下腔，使动力活塞克服上部弹簧的阻力上抬，动力活塞杆同时上行，传动装置输出轴逆时针扭转（面对调节器输出轴），通过调控杠杆使喷油泵供油齿条移向增油位，喷油器向气缸喷油，气缸内开始发火燃烧。当柴油机曲轴能靠本身力量运转及由曲轴所驱动的机油泵泵油压力超过 98 kPa 时，柴油机启动完成。此时司机操纵手柄处于 0 位，配速活塞在最高位，调速弹簧预紧力最小。在柴油机启动之初，调速弹簧预紧力总是大于飞锤离心力的轴向分力，柱塞的工作盘总在 b 孔之下，因此动力活塞仍要上抬，气缸的喷

油量增加，曲轴转速进一步提高，直到柱塞的工作盘全闭 b 孔。当柴油机曲轴转速达到 430 r/min 左右时，飞锤离心力的轴向分力才与调速弹簧的预紧力相平衡，这时曲轴才能稳定运转。

（2）机车开始走车时的转速调节

在其他条件具备后，按下机车控制开关，司机操纵手柄从 0 位提升到 1 位，机车开始走车。主手柄在 1 位，调节器的配速活塞仍处于最高位置，止挡与止挡螺钉头部仍然接触。但由于柴油机瞬间被压上负荷而使曲轴转速瞬间下降，飞锤内收，柱塞从中立位下降。油道 I 接通油道 II，动力活塞上行，此时引起以下三方面动作：功调滑阀上移离开中立位，因结构关系，在低转速时油马达回转板不动作；喷油泵增加供油，曲轴转速回升，柱塞回升；补偿活塞上行，随动阀盘上腔油压升高，调速滑阀下行。由于柱塞已经回升，柱塞和滑阀在对向运动中逐渐关闭 b 孔，动力活塞及喷油泵齿条停住。由于喷油量过调，曲轴转速有所上升，柱塞工作盘进一步移到 b 孔之上，于是又引起微调动作。经过几次类似的微调过程，燃油的过调量越来越小，最后达到喷油泵的供油量与柴油机所增加的负荷相当，柴油机转速恢复。

（3）手柄置升速位时的调节

司机操纵手柄从保持位提到升速位，步进电机得到升速脉冲，配速活塞下移，与此同时水平杠杆下行，联合杠杆摆动，功调滑阀离开中立位下移，油马达回转板转动，变阻器电阻减小，牵引发电机励磁电流增大，发电机加给柴油机的载荷增加，曲轴转速下降，飞锤内收，柱塞下降。与前述柱塞下降的两个因素加在一起，动力活塞上行，又引起三方面联合动作：动力活塞顶杆上移，联合杠杆以功率调整轮为支点摆动，功调滑阀逐渐上行关闭通油孔，油马达回转板逐渐停住；动力活塞杆上行，气缸内喷油量增加，曲轴转速上升，柱塞复升；补偿活塞上行，活塞上腔加压。最终结果是柴油机转速、柴油机输出功率及喷油泵供油量相应增加。

（4）手柄置降速位时的调节

司机操纵手柄从保持位回到降速位，步进电机得到降速脉冲，配速活塞上移，其调节过程与手柄置升速位时相反，结果是柴油机转速、喷油泵供油量及输出功率相应降低。

（5）手柄置保持位时的调节

司机手柄置保持位，升、降速振荡器皆停振，步进电机停止转动，配速活塞保留在一定高度位置上，调速弹簧保持某一预紧力，柴油机在相应的平衡转速下运转。

如果柴油机的外界负荷瞬减，则曲轴转速上升，飞锤张开，柱塞上行，动力活塞下降，联合杠杆摆动，功调滑阀下行，油马达回转板顺时针转动，牵引发电机加给柴油机的载荷加大，使曲轴转速回降，柱塞回降，动力活塞复升。最后调节的结果是功调滑阀及柱塞皆回中立位，动力活塞回原位，曲轴转速及缸内喷油量不变，油马达稳住在增载位，补回了瞬减的负荷，使柴油机输出功率不变；如果柴油机的外界负荷瞬加，调节过程与上述过程相反，调节的结果是油马达转到减载位，牵引电机卸除了瞬加的那部分功率，柴油机则保持转速、喷油量及输出功率不变。

（6）柴油机停机

司机应逐渐降速，并将手柄置于 0 位，使柴油机空转一段时间。当柴油机冷却水水温及机油温度降低到规定值后，使燃油输送泵停止运转，同时使电磁联锁线圈失电，电磁联锁释放停车滑阀，动力活塞下腔的压力油泄入油池，动力活塞被活塞弹簧压到底部，动力活塞杆下降，喷油泵齿条拉到零刻线，柴油机停机。在柴油机运转中，当出现差示压力计液面上升过高或主机油道末端油压过低，使停机油压继电器动作时，皆能使电磁联锁线圈失电，动力活塞杆下降，喷油泵齿条回零刻线，柴油机被迫迅速停机。

2. 柴油机甩缸的正确处理方法

甩缸使用的工具有平口改锥（200～250 mm）1 把、尖嘴钳 1 把、绑带（细绳均可）若干（备用）。

甩缸的正确处理方法如下。

① 将控制故障缸的供油拉杆串销拔出。在进行甩缸处理前，司乘人员一定要配合好，柴油机尽可能在空载或低负荷的转速下进行，并做好联控。操作时，一只手（右手）将串销从故障缸的夹头销内拔出，旋转 90° 落槽固定。

② 固定故障缸的供油齿条。在拔出串销的同时，另一只手（左手）将该故障缸的供油齿条推回零刻线，在串销被固定后，用平口螺丝刀顶在该故障缸供油齿条指针头并下压，用该指针封堵供油齿条的轴孔，使齿条不能窜动。

③ 调整固定串销。当串销拔出后，旋转 90°，使十字头落座，因座上的槽浅，为防止串销跳出或因串销拔出旋转后，串销舌头仍然伸出较长，会与泵上的供油齿条部件相碰，从而引起供油拉杆的卡滞。因此必须对串销进行固定捆绑与调整，其方法如下。

• 固定串销。当串销上的座槽较浅时，在将串销旋转 90° 落座后，用绑带（或细绳）将串销与其座捆绑在一起，使其牢固、不窜动。

• 调整串销。当串销拔出落座后，其串销头与供油齿条间的间隙较小，有相碰的可能性。可通过对串销的调整来增加其间隙，防止其相碰。其方法是用尖嘴钳将调整螺帽上的开口销取出，然后顺时针旋紧螺帽，使串销内缩，以增大串销与供油齿条间的距离。

④ 增强机械间巡检。甩缸处理时一般均在静态（即柴油机转速负载一定，供油量也一定时）进行，供油拉杆是相对静止的。经甩缸处理后，当柴油机增加负荷或增大负载时，供油拉杆与故障缸间的供油齿条要产生相对移动，为防止甩缸不到位，出现串销跳出槽、泵齿条回位等次生故障的发生，应加强机械间的巡检，避免柴油机转速失控。

任务 6.6　GEVO16 型柴油机电控喷射系统

1. 电控喷射系统

通常采用电子控制技术控制柴油机的燃油喷雾与燃烧，以降低排放污染。和汽油机电子控制技术相比，柴油机的电子控制技术发展得相对较晚。由于轻型车排放法规的要求，满足欧洲Ⅰ排放标准的汽油车要求使用电控燃油喷射技术，严格将空燃比控制在理论空燃比附近，以使三元催化转换器的效率最高。因此，自从欧洲Ⅰ排放标准实施以来，汽油机燃油喷射电子控制技术已经成为轻型汽油车的标准配置而得到了广泛应用。而柴油机通过采用增压中冷技术、燃烧改进技术和高压喷射技术，改进了柴油机的喷雾和燃烧过程，不需要采用电子控制技术就能满足欧洲Ⅰ和欧洲Ⅱ排放标准的要求，因此柴油机的电子控制技术并没有像汽油机一样很快得到推广。

2000 年以后，在欧洲Ⅲ排放标准的要求下，柴油机的电子控制技术得到了迅速发展。

电控喷射系统（EFI 系统）是以电子控制单元（ECU）为控制中心，并利用安装在发动机上的各种传感器测出发动机的各种运行参数，再按照计算机中预存的控制程序精确地控制喷油器的喷油量，使发动机在各种工况下都能获得最佳空燃比的可燃混合气。

（1）电控喷射系统的组成

① 传感器。包括温度传感器（冷却液温度、进气温度、排气温度等）、压力传感器（进气压力、燃烧压力等）、转速传感器、曲轴位置和气缸识别传感器、空气流量计、位移传感器（溢流环位移、喷油提前器位移、针阀升程）、加速踏板位置传感器、氧传感器等。

② 电子控制单元（ECU）。电子控制单元是 GE 公司设计的单板计算机。该单板计算机安装在电气室的 CA2（控制区 2）的黑匣子里，组成包括接地线、电源连接器、6 个输入/输出连接器、3 个串行通信连接器及 2 个 ARCNet 网络连接器。

③ 执行器。包括电磁喷油器、电磁溢流阀、正时控制阀、压力控制阀等。

（2）电控喷射系统的优缺点

电控喷射系统具有以下优点。

① 可实现高压喷射，喷射压力可达 200 MPa，有利于混合和降低排放。

② 喷射压力独立于发动机转速，可改善低速性能。

③ 可实现预喷射，实现理想喷油规律。

④ 喷油定时和喷油量可自由选定。

⑤ 有良好的喷射特性，可优化燃烧过程，改善油耗，减少噪声和排放。

⑥ 结构简单，可靠性好，适应性强。

⑦ 电控喷射系统可按照运行工况的不同，对喷油参数（如喷油量、喷油定时、喷油压力、喷油速率等）进行最优的综合控制，并可考虑各种因素对柴油机性能的影响。

⑧ 控制功能齐全。

⑨ 控制精度高，动态响应快。

⑩ 可以改善发动机动力性、经济性，提高排放性能。

⑪ 提供故障诊断功能，使可靠性得以提高。

电控喷射系统的缺点有：系统执行器要求高；控制策略需要仔细研究；系统优化标定工作难度高、工作量大。电控喷射系统的工作原理图如图 6-11 所示。

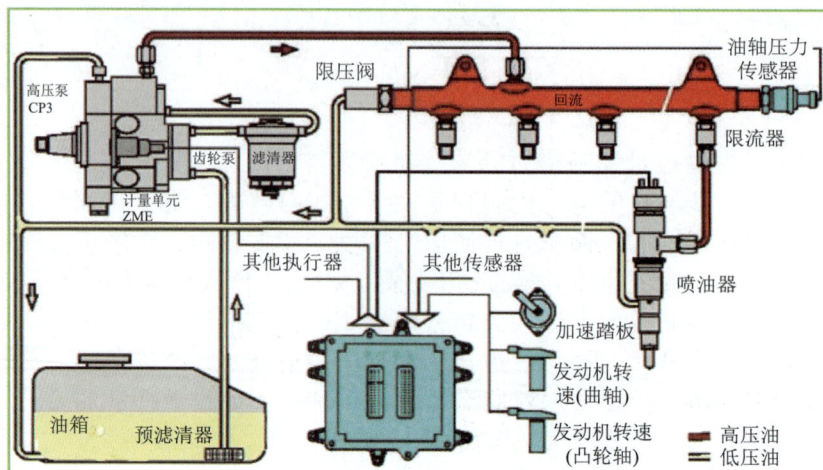

图 6-11　电控喷射系统的工作原理图

2. 电控喷射系统的类型

（1）位置控制式系统

保留传统喷射系统的基本结构，只是将原有的机械控制机构用电控元件取代，在原机械控制循环喷油量和喷油定时的基础上，改进、更新机构功能，使用直线比例式和旋转式电磁执行机构控制油量调节齿杆（或拉杆）位移和提前器位移，实现循环喷油量和喷油定时的控制，使控制精度和响应速度有明显提高。

位置控制式系统具有以下特点。

① 数字控制器通过执行机构的连续式位置伺服控制，对喷射过程实现间接调节，故相对其他电控喷射系统，执行响应较慢，控制频率较低，控制精度不太稳定。

② 不能改变传统喷射系统固有的喷射特性，电控可变预行程直列泵虽能对喷油速率起到一定的调节作用，但却使直列泵机构的复杂性加大。

③ 柴油机的结构几乎无须改动即可改造成位置控制式喷射系统，故生产继承性好，便于对现有机器进行升级改造。

④ 由于燃油泵输送和计量机构基本不变，喷油系统参数受柴油机转速影响较大，很难实现喷油规律控制，凸轮机构、柱塞套的应力和变形限制了喷油压力的进一步提高。

（2）时间控制式系统

时间控制式系统有许多比纯机械式系统优越的地方，但其喷射压力仍然与发动机转速有关，喷射后残余压力不恒定。另外，电磁阀的响应直接影响喷射特性，特别是在转速较高或瞬态转速变化很大的情况下尤为严重，而且电磁阀必须承受高压，因此对电磁阀提出了很高的要求。

（3）共轨控制式系统

共轨控制式系统不再采用传统的柱塞泵脉冲供油原理。共轨控制式系统具有公共控制油道（共轨管），高压油泵只是向公共油道供油以保持所需的共轨压力，通过连续调节共轨压力来控制喷射压力，采用压力时间式燃油计量原理，用电磁阀控制喷射过程。

该系统根据柴油机运行工况的不同，不仅可以适时地控制喷油量与喷油定时，使其达到与工况相适应的最优数值，而且还使喷油压力和喷油速率的控制成为可能。而且该系统的控制自由度及精度得到了大幅度提高。

共轨控制式系统具有以下特点。

① 不再采用传统的柱塞泵脉冲供油原理，采用高压油泵和共轨油管。

② 采用压力时间式燃油计量原理，用电磁阀控制喷射过程。

③ 可以柔性控制喷油压力、喷油量和喷油定时，喷油速率的控制也成为可能。

3. 电控喷射系统的控制原理

（1）喷油量控制

喷油量主要由手柄位置和柴油机转速来确定，除此之外，还要根据环境条件和柴油机工作条件进行修正。

① 全负荷油量控制。

② 部分负荷油量控制。

③ 油量修正（冷却水水温、进气压力等）。

④ 断油控制。

⑤ 其他控制（怠速控制等）。

根据传感器的信号，通过查取喷油定时 MAP 获得基准喷油定时，然后进行冷却水水温等的修正、计算所需的喷油定时，最后输出到驱动电路，电磁阀根据控制器发出的控制信号，控制燃油的喷射。为了实现柴油机的最佳燃烧，应根据运行状态和环境条件等因素来控制最佳的喷射时刻。

（2）喷油压力控制

喷油压力控制主要采用共轨压力控制方式。共轨压力控制主要是通过调节供油泵供油时刻，来使轨中的压力达到设定值并稳定。

控制策略采用 PID（比例、积分、微分）算法，根据工况得到的目标轨压和共轨压力传感器反馈的实际压力，比较计算出最终的供油时刻。

最佳喷油压力（目标喷油压力）是柴油机转速和扭矩的二元函数，应进行进气压力、进气温度和冷却水温度补偿。

（3）喷油率控制

喷油率是柴油机燃烧过程中需要控制的重要参数之一。为了同时改善柴油机的动力性和经济性，降低污染物和噪声排放，理想的喷油率曲线形状是与理想的燃烧过程相适应的，据此喷油可以形成最佳的混合气，实现理想的燃烧过程。

4. GEVO16 型柴油机的控制单元

GEVO16 型柴油机的控制单元如图 6-12 所示。

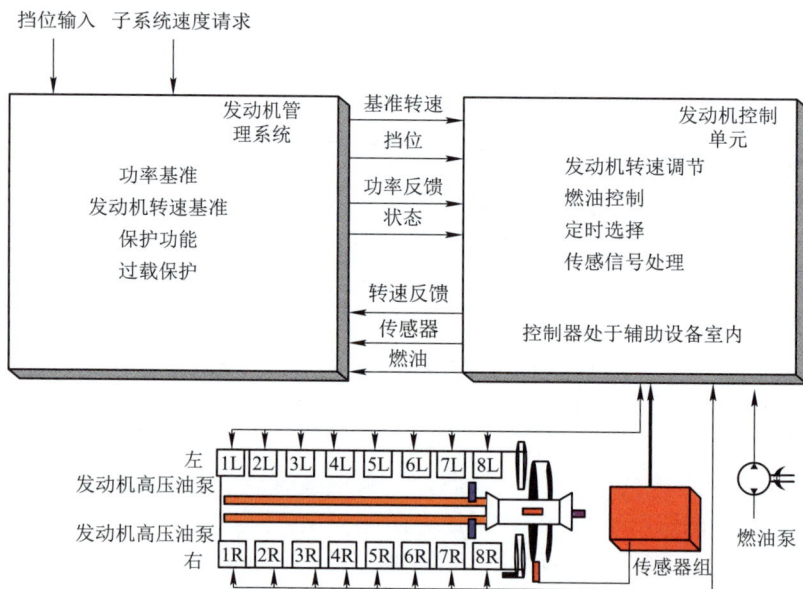

图 6-12　GEVO16 型柴油机的控制单元

GEVO16 型柴油机的控制单元，是一种以微处理机为基础的控制系统。与传统的机械调速器相比，GEVO16 型柴油机的控制单元不仅仅是改变了柴油机的喷油控制方式，更重要的是能全面监测柴油机的运行状态，实施精确的反馈调控，必要时还能采取保护措施。柴油机的控制单元已成为柴油机调控的重要组成部分。

控制单元监控运行参数，并提供柴油机保护功能。有关柴油机运行状态的信息通过各种传感器获得。控制单元还具有经过改进的诊断功能，对柴油机某些运行参数进行监控和识别，当发现参数超出正常值范围时，会提醒车载微机系统采取降低柴油机转速、降低交流发电机负荷或励磁等措施。

　　布置在机车和柴油机上的传感器是控制系统的基本信息源，其中柴油机喷油定时是依靠在柴油机上设置的 2 个曲轴速度传感器（EC1S 和 EC2S）实现的。

　　曲轴速度传感器为电磁性传感器，用于检测曲轴的转速。曲轴上装有一个 89 齿（加1 个缺失齿）的正时齿轮，曲轴速度传感器通过检测正时齿轮上的齿来确定曲轴在旋转过程中的位置。这就使控制单元能够正确控制燃油的输送，同时将柴油机的转速信息在必要时传送给智能显示器。图 6-13 是曲轴转速传感器的安装位置。

图 6-13　曲轴转速传感器的安装位置

5. 电控喷射系统故障诊断

　　故障诊断是柴油机控制单元的一个重要组成部分，是柴油机电控系统产品化的可靠性与安全性的重要保障。目前各种柴油机电控喷射系统均具有故障诊断系统。

　　故障诊断通常由控制软件完成，一般在仪表板上设有故障指示灯，并可以输出故障代码。

　　故障诊断监测柴油机运行状况，采集其运行参数以确定柴油机电控喷射系统是否发生故障，如果发生故障，则利用故障处理策略使发动机继续运行。

　　①实时检测输入信号，包括传感器信号、操作人员控制开关信号等，根据工作状态判断信号是否有效。

　　②实时检测输出信号及执行器的工作状态。

　　③记录故障信号的故障代码，以及故障发生前后信号随时间变化的特征采样值。

　　④使控制软件在故障发生时执行安全保护模式下的控制子程序。

　　⑤接受故障诊断仪与维修人员的通信控制，能够向故障诊断仪发送故障信号及系统信息，并能在故障指示灯上显示故障代码。

　　当微处理器出现故障时，接通备用集成电路，用固定信号控制发动机进入强制运转。

　　注意：备用系统只能维持基本功能，而不能保证正常的运行性能。

任务 6.7　联合调节器常见故障及处理

　　机车联合调节器故障是一个惯性问题，对于这类故障，如果司机判断、处理不当，很容易造成机破，给铁路安全运输造成很大影响。内燃机车柴油机发出的功率，大部分供给传动装置，转变为牵引列车的能量；小部分供给辅助装置，以保证机车的正常运转。当柴油机发出的功率和这两部分消耗的功率相平衡时，柴油机就稳定在该工况下工作。柴油机的负荷发生变化时，将导致柴油机转速的降低或升高。如果不及时调节供油量，则柴油机的转速会随外界负荷的瞬时变化而忽高忽低的波动。如果柴油机在空转或低转速情况下运转，由于外界负荷突然增大，就会使柴油机所发出的功率不足以维持原平衡转速的运转而出现降速现象。当转速过低时，燃油的供给及喷射系统就会进入喷油不稳定区，气缸内混合气形成条件变差，柴油机最终将熄火而停机；如果柴油机原来在较大负荷与转速下运转，由于外界负荷突然减少，柴油机的多余功率就会导致转速迅速上升，对于供油量不能自动调节的柴油机来说，将导致飞车。

1. 联合调节器游车故障

造成游车的主要原因如下。

① 联合调节器内工作油品质及油位不当。工作油黏度低或渗入低黏度的燃油时，造成联合调节器内油压不足，并使各处泄漏增多，从而使联合调节器处于经常微调之中。油位过低，易使工作油温度升高，黏度下降，油压不足；油位过高，易在旋转机件搅动下产生大量的泡沫，也会造成油压不稳及供油不畅，使联合调节器出现转速不稳定现象。

② 补偿系统不协调。补偿针阀开度过大或松动，调速滑阀追随柱塞运动的起始点延迟，追随速度慢、动作幅度小，对气缸内的喷油量过调，柴油机转速波动幅度大，在柴油机空载工况时，转速游动极为显著；联合调节器补偿系统中的缓冲弹簧预紧力不合适，储气筒漏气，补偿活塞处泄漏过大等引起滑阀追随动作迟缓，从而产生游车。

③ 联合调节器内各配合件加工组装质量不良。

④ 控制机件的磨损。控制机件（如动力活塞、补偿活塞、柱塞、调速滑阀等）磨损，使配合间隙增大，压力油漏泄较多，因而经常产生微调，造成动作不灵敏、不协调，出现转速波动。此外，增、减载针阀开度过大，影响到功率调解过程的平稳性，也会使柴油机出现游车，但大多出现在提手柄加载时。

对游车的处理及预防措施如下。

① 检查联合调节器的工作油位，如果工作油位过低，首先应查看有无漏泄处，一般采取外观目检法进行，同时检查联合调节器下体油封是否失效。对出现泄漏的地方进行消除，然后加油到工作油位（注意：加油时要用绸布过滤）。如果工作油位过高，可以进行放油。如果工作油太脏，可以更换清洁的工作油；更换新油时必须把联合调节器内部清洗干净，第一遍用柴油清洗，第二遍用调速器油清洗，最后加入调速器油才能使用。

② 调整缓冲腔的容积，如果发现储气筒漏油，应及时加油或进行处理。可以将储气筒向下转180°，使其底部朝上，拧开其上面的螺堵，加入适量的工作油，然后拧紧螺堵，恢复储气筒的正常油位。

③ 在对联合调节器的检修中，按检修工艺要求，通过做磨合试验、功率整定试验等来调整补偿针阀、增载针阀、减载针阀的开度大小。

④ 检查联合调节器内匀速盘中轴承本身的质量和运转状态，有不符合要求的，及时进行处理。检查扭簧的高度，扭力应均匀，不合适时应及时进行调整或更换。组装部件时，各配合件之间的间隙尺寸应严格按照检修工艺要求进行测量，一定要保证尺寸符合要求，运动件相对作用良好。

⑤ 检修油泵齿轮时，检查齿轮啮合状态及从动齿轮的安装情况，若储油室油压不足，

则此项更应严格检查。油泵主动齿轮和从动齿轮之间的间隙不得超过 0.4 mm，齿轮啮合痕迹在齿长上不得少于 70%。

2. 电磁联锁（DLS）故障

该部件在机车运行中出现故障的主要表现是：柴油机出现停机现象或停机后再次启动不起来，或柴油机启机后松开 1QA 后柴油机又停机。出现此故障，主要是由于电磁联锁线圈烧损，电磁联锁线圈下停车阀杆短，不能堵住油路。对于这类故障，运行中多采用人为顶死电磁联锁。启机运行后要加强操纵台机油压力表的监测，机油压力不得低于 100 kPa。

对电磁联锁故障的预防如下。

①小、辅修时，认真检查电磁联锁线圈的接线是否良好，发现松动或破损，应及时进行修复。

②检修联合调节器时，电磁联锁阀杆的位置必须调整合适，电磁联锁线圈无过热绝缘损坏现象，通、断电后吸合与断开能力良好，不得有卡滞，线圈安装牢固，对有问题的线圈应及时更换。

3. 柴油机转速失控处置不当

事由：2011 年 7 月 11 日，DF$_{8B}$ 型 5547 机车，牵引 WF308 次货物列车，运行在兰新线哈密至柳园区段的大泉站外。回主手柄过程中，柴油机转速突然上升，立即断开燃油泵开关 4K，提主手柄加载，柴油机不能加载。这时学习司机进入机械间按下紧急停车按钮，柴油机再次加载不成功，于 3 时 46 分在大泉站 4 道停车。检查机械间发现前通风机尼龙绳断开，与段技术支助热线"110"联系，按专业技术员指导，更换了前通风机尼龙绳，于 4 时 47 分从大泉站开车，站内总停时 61 min。

分析：该台机车返回段内后，经检查，前、后通风机与主发电机通风机的尼龙绳断成几节，通风机内叶片全部脱落进入通风道内，六台牵引电动机的通风网罩上均有通风机叶片残片；柴油机 D1、D9 缸高压油管漏油，机械间两侧地板上均有燃油油渍，喷油泵供油齿条与供油拉杆均无卡滞。查询此次 LKJ 记录，该机车在进入大泉站前回主手柄时，当转速降至 640 r/min 左右时，突增至 720～730 r/min，柴油机发生卸载，在随后的 3 s 内转速陡升至 1 400 r/min 以上（因此发生"飞车"），随后转速降至 1 100 r/min（持续 11 s），然后经 35 s 后柴油机转速降至 0。

在进站回主手柄时，因供油拉杆卡滞，使供油量大于需求量，柴油机转速发生飞升。在转速从 640 r/min 升至 730 r/min 时，机车被卸载，供油量相对增大，造成柴油机转速在 3 s 内从 730 r/min 升至 1 400 r/min 以上，柴油机发生"飞车"，从而造成了严重的机械性损坏。

注意，柴油机发生"飞车"，极限调速器已起保护作用，再按紧急停车按钮不起作用。

预防措施：此故障属于机械性破损故障。机车出段前应仔细检查柴油机供油拉杆系统，不得有卡滞现象。机车运行中遇高压油管泄漏，应尽可能避免在途中处理。当机车卸载主手柄，发生柴油机转速"飞升"时，应立即停止降低手柄位，禁止进行柴油机卸载，此时可立即断开燃油泵开关 4K，使柴油机两侧燃油总管内燃油耗尽而自然停机，或检查供油拉杆卡滞位置，将柴油机加载情况处理好。特别是禁止在柴油机发生"飞车"后，继续启动柴油机运行。

复习思考题

1. 柴油机为什么要设置调节器？

2. 16V240ZJB 型柴油机的联合调节器的补偿系统由哪些机件组成？其作用如何？

3. 手柄在保持位，柴油机外界负荷瞬时增加，试说明 C 型联合调节器的综合动作过程及结果。

4. 16V240ZJB 型柴油机通过联合调节器自动停机的因素有哪些？

5. 16V240ZJB 柴油机为何不能超速运转？

6. 简述 C 型联合调节器的动作原理。

7. 柴油机惯性停车的主要原因有哪些？

8. 造成供油拉杆卡滞的因素有哪些？

模块 7 柴油机机油系统

学习目标

- 掌握 16V240ZJB 型柴油机机油通路；
- 认识 16V240ZJB 型柴油机机油系统部件；
- 掌握 GEVO16 型柴油机润滑油路；
- 能处理机油系统简单的故障。

柴油机运转时，一些零部件之间发生相对运动，如轴颈在轴瓦中转动、活塞环对气缸壁的滑动等，使相对运动的零部件表面之间产生摩擦和磨损。为了保证柴油机各运动零部件可靠地运转，延长柴油机使用寿命，必须使其在工作时具有良好的润滑条件。

机油系统的任务是把清洁的、具有一定压力和适当温度的机油输送到各摩擦面，并使之循环使用。为了满足上述要求，机油系统设置了以下几部分：为维持机油合适工作温度的机油冷却装置（通常还兼顾冬季预热）；为不断清除机油中杂质的滤清装置；保证一定供油压力和供油量的机油泵。

循环流动的机油具有以下作用。

① 减磨作用。在各运动零部件摩擦面之间形成油膜，将摩擦表面隔开，减少零部件磨损和功率损耗，从而提高柴油机的机械效率并延长使用寿命。

② 清洗作用。循环流动的机油可带走摩擦表面的磨损颗粒和其他杂质，避免零部件进一步磨损，从而延长使用寿命。

③ 冷却作用。循环流动的机油带走摩擦产生的热量，降低零件工作温度，保证正常的配合间隙。此外，机油常作为冷却活塞的冷却介质。

④ 密封作用。柴油机工作时，充填在活塞环和气缸壁之间的油膜起密封作用，阻止活塞顶部的气体泄入曲轴箱。

⑤ 防锈作用。柴油机零部件表面沾有一层机油，使金属表面与空气隔绝，防止零部件表面锈蚀。

此外，机油充填在零部件之间，还有缓和冲击及减少噪声等作用。

任务 7.1 机油品质概述

发达国家将机油看作"柴油机的生存油液"。机油是在温度高、负荷大及运转快的环境下工作的，所以必须密切注意工作进程中其品质的变化。为了使柴油机零部件能承担一定的载荷，应选用具有良好的抗氧化性、较高碱值的机油，以减小零部件的腐蚀、磨损和机油分解沉淀，延长柴油机运动零部件和机油的使用寿命。

内燃机车应在每次中修及大修时彻底更换机油，在每次辅修及小修时检验油质。

1. 黏度

黏度是机油流动时分子间的摩擦内阻力及润滑性能的主要特性指标之一。为了使摩擦零部件处于最佳的润滑状态，必须选择适当黏度的机油。黏度大，容易形成一定的油压，有利于实现液体摩擦，但是在柴油机启动及低温时的阻力大，因而机械效率低，燃油消耗率增大。黏度小，摩擦阻力小，产生热量少，冷却效果好，但机油泵的压力不足，并且机油泄漏量增多，在高温及高负荷下不易保证足够的油膜厚度，因而使工作的可靠性降低。

机油在使用过程中，黏度将发生两方面的变化：一方面由于烃类的氧化聚合或低沸点馏分的蒸发损失等使黏度增大；另一方面因机油稀释使黏度下降。随着使用时间的延长，应注意机油黏度的变化。

2. 闪点

闪点是机油受热挥发，油蒸气与空气混合后遇到火焰产生短促闪火时的最低温度。闪点低的机油容易挥发，易燃，使柴油机工作不安全，所以闪点是衡量安全的指标之一。如果没有其他因素影响，机油在使用中闪点越来越高。如果闪点降低，说明机油中有柴油渗入，含有1%的柴油就可使闪点下降20 ℃左右。但随着稀释量的增大，闪点下降幅度有所减小，所以闪点的变化也是推断机油稀释程度的一个参考指标。

3. 水分

水分是指机油中含水量的多少。因为燃气窜入曲轴箱冷凝而形成的水很少，所以机油中的水分主要是冷却水系统泄漏形成的。机油中进水，就会促使形成油泥，降低机油的抗氧化性能和分散性能；还会形成泡沫，使机油乳化，油压不稳，破坏油膜；另外还会加速有机酸对金属的腐蚀并产生磨损。对于含有添加剂的机油来说，由于机油中的添加剂大部分是金属盐类，遇水会产生水解反应，使添加剂失效而产生沉淀，严重时将堵塞油路，妨碍机油的循环。当水分达到1%时，零部件磨损将增加2.5倍。

4. 不溶物

不溶于石油醚、戊烷等溶剂的杂物，称为不溶物；不溶于苯的沉淀物，称为机械杂质。近年来国外大多数铁路已取消用苯来检测不溶物，机车上即使苯可溶物的含量较大，只要机油中清净分散剂仍有效，就不至于使氧化物沉淀。

机油中的不溶物包括尘土、磨损的金属微粒、烟黑粒子、机油的氧化产物及添加剂的分解物等。可以用不溶物含量的多少来判断机油使用中的氧化污染程度和清净分散能力的大小。当不溶物含量在7%以下时，柴油机不会出现卡滞现象。

任务 7.2 16V240ZJB 型柴油机机油通路

1. 16V240ZJB 型柴油机内部循环油路

16V240ZJB 型柴油机机油储量约为 1 200 kg，其中约2/3 的机油存放在柴油机油底壳中，其余部分存于热交换器、粗滤器及管道之中。当柴油机工作时，由曲轴带动主机油泵从油底壳底部抽吸机油,具有一定压力的机油流经热交换器后分成两路:一路经机油粗滤器到柴油机总进油道;另一路(约13%的机油)送到机油离心式精滤器,经精滤后单独回流入柴油机油底壳。机油在总进油道处又分成4条支路:第1条支路进入机体V形夹角的主机油道;第2条支路穿过机体第一垂直板,用油管引到左、右凸轮轴第一凸轮轴承座;第3条支路穿过机体侧顶板,用油管引到左、右两列气缸盖摇臂轴箱、前涡轮增压器及油压继电器;第4条支路供柴油机自由端各传动齿轮、水泵轴承和调控传动箱内润滑。进入第1条支路的机油流量最多,机油在此处并列地进入九挡主轴承座润滑,除了轴瓦两侧局部外泄外,通过主轴颈上进油孔进入曲轴内部油腔、连杆轴瓦、连杆小头衬套及活塞内顶面、活塞销、活塞销座及活塞内油道。主机油道末端还有油管到两列气缸盖摇臂轴箱、后增压器及后部的油压继电器,由第一凸轮轴承座通过轴中心油道输送到各挡凸轮轴瓦及喷油泵挺柱。所有在各处冷却及润滑后的机油均回落入油底壳。图7-1是机油系统流程图。

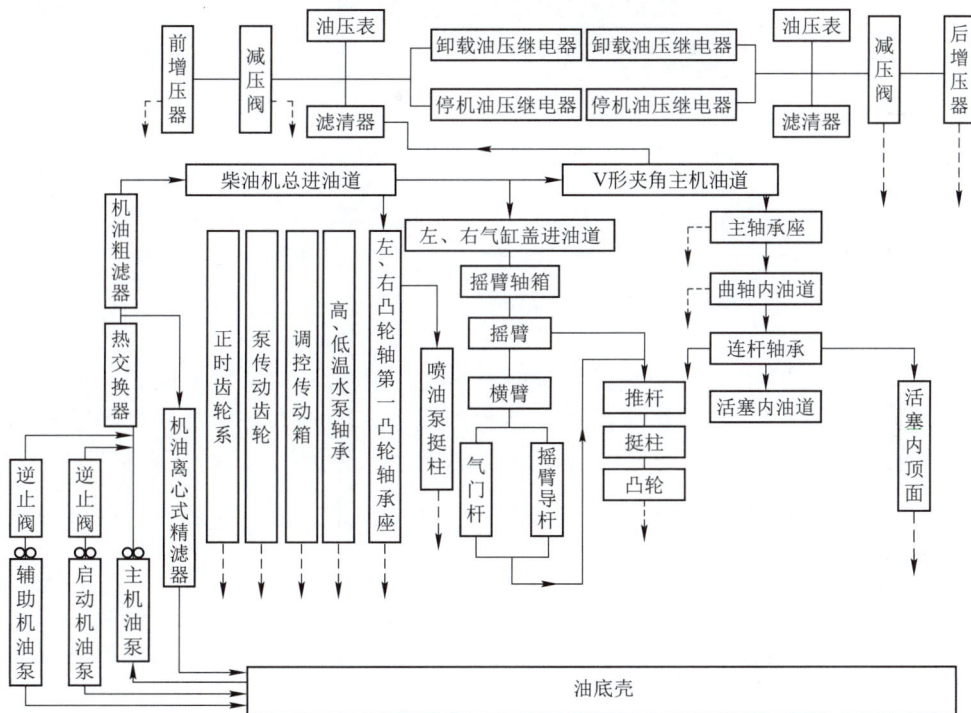

图 7-1 机油系统流程图

2. 16V240ZJB 型柴油机机外循环油路

16V240ZJB 型柴油机机外循环油路由启动、预热及主工作循环等油路组成,图7-2是柴油机机外循环油路实物图。

(1)柴油机启动油路

柴油机启动前,由于主机油泵尚未运转,为避免启动时运动件之间发生干摩擦,在机车上设有启动机油泵。柴油机启动时,由电动机单独拖动的启动机油泵从油底壳右前侧油管中抽吸机油,加压后经逆止阀进入主工作循环油路。柴油机启动油路的流程为:

柴油机油底壳—启动机油泵—逆止阀—机油热交换器—机油粗滤器—柴油机机内油路—柴油机油底壳

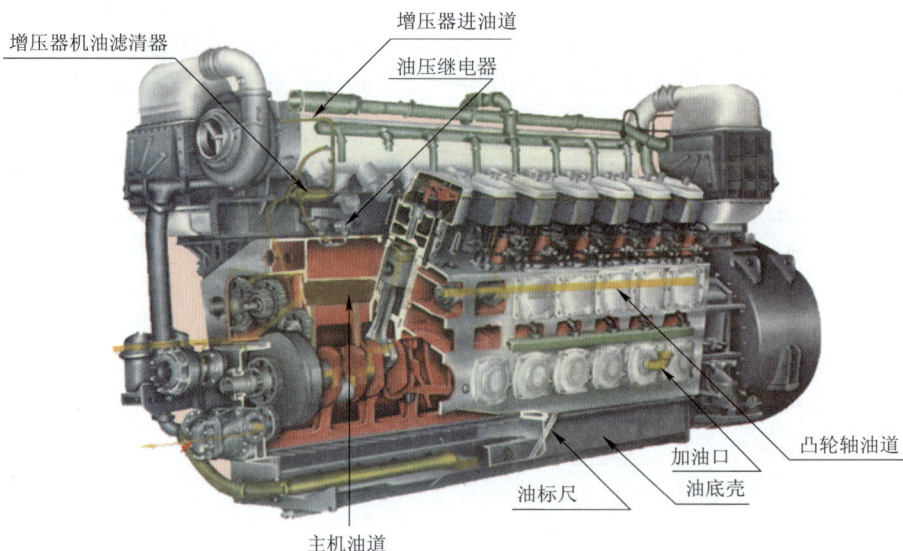

增压器机油滤清器

增压器进油道

油压继电器

凸轮轴油道

加油口

油底壳

油标尺

主机油道

图 7-2　柴油机机外循环油路实物图

当完成准备工作按下柴油机启动按钮后，启动机油泵首先开始工作，经 45~60 s 延时后曲轴开始转动。这时所有管路、油道和摩擦面都充满机油，待机油压力达到 90~118 kPa 时，可按启动按钮，柴油机启动完成。

（2）机油预热油路

在冬季，柴油机启动前或停机需保温时，可通过辅助机油泵从油底壳左前侧吸油管抽吸机油，经逆止阀进入机油热交换器，从预热锅炉来的热水在机油热交换器内与冷的机油进行热交换，然后再送至总进油道进入柴油机内循环预热。机油预热油路的流程为

柴油机油底壳—辅助机油泵—逆止阀—机油热交换器—机油粗滤器—柴油机机内油路—柴油机油底壳

（3）柴油机主工作循环油路

柴油机启动后，启动机油泵停止工作，由柴油机曲轴驱动的主机油泵投入工作。柴油机主工作循环油路的流程为：

柴油机油底壳—主机油泵—机油热交换器—机油粗滤器—柴油机机内油路—柴油机油底壳

在主机油泵出口处的弯管上设有机油压力及温度传感器，在机油粗滤器后的管路上设有机油温度表接头。16V240ZJB 型柴油机的机油系统如图 7-3 所示。

3. 加油及排油的油路

在机车车架两侧均设有油管，通到油底壳放油口，由截止阀控制，供柴油机加油或排油之用。油底壳的油位应保持在油尺两刻线之间。少量补油可从柴油机左、右侧的曲轴箱加油口处补充，但需过滤。柴油机需要少量补油的原因如下。

① 机油通过活塞环的泵油作用或从气门导管等处窜入燃烧室被烧掉。

② 机油通过增压器泄入气道内被带走。

③ 机油在曲轴箱内雾化、蒸发，并通过曲轴箱油封及检查孔盖等处泄出机外。

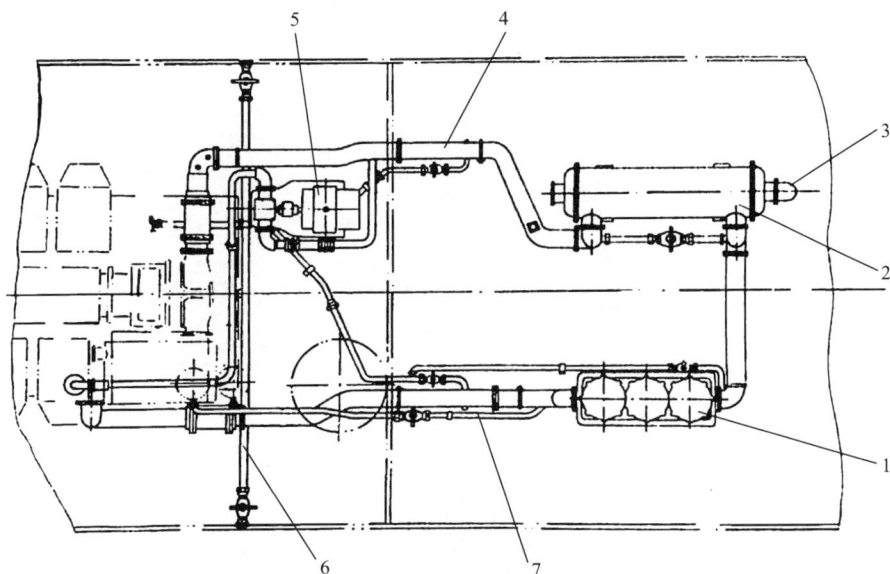

1—机油粗滤器；2—机油热交换器；3—热交换器水管；4—主工作循环管路；
5—启动机油泵电机；6—上（排）油管路；7—机油精滤器管路。

图 7-3　16V240ZJB 型柴油机的机油系统

④ 机外管道或橡胶管破裂而导致泄漏。

16V240ZJB 型柴油机日常要少量补油，其机油消耗率不超过 3.4 g/(kW·h)。

在机车架修、大修或其他需要时，为了彻底排净管道内的机油，在机油粗滤器前、后设有辅助回油管，机油热交换器前也设有回油管，由截止阀控制。当需要向油底壳回油时，将截止阀打开即可利用重力作用回油。在柴油机运转时，上述管路上的截止阀都必须关闭。

16V240ZJB 型柴油机输出端及两侧的机油管路如图 7-4 所示，16V240ZJB 型柴油机自由端的机油管路如图 7-5 所示。DF$_{4B}$ 型和 DF$_{4A}$ 型机车机油系统的主要区别是：启动机油泵与机油粗滤器交换了位置，避免了因柴油机自由端的强烈高频振动而使机油粗滤器箱体及管路开焊等故障。

为了防止机油压力过高而损坏滤清器，在主机油泵油路中设置了调压阀（限压阀）。为了防止在柴油机正常工作时机油从其他管路回流，造成供油压力波动，在启动机油泵和辅助机油泵的输油管道上装设了逆止阀。

当增压器进油管的机油压力超过 245 kPa 时，减压阀开启，机油通过回油管回到油底壳，以防止油压过高引起增压器内部窜油，造成积炭。

柴油机全负荷工作时，主机油道末端压力应不低于 294 kPa。当柴油机转速在 760 r/min 及以上工作时，如果主机油道压力低于 157 kPa，通过主机油道两端卸载油压继电器，切断牵引发电机励磁，使柴油机卸载。在柴油机各转速下，如果机油压力低于 78～98 kPa，通过主机油道两端停机油压继电器，切断调节器电磁联锁线圈的电路，使柴油机停机。在正常情况下，机油粗滤器进、出口压力差为 49～98 kPa，若压力差大于 245～264.8 kPa，机油将不经滤芯而直接进入柴油机内。

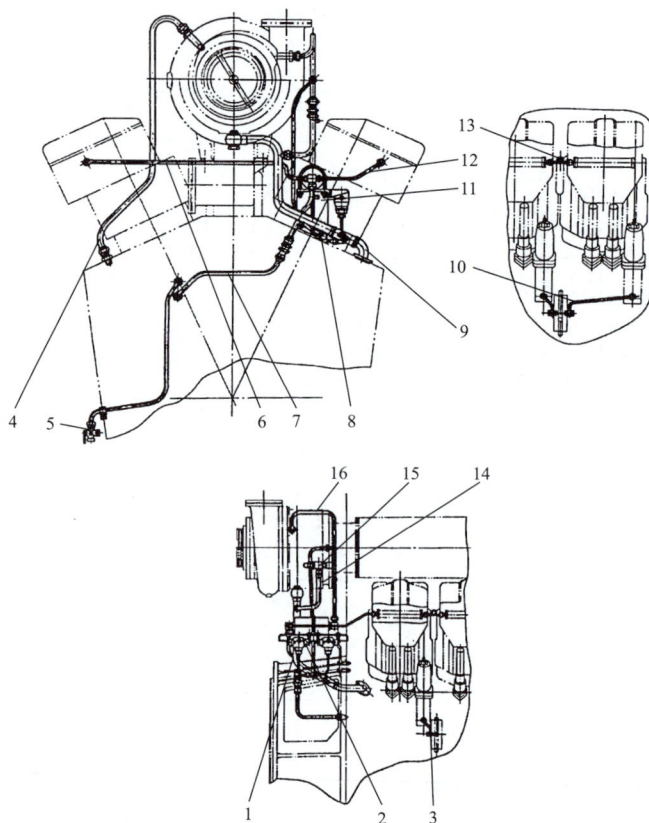

1—油压继电器；2—增压器机油滤清器；3—挺柱润滑油管；4—后增压器排气管；5—空气稳压箱排污塞门；
6—后左气缸盖进油管；7—后进油总管；8—油压继电器进油胶管；9—前增压器排油管；10—挺柱润滑油管；
11—支架；12—后右气缸盖进油管；13—摇臂润滑油管；14—减压阀泄油管；15—减压阀；16—后增压器进油管。

图 7-4 16V240ZJB 型柴油机输出端及两侧的机油管路

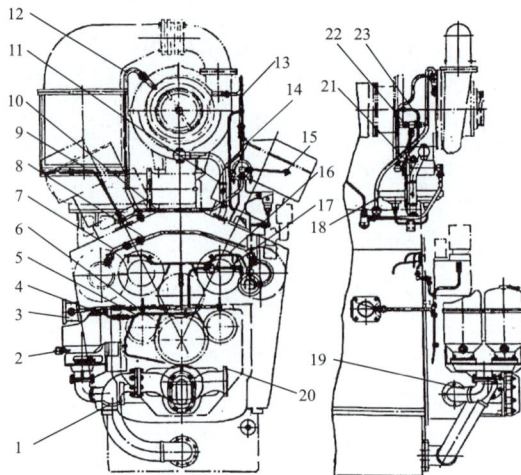

1—主机油泵进油管；2—离心式机油精滤器；3—机油总进油管；4—分油支管；5—泵传动装置润滑管；6—分油总管；
7—右凸轮轴进油管；8—左凸轮轴进油管；9—前右气缸盖进油管；10—前增压器进油管（滤清器前）；11—前增压器
排油管；12—前增压器排气管；13—前增压器进油管（滤清器后）；14—减压阀泄油管；15—前左气缸盖进油管；
16—定时齿轮润滑管系；17—调控传动箱进油管；18—油压继电器；19—离心式精滤器回油管；
20—主机油泵；21—增压器机油滤清器；22—减压阀；23—油压继电器进油胶管。

图 7-5 16V240ZJB 型柴油机自由端的机油管路

为了保证一定的机油工作温度，在静液压油路上设置了温度控制阀，并将其感温元件安装在进入热交换器前的主工作循环油管中，由该阀操纵低温风扇运转。当柴油机机油温度低于55 ℃时，冷却风扇停止转动；当柴油机机油温度高于65 ℃时，冷却风扇全速运转。为了保证一定的机油压力，柴油机机油的最高温度不应超过88 ℃。

任务 7.3　16V240ZJB 型柴油机机油系统部件介绍

1. 机油泵及泵传动装置

（1）齿轮油泵的一般工作原理

主机油泵、启动机油泵及辅助机油泵等均为齿轮油泵。齿轮油泵结构简单、工作可靠、供油均匀，其工作原理如图7-6所示。在齿轮油泵泵体内有2个相互啮合的齿轮，主动齿轮带动从动齿轮，两者转向相反，转动着的轮齿不断地将一侧油腔中的机油沿箭头的路线带走，于是不断造成该油腔瞬时局部真空，使机油从外面不断补充进来，故这一侧油腔称为吸油腔。在吸油腔另一侧，由于两轮不断送来机油，使该油腔内压力升高，机油则不断输送到输油管中，故此腔称为压油腔。

封闭在两啮合轮齿 A 处的机油由于容积缩小而受挤压，产生很大的反压力作用在齿轮轴上，使轴承加剧磨损，进而影响油泵的正常工作。为了避免这种现象，在油泵轴承座板上铣出卸压槽，受挤压的机油沿此槽进入压油腔。

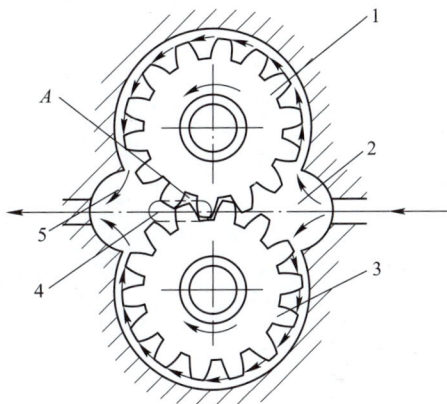

1—主动齿轮；2—吸油腔；3—从动齿轮；
4—卸压槽；5—压油腔。

图7-6　齿轮油泵的工作原理

齿轮油泵的供油量和齿轮直径、齿宽、转速、齿轮与泵体的径向间隙及轴向间隙等有关。齿轮各部分的间隙对齿轮油泵的工作影响较大。间隙过大，则机油泄漏严重，泵油压力及泵油量降低，甚至不能供油；间隙过小，则油泵也不能正常工作。

（2）主机油泵

主机油泵安装在泵支承箱的下方，由曲轴通过泵传动装置驱动。

主机油泵为人字齿轮泵，其从动人字齿轮不与主动人字齿轮直接啮合，而是由同步齿轮对带动从动齿轮轴。人字齿轮可以使轴承不承受轴向力，避免因轮齿磨损间隙增大而引起供油量的波动。图7-7是主机油泵的实物图。

主机油泵由泵体、驱动齿轮、主动人字齿轮、从动人字齿轮、主动同步齿轮、从动同步齿轮、主动轴、从动轴、滚动轴承、轴承座板、调压阀及体、调压阀弹簧、压紧螺母和泵盖等组成。

驱动齿轮装于主动轴的一端，借键与主动轴相连，它与泵传动装置中连接齿套相啮合。在主、从动轴中部各对称地安装着一对尺寸相同、螺旋方向相反的斜齿轮，每个斜

图 7-7 主机油泵的实物图

齿轮由销与轴铆合固接，由此构成人字形齿轮组件。斜齿轮由 45 号钢制成，齿轮外径为 120 mm，端面模数为 9.75 mm，法向模数为 9.5 mm，齿数为 10，螺旋角为 13°0′10″。

　　主动轴和从动轴支承在单列向心短圆柱滚柱轴承上，轴承外圈安装在铸铁制成的轴承座板上。在主动轴后端借键装有主动同步齿轮，在从动轴后端借键装有齿轮套，由 4 个定位销与从动同步齿轮连接。同步齿轮为直齿圆柱齿轮，由 20Cr 钢制成，齿面渗碳，渗碳层深度为 0.8～1.2 mm，硬度（HRC）≥58。同步齿轮的模数为 3.25 mm，齿数为 30。同步齿轮由压板和螺钉压紧在轴的后端。图 7-8 是主机油泵的构成。图 7-9 是主机油泵的剖面图。

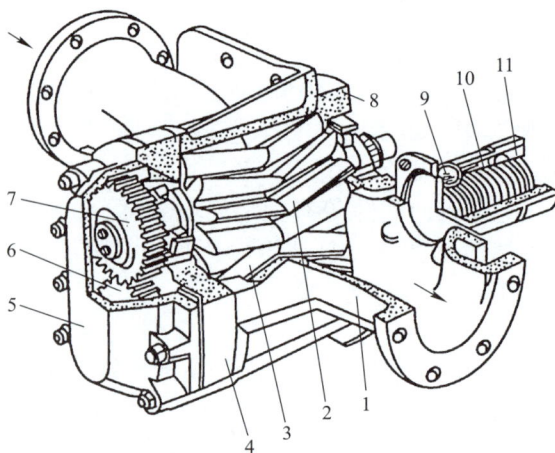

1—泵体；2—主动人字齿轮；3—从动人字齿轮；4—外轴承座板；5—泵盖；6—从动同步齿轮；
7—主动同步齿轮；8—内轴承座板；9—调压阀；10—调压阀内、外弹簧；11—调压阀体。
图 7-8 主机油泵的构成

　　泵体由铸铁制成，其内腔为人字齿轮对工作腔，左侧铸有进油口法兰，右侧铸有出油口法兰，在出油道内设有调压阀安装座。泵体及轴承外座板的下方钻有回油孔，从轴

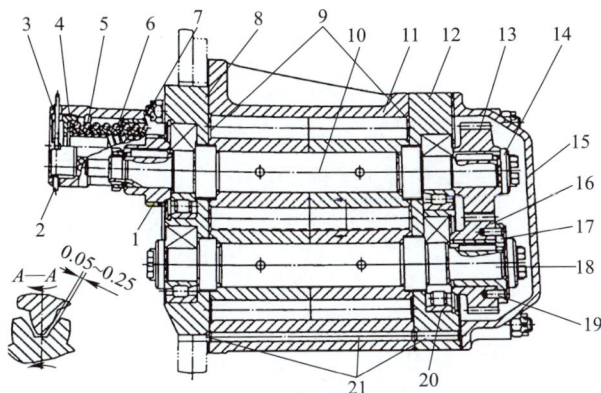

1—驱动齿轮；2—开口销；3—调压阀体；4—压紧螺母；5—调压阀外弹簧；6—调压阀内弹簧；7—调压阀；
8—轴承内座板；9—丝线或电话纸；10—主动人字齿轮组件；11—泵体；12—轴承外座板；13—主动同步齿轮；
14—压板；15—泵盖；16—从动同步齿轮；17—齿轮套；18—从动人字齿轮组件；
19—定位销；20—滚动轴承；21—回油孔。

图 7-9 主机油泵的剖面图

承流经泵盖的机油可通过此回油孔掉落到油底壳。内、外轴承座板用螺栓与泵体端面压紧，两面之间用密封胶及电话纸（或丝线）密封，并借以调整人字齿轮与轴承座板之间的端面间隙，两端面间隙之和应为 0.251~0.338 mm。在内、外轴承座板与泵体接触的一侧均铣有卸压槽，开有供轴承润滑的油沟。通过选配人字齿轮，可以保持齿轮与泵体内壁之间的径向间隙为 0.20~0.25 mm。人字齿轮对的齿侧总间隙为 0.57~0.72 mm，与主动轴旋转逆向一侧的齿侧间隙为 0.05~0.25 mm。同步齿轮对的齿侧间隙为 0.03~0.15 mm，轮齿啮合面积在齿高上不少于 65%，在齿长上不少于 70%。

调压阀（又称限压阀或安全阀）以螺栓紧固在泵体内侧的出油道上，它由调压阀体、调压阀、调压阀弹簧和压紧螺母等组成。调压阀体内装有直径为 60 mm 的杯形调压阀，阀与阀体为锥面环形接触，接触面宽不小于 0.5 mm，调压阀底面和油泵出油道相通，调压阀体壁面设有连通曲轴箱的铸孔，铸孔由调压阀杯体遮盖，当调压阀被顶起一定距离时才开通铸孔。调压阀杯体凹面上压着调压弹簧，用压紧螺母来调整弹簧的预紧力，以控制主机油泵的输出油压。调压阀的开启油压控制在 539~559 kPa。

柴油机在最高工作转速时，主机油泵的输油压力为 490~539 kPa。输油压力过低，则会影响柴油机零部件的工作；输油压力过高，则易使主机油泵传动轴折断、滤清器损坏，还会引起漏油。

配好的主机油泵应在试验台上进行磨合试验、密封性能试验和工作性能试验。在进行工作性能试验时，在机油温度为 70~80 ℃、主机油泵转速为 1 510 r/min、出口油压为 539 kPa、吸油真空度为 33 kPa 的条件下，供油量不低于 95 m³/h。

（3）泵传动装置

主机油泵由曲轴通过泵传动装置（见图 7-10）来驱动。

泵传动主动齿轮用键并以一定过盈量套装在减振器体轮毂的外圆面上，套装前该齿轮先在油中加热到 150 ℃。泵传动主动齿轮的左、右两侧分别与高、低温水泵传动齿轮啮合，下方与泵传动从动齿轮啮合，由此驱动主机油泵。泵传动主动齿轮的螺旋方向为右旋，泵传动从动齿轮的螺旋方向为左旋，齿数分别为 80 和 59，齿轮传动比为 1.356:1。

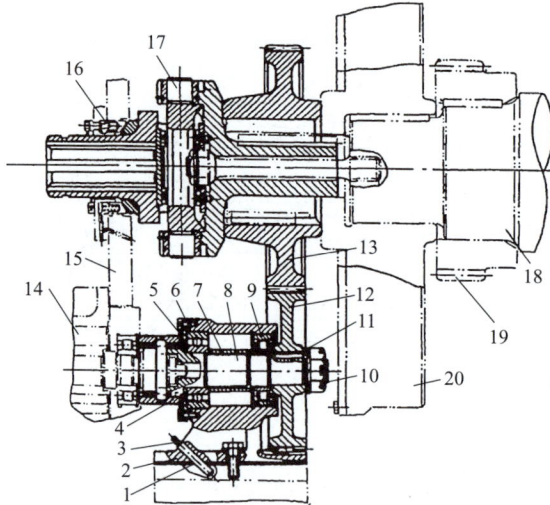

1—调整垫；2—支座；3—定位销；4—连接齿套；5—挡盘；6—压紧法兰；7—间隔套筒；8—泵传动轴；
9—滚动轴承；10—螺母；11—垫圈；12—泵传动从动齿轮；13—泵传动主动齿轮；
14—主机油泵；15—泵支承箱；16—前油封；17—万向十字节；18—曲轴自由端；19—曲轴齿轮；20—减振器。

图 7-10 泵传动装置

当柴油机曲轴转速为 1 000 r/min 时，主机油泵传动从动齿轮的转速为 1 356 r/min。

泵传动从动齿轮用键并以一定过盈量安装在传动轴的一端。传动轴中部由滚动轴承支承，安装在支座内，轴的另一端铣出连体连接齿，通过连接齿套使传动轴与主机油泵主动轴连接，使两轴之间允许一定量的轴向错位及微量的不同轴度。由于两轴之间的不同轴度会使连接齿套在转动中产生轴向窜动，因此在连接齿套的两端与滚动轴承之间设置了挡圈，以防止连接齿套窜动时与轴承端面产生摩擦。传动轴与连接齿套用 42CrMo 钢制成，连接齿轮的模数为 2.5 mm，齿数为 26。在传动轴的连接齿上开有两个缺口槽，并在连接齿套外圆面上钻有油孔，机油可进入连接齿套内进行润滑。

旧式的传动轴支座由 4 个螺栓和 2 个圆锥销固定在泵支承箱内，后改为支座与泵支承箱同铸一体。泵传动主动齿轮与从动齿轮的侧面间隙为 0.2~0.4 mm。

（4）启动机油泵和辅助机油泵

启动机油泵安装在动力室内，由 4.2 kW 的直流电动机驱动，油泵与电动机之间以齿形联轴节相连。

启动机油泵由泵体，泵盖，主、从动齿轮轴，衬套，油封及紧固件等组成，如图 7-11所示。

铸铁的泵体和泵盖分别压入 2 个衬套作轴承，衬套为铸造青铜，用定位螺钉固定。泵体的两侧设进、出油口。泵盖用螺栓和定位销固定在泵体上。在泵体及泵盖上开有卸压油沟，油泵内的机油可通过此油沟润滑衬套。齿轮端部与泵体及泵盖间的总间隙为 0.10~0.75 mm，齿轮与泵体间的径向间隙为 0.13~1.205 mm，轴和衬套之间的间隙为 0.06~0.09 mm。

主动轴伸出端处设有油封座，油封座用螺栓固定在泵体上，座内装有油封和弹簧，防止主动轴伸出端漏油。其他轴端都有端盖压紧。

启动机油泵组装后在试验台上进行试验：当油温为 70~80 ℃、吸入真空度为 26.6 kPa、

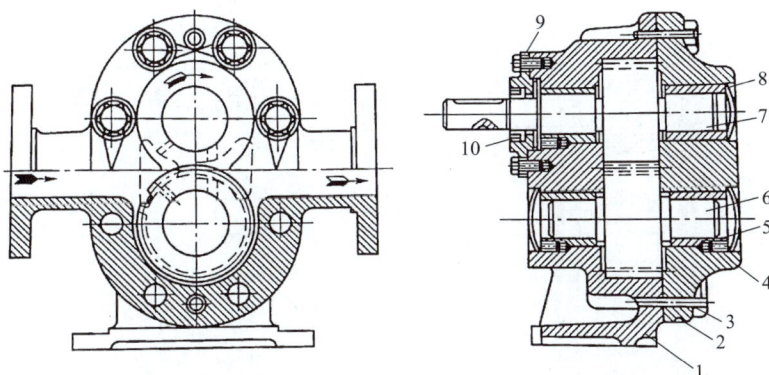

1—泵体；2—泵盖；3—定位销；4—定位螺钉；5—端盖；6—从动齿轮轴；
7—主动齿轮轴；8—衬套；9—油封座；10—油封。

图 7-11　启动机油泵的结构

油压为 245 kPa、转速为 2 200 r/min 时，泵的供油量不少于 12 m³/h。

2. 机油滤清器

机油滤清器有粗滤和精滤两种。粗滤器的滤芯有网式、刮片缝隙式和绕线式等类型，它们的滤清细度较低，只能滤去直径为 0.05~0.1 mm 的杂质，但流通阻力较小，机油流量较大，因此可串联在柴油机主工作循环油路中。精滤器的滤芯有离心式、锯末、微孔滤纸及金属粉末烧结等类型，可滤去直径为 0.005~0.03 mm 的杂质及部分胶状物质，其流通阻力较大，机油流量小。离心式精滤器只与主工作循环油路并联，精滤后的机油直接流回油底壳。

（1）机油粗滤器

16V240ZJB 型柴油机的机油滤清器安装在机车冷却室左侧。在 1991 年前采用的是绕线缝隙式滤芯和铜网滤芯复合的机油粗滤器，其后则全部换成化纤毡机油滤清器，但仍沿用原来的滤清器体和缝隙式滤芯的部分零件。图 7-12 是机油粗滤器实物图。

图 7-12　机油粗滤器实物图

缝隙铜网式机油粗滤器主要由滤清器体、滤芯组、旁通阀及下盖等组成，如图 7-13

所示。

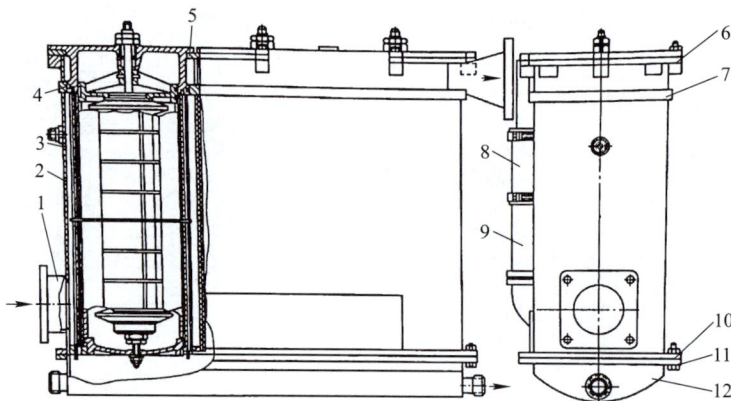

1—进油管；2—滤清器体；3—滤芯组；4—密封圈；5—密封垫；6—上法兰；7—中间法兰；
8—软管；9—旁通阀；10—下法兰；11—下盖法兰；12—下盖。

图 7-13　机油粗滤器的结构

化纤毡机油滤清器的结构如图 7-14 所示，以下皆以该种滤清器为例进行介绍。

① 滤清器体及下盖。滤清器体由 3 个圆筒、上下法兰及中间法兰等焊接而成，中间法兰将滤清器体分为上、下两腔。当滤芯组装入滤清器体后，构成滤前油腔和滤后油腔，滤前油腔（下腔）与进油道相通，滤后油腔（上腔）与出油道相通，为防止过滤时机油"短路"，在中间法兰与滤芯组之间的接触面处采用橡胶圈密封。在滤清器体上设有进、出口油压表接头，油压表安装在动力室侧壁仪表盘上。

下盖采用钢板焊接并用螺栓紧固于滤清器体底面，两者之间采用石棉橡胶垫密封。下盖两端还焊有 2 个机油管接头，接通离心式机油清滤器和排油油路。

② 滤芯组。化纤毡滤芯是用一定直径、一定长度的化纤，加工成一定厚度的毡状物体，经过处理后制成一定形状的滤芯。通常用耐机油的黏结剂将内、外筒及端盖和滤芯牢固地黏结在一起。

机油以一定的压力进入滤清器下腔后，在通过化纤毡滤芯时得到滤清，滤清后的机油从内筒流向上腔，然后由出油口送出。

化纤毡滤芯在性能上有以下优点：过滤精度可达 15 μm，不仅满足了大功率高增压柴油机的要求，而且还可以提高柴油机的耐久性、可靠性，为延长内燃机车大修里程奠定了基础；过滤阻力小，在柴油机工作范围内阻力变化很小，这对保持柴油机机油压力稳定、保证可靠的润滑是十分有利的；由于兼有表面过滤和深式过滤的优点，化纤毡滤芯纳污能力强、寿命长，可使用很长时间而不用更换。

化纤毡滤芯除性能优良外，还具有结构简单、质量小、生产成本及使用费用低等优点。

③ 旁通阀。为了防止在滤芯堵塞时柴油机得不到充足的机油，在上、下腔之间装有联通管和旁通阀。旁通阀由阀体、阀、弹簧及堵等组成，如图 7-15 所示。当阀的上、下方（进、出油腔）油压差大于 245~265 kPa 时，阀被下方的机油顶开，机油便不流经滤芯而直接进入柴油机的主机油道。这虽然对柴油机润滑不利，但这是机油系统中非常必要的应急措施。

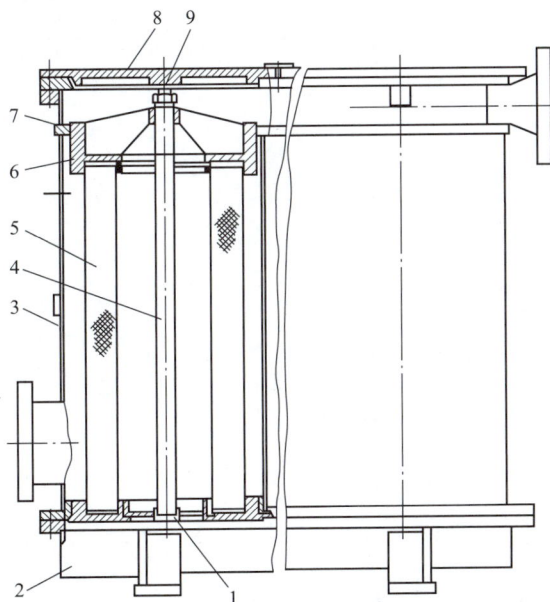

1、7—O 形密封圈；2—下盖；3—滤清器体；4—芯轴；5—滤芯；
6—压芯盖；8—盖；9—紧固件。

图 7-14　化纤毡机油滤清器的结构

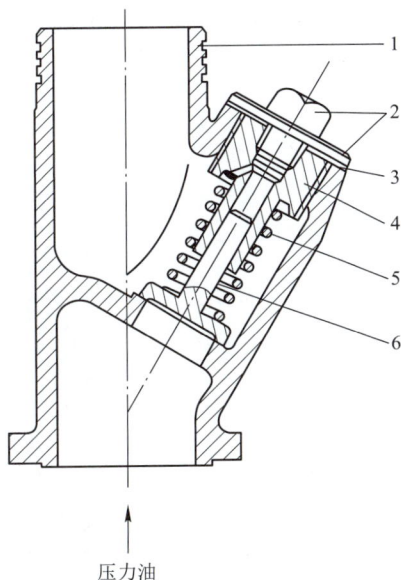

1—阀体；2—盖；3—垫片；4—堵；
5—弹簧；6—阀。

图 7-15　旁通阀的组成

机油滤清器在机油温度为 80～90 ℃、流量为 95 m³/h 时，压强小于或等于 20 kPa。当压强等于或超过 100 kPa 时，应更换滤芯。

（2）离心式机油精滤器

离心式机油精滤器安装在泵支承箱的右侧。离心式机油精滤器允许机油的流动阻力较大，这样可以达到较高的滤清细度。由于机油流经精滤器后压力损失较大，不宜再进入主机油道，故只能返回曲轴箱。采用机油分流滤清的主要目的是不断更新机油，以逐步改善进入主机油道的机油质量。图 7-16 是离心式机油精滤器实物图。

图 7-16　离心式机油精滤器实物图

为了保证一定的滤清油量，离心式精滤器采用2个并联的滤清组，并列地安装在同一支架上。离心式精滤器由转子，上、下轴承衬套，喷嘴，衬纸，外体，外盖等组成，如图7-17所示。

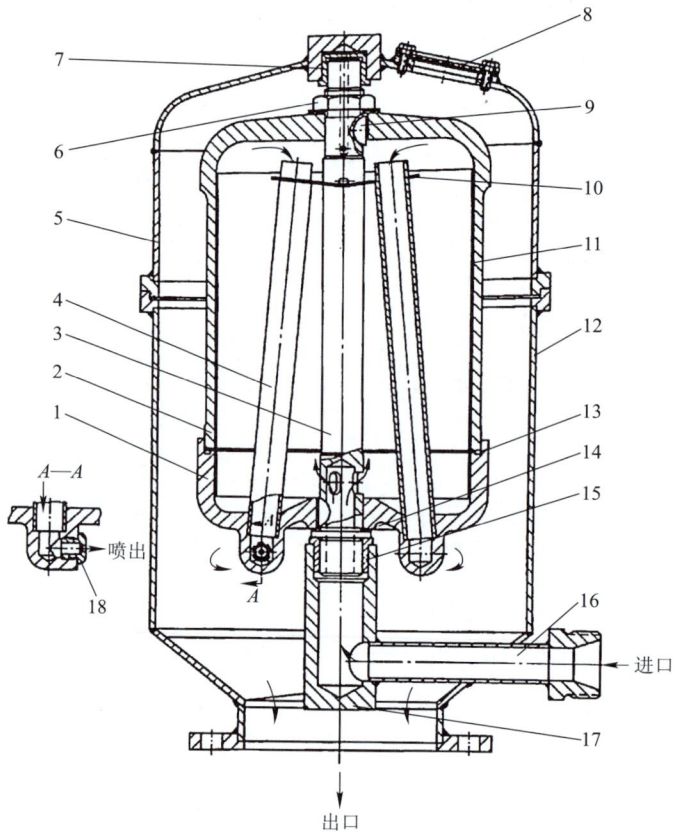

1—转子体；2—转子盖；3—转子轴；4—集油管；5—外盖；6—压紧螺母；7—上轴承衬套；8—玻璃观察孔盖；9—半圆键；10—固定片；11—衬纸；12—外体；13—密封圈；14—垫片；15—下轴承衬套；16—进油管；17—轴承座；18—喷嘴。

图 7-17　离心式机油精滤器的结构

① 转子。转子由转子体、转子轴、转子盖、集油管及衬纸等组成。转子的内径为160 mm。为了减轻转子的运动质量，以便于在启动时加速转动，转子体和转子盖采用铸铝材质。转子盖装在转子体的支承凸肩上，借转子轴上的螺母压紧。转子体和转子盖的内壁上贴有衬纸，衬纸的粗糙表面使杂质微粒易于黏附，并在转子低转速时不会落入机油中。

集油管的下端插装在转子体的喷嘴座内，上端用弹簧固定片和转子轴联系，起定位和减振的作用。为了提高机油的滤清细度，集油管倾斜5°靠向转子轴，使其进油口离转子内壁稍远而喷油口离中心较远，以减少杂质微粒混入上部集油管口，同时又可得到较大的旋转力矩。

2个喷嘴借助螺纹固定在转子体的喷嘴座上。喷嘴对称于转子轴线，且沿水平方向布置，2个喷嘴的方向相反。喷嘴的喷孔直径为3.5 mm，2个喷孔相距102 mm。喷孔的大小对喷油速度及推力有较大影响。为了避免2个喷嘴的推力不同而造成附加的振动和磨损及转子转速的过高或过低，应注意两个喷孔的尺寸和圆度的变化。

转子体与转子盖通过半圆键传动转子轴，轴与转子体、转子盖同速旋转，转子轴下部呈空心管状，空心管部有 3 个径向孔，该孔道使进油管和转子内互通，这就使机油在进入转子后有一定的回转速度，因而可以减少机油涡流，有利于提高机油的滤清效果。转子轴两轴颈安装在滤清器外体和外盖的轴承衬套内，轴颈进行淬火，硬度为 HRC50~55。

② 外体和外盖。外体和外盖之间用螺栓连接并加有石棉垫。在外体的下部焊有出油孔连接法兰，内部焊有转子支承座和进油管。在外盖上有转子轴承座和检查孔盖。

上、下轴承衬套由铸造锡青铜制成，分别压装在外盖和外体内。为了使转子在工作时处于悬浮状态，以尽量减小转动阻力，应使下轴承衬套的内径大于上轴承衬套的内径。转子轴颈与上、下轴承衬套的配合间隙为 0.04~0.093 mm。

滤清原理是：利用机油和杂质的密度不同，在高速旋转时产生离心作用将杂质分离出来，这种分离是通过高速回转的转子实现的。

在柴油机运转时，主机油泵供给离心式精滤器一部分具有一定压力的机油，从进油管经过转子轴下方的 3 个径向孔进入转子，自下而上地到达转子上部进入集油管内，并在管内自上而下地经 2 个喷油嘴以相反方向高速喷出。由于转子受喷油流反作用力的推动而高速转动，转子内的机油也因此随之高速旋转，从而使机油中的杂质被甩出，并黏附在转子内壁的衬纸上。转子芯部被净化的机油则不断地进入集油管并通过喷嘴喷出，然后从回油道流进油底壳。

离心式精滤器的工作性能（滤清细度和滤清油量）与转子的转速、喷孔直径、喷嘴距离、供油压力、温度及黏附条件等因素有关，并具有容污量大、清洗周期长和清洗方法简单等特点，其清洗里程为 10 000~15 000 km。16V240ZJB 型柴油机的离心式精滤器在油温为 80 ℃、进油压力为 637.4 kPa 时，转子的转速大于 5 000 r/min，每个滤清组油量不少于 35 L/min。

（3）增压器机油精滤器

涡轮增压器的转子在高转速下工作，转子轴颈与三油楔轴承的配合间隙较小，因此要求机油能得到更好的滤清。由于增压器与柴油机使用同一机油管系，因而在机油进入增压器前再通过机油精滤器，使机油进一步得到滤清。

增压器机油精滤器由焊有进油接头座的筒体、出油盖、滤芯及芯杆等组成，如图 7-18 所示。

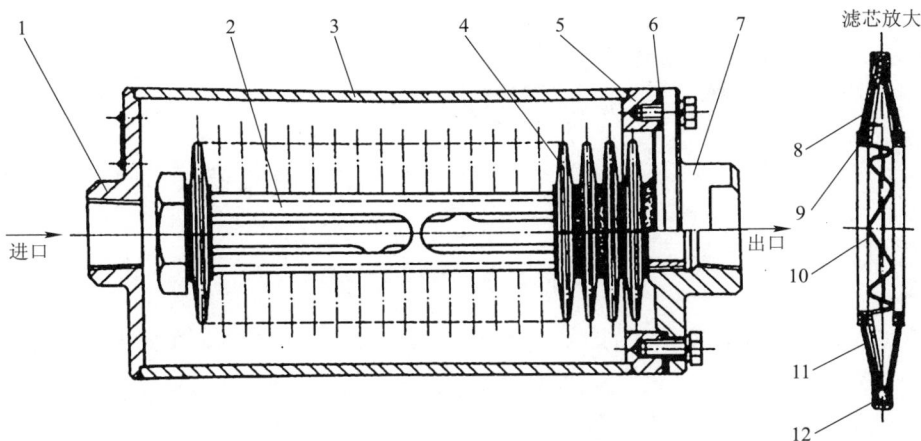

1—接头座；2—芯杆；3—筒体；4—滤芯；5—法兰；6—橡胶石棉垫；7—出油盖；
8—支承网；9—内环；10—中间支承；11—滤网；12—外包圈。

图 7-18 增压器机油精滤器的结构

滤芯由 20 个盘形滤芯片组成。两个盘形滤芯片之间设有薄钢垫圈,芯杆为一个空心的长螺杆,杆身上铣出连通内外的扁圆形孔,借螺母将盘形滤芯及垫圈压紧在滤清器盖的接头座内。

从主油道引出的机油进入增压器机油精滤器,经铜丝滤网滤清后,通过芯杆内孔后由出油口经管路送入增压器。

当油温为(80±5)℃、油压为 294~343 kPa、流量为 45 L/min 时,进、出口油压不得大于 19.6 kPa。

增压器机油精滤器的清洗里程为 10 000~15 000 km。

3. 机油热交换器

柴油机运转时,有 6.3%~8.25% 的热量被机油带走,使机油温度不断上升,如不及时冷却,机油黏度将迅速下降,从而使机油氧化变质,油膜变薄,零部件摩擦、磨损增大。机油热交换器可以使机油降温,在冬季还可以对机油进行预热。

16V240ZJB 型柴油机有 2 个构造相同的热交换器,安装在机车冷却室内右侧。2 个热交换器的水管路采用串联方式连接,而机油管路采用并联方式连接。热交换器为密排水管换热式机油冷却器,冷却水在管内流动,机油在管外流动,通过管壁进行热交换,冷却水由柴油机低温水系统提供。

机油热交换器主要由进水盖、出水盖、筒体、活动管板、固定管板、大隔板、小隔板、铜管及密封圈等组成,如图 7-19 所示。

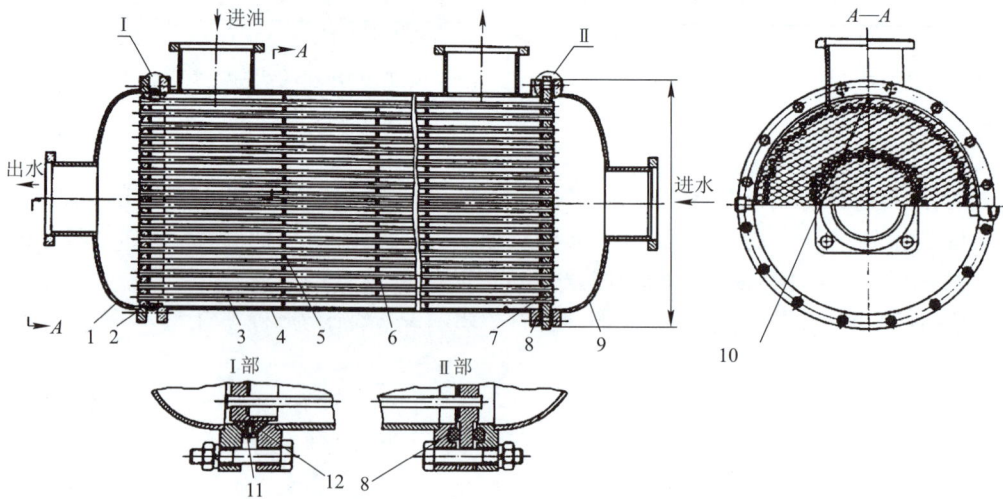

1—出水盖;2—活动管板;3—铜管;4—筒体;5—大隔板;6—小隔板;7—固定管板;
8、12—O 形密封圈;9—进水盖;10—隔条;11—压环。

图 7-19　机油热交换器的结构

机油热交换器筒体两端焊有法兰,分别与进、出水盖相紧固。在筒体侧壁上焊有进、出油口,上方设有放气阀。进、出水盖上分别焊有进、出水口,放水阀接头及检查堵。筒体底部设有放油管及放油阀。

机油热交换器的芯部装有呈三角形排列的 868 根铜管,其直径为 8 mm,壁厚为 0.75 mm,长度为 1 150 mm,管中心距为 10 mm。铜管端部经扩口后锡焊在两端管板上。

与进水盖固定的筒体管板称为固定管板。装在出水盖端筒体内孔中的管板可以自由伸缩，称为活动管板，以补偿筒体和管组受热后不同的膨胀量。在两管板之间布置有 7 块隔板，其中 4 块隔板为大隔板（中部有通孔），3 块为小隔板（边缘留有通道），大、小隔板间隔布置。隔板作为管组的中间支撑，并造成机油的迂回流动，用以控制机油的流速，增加机油热交换器的传热系数。

为了防止机油热交换器内油水互窜，在活动管板外圆两道圆形橡胶密封圈中间装有压环，一旦密封圈失效，油或水即可从压环上 24 个径向孔流出，以便及时发现和采取措施。

任务 7.4　GEVO16 型柴油机润滑油路

GEVO16 型柴油机润滑油路如图 7-20 所示。

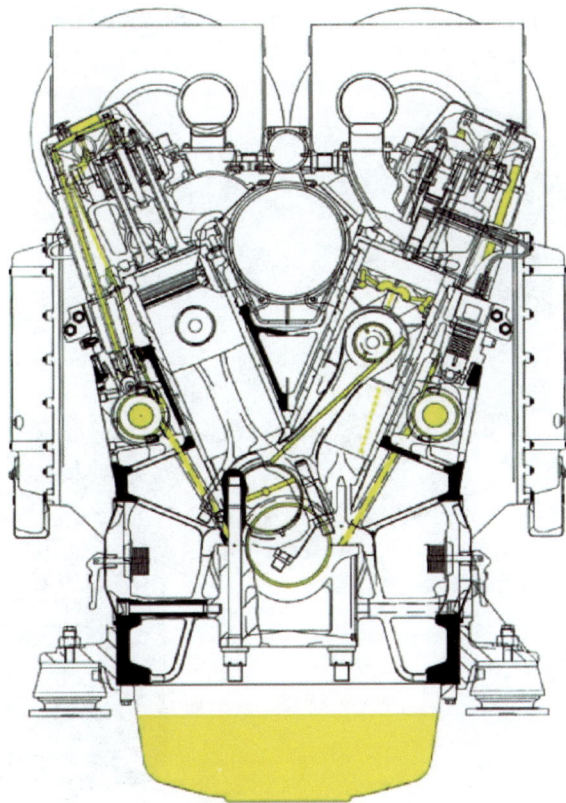

图 7-20　GEVO16 型柴油机润滑油路

油底壳中的润滑油经过滤网和吸油道及连接在油底壳端部的吸油管由润滑油泵吸入，然后泵入机车回路，经过机车回路中的润滑油冷却器和润滑油滤清器后，润滑油从过滤槽进入柴油机前端盖组件，在此分为多路，分别流向左、右凸轮轴及涡轮增压器。

　　为了在柴油机启动前使各摩擦副充满润滑油，避免在启动过程中由于摩擦副缺少润滑而导致损伤，在机车回路中设置了预润滑油泵。润滑油通过连接在润滑油泵吸油管上的油管由预润滑油泵从油底壳吸出，然后泵入机车回路中的润滑油冷却器和润滑油滤清器，最后进入柴油机前端盖组件，送往各润滑点。

　　润滑油从过滤槽进入整体式前端盖，在此分成几路分别流向左排和右排凸轮轴及涡轮增压器。润滑油流过凸轮轴润滑凸轮轴轴承。润滑油从凸轮轴轴承出来，在机体内分成两路，一路通向曲轴主轴承。该路润滑油通过曲轴内的斜钻孔流向曲柄销和连杆轴承，然后通过连杆到达活塞销，再由此流经活塞销座到达活塞头，最后返回曲轴箱。润滑油还从活塞流向油环以润滑气缸套，再靠重力回到曲轴箱。另一路润滑油从凸轮轴承的位置开始，流经机体内的钻孔进入定位座，再由此穿过气缸盖内的钻孔进入摇臂轴安装支架。润滑油从摇臂轴安装支架进入摇臂轴，然后润滑油流经摇臂去润滑横臂。摇臂中余下的润滑油向下流经中空推杆以润滑挺柱滚轮和凸轮工作段，然后返回曲轴箱。

　　润滑油泵是一个正排量设计泵（见图7-21），它有一个内减压阀（又称安全阀）。润滑油泵安装在柴油机的前端盖组件上，它借助装配在柴油机曲轴端的辅助传动齿轮驱动。

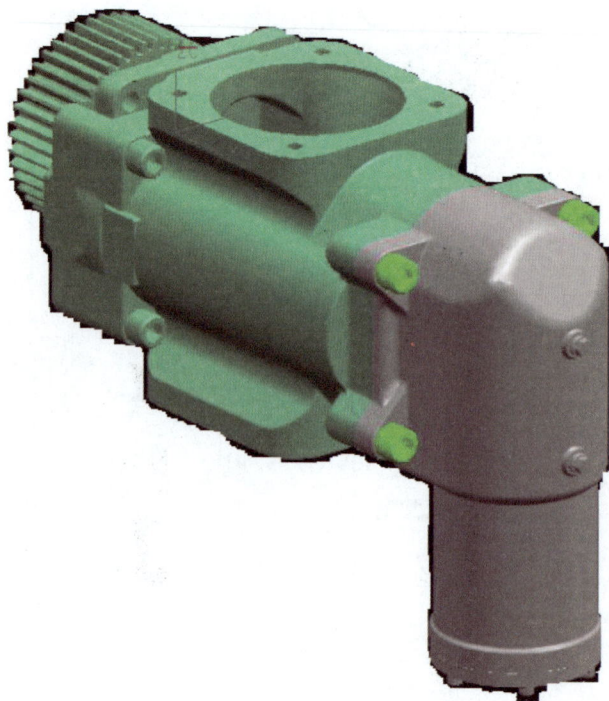

图7-21　润滑油泵实物图

任务 7.5　16V240ZJB 型柴油机机油系统的保养

1. 运用与保养

① 定期检验机油品质和油位，及时补充新油。

② 对于新机车或经大修后的机车，原则上应勤查勤换。在机车初用 50~100 h 后检验油质，视机油内杂质情况一般可进行第一次换油；机车再使用 250~300 h 后进行第二次换油。以后机车每次辅修及小修时（走行 7 000~8 000 km）检验一次油质，走行 25 000~30 000 km 时视油质指标情况决定是局部换油、全部换油还是继续使用。

③ 定期清洗各机油滤清器，并分析杂质、金属碎屑的成分和来源。注意油底壳滤油网板上的金属碎块，以判别机件损伤的情况。

④ 观察机油内渗水或稀释的进展，对于老化失效的橡胶圈及喷雾不良的喷油器，应及时更换或检修。

⑤ 在柴油机标定工况下，柴油机进口油温为 60~70 ℃，出口油温（司机室油温表）为 70~80 ℃，出口最高温度不得超过 88 ℃。机油温度在 20 ℃ 以下不启动柴油机，机油温度在 40 ℃ 以下不带负荷运转。

⑥ 柴油机停机前油温应降到 50~60 ℃，如果在高温下停机，则不利于散热，且易促使机油及橡胶件早期老化而缩短寿命。如果柴油机紧急停机，应立即开动启动机油泵向机油管系供油一段时间，以利于柴油机的保养。

⑦ 柴油机运转时如果油压突降、油温骤升，并伴有强烈异音、异味及机体颤动，则可能发生主机油泵断轴或连接齿套剃齿后拉缸、主轴瓦或连杆瓦烧损、涡轮增压器转子失去平衡后烧损轴承等故障，应紧急停机并热机盘车检查。如果油温上升较快，应检查风扇，必要时强制风扇全速运转。

另外，对油、水温度的要求如下。

① 油、水温度低于 20 ℃ 时，不得启动柴油机。

② 柴油机油、水温度低于 40 ℃ 时，禁止单机走车。

③ 油、水温度低于 60 ℃ 时，不得加载。

④ 机车运行中，柴油机油、水温度应保持在 65~80 ℃。

⑤ 柴油机停机温度应在 50~60 ℃，停机后温度保持在 30~60 ℃。

⑥ 柴油机因检修或其他原因需放水时，在水温降至 50 ℃ 以下进行。

⑦ 运行中柴油机油、水温度不得超过 88 ℃。

2. 机油系统常见故障

（1）机油压力过低

导致机油压力过低的因素很多，如连杆瓦和主轴瓦间隙或各挡间隙过大；主机油泵径向间隙或轴向间隙过大；油管破裂或通路有漏油现象；油温过高；机油稀释；主机油泵调压阀弹簧的预紧力过小或弹簧折断；主机油泵主轴折断或连接齿套剃齿；机油滤清器脏或吸油口滤网阻塞；油位过低或油内有水，使泡沫过多等。

（2）膨胀水箱内有油

热交换器内油、水互窜；感温元件安装处泄漏。在柴油机运转时，由于油压高于水压使机油窜入水系内，而在柴油机停止工作时，由于水箱的静压使水渗入油系内，故应注意同时检查油底壳及水箱，消除泄漏之处。

（3）主机油泵断轴

柴油机运转中油压突然下降，油压继电器动作，柴油机停机。

机车运行中，突然听到动力间有异音，同时司机室油压表指针出现上下波动，这是由于主机油泵主轴断裂。断裂处依靠挤压和摩擦力，在同步齿轮带动下仍能继续工作。当从动轴与主动轴转速不一致时，油压开始上下波动。

（4）机油稀释

机油稀释主要是由于柴油漏入曲轴箱内，使机油闪点和黏度大幅度下降，导致机油过早报废。机油稀释的主要原因是喷油器雾化不良、喷油压力低及柴油机长期在低速空载状态下工作等。

（5）热交换器故障

热交换器故障主要有以下几种。

① 固定管板和活动管板端有泄漏，紧固法兰螺栓后仍无效。

② 活动管板处压环的径向孔有油、水泄漏。

③ 油底壳发现有水，膨胀水箱发现有机油。

④ 热交换器冷却不良，冬季机油温度经常高于 80 ℃，夏季机油温度经常高于 85 ℃。发现上述情况之一时，应检查修复。

3. 机油压力不正常的原因

在使用过程中，柴油机常常因为机件的磨损、滤芯和冷却器堵塞、漏油或其他原因造成机油压力不正常，主要表现为机油压力过高、机油压力过低或没有机油压力。

（1）机油压力过高

机油压力过高是指机油压力表显示超过规定值。

① 机油压力显示装置失常。机油压力传感器或机油压力表失常，压力值失准，显示值过高，误认为机油压力过高。采用互换法（用好的机油压力传感器和压力表替换旧的传感器、压力表）检查机油压力传感器和机油压力表，如果显示正常，说明压力显示装置有故障，应更换。

② 机油黏度过大。机油黏度过大，流动性变差，流动阻力增大，同时机油压力升高。如果冬季选用夏季机油，就会因黏度过大而使机油压力升高。但运行平稳后随着温度的上升，逐渐回落至规定值。维护保养时应按技术资料的要求选择规定牌号的机油；冬季启动发动机应采取预热措施。

③ 压力润滑部位间隙过小或机油精滤器堵塞。压力润滑部位（如凸轮轴承、连杆轴承、主曲轴、摇臂轴承等）配合间隙过小，精滤器的滤芯堵塞，均会使润滑系统油路的流动阻力增大，压力升高。

大修后的发动机机油压力过高，往往是由于压力润滑部位轴承（轴瓦）配合间隙过小。使用已久的发动机机油压力过高，是机油精滤器堵塞造成的，应清洗或更换。

④ 限压阀调整不当。机油压力取决于限压阀弹簧弹力的大小。如果调整的弹簧弹力过大，会使润滑系统内的压力升高。应重新调整限压阀的弹簧弹力，使机油压力回落至规定值。

（2）机油压力过低

机油压力过低是指机油压力表的显示低于规定值。

① 机油泵磨损或密封垫损坏。机油泵内齿轮因磨损导致内部泄漏量增加，使机油压力过低；集滤器与机油泵结合处的密封垫损坏，会造成机油泵吸油量不足，从而使机油压力降低。此时应检查并修理机油泵和更换密封垫。

② 吸入机油泵的油量减少。如果油底壳油量减少或机油泵集滤器堵塞，都会使机油泵吸油量减小，导致机油压力降低。此时应检查油量、添加机油和清洗机油泵集滤器。

③ 机油泄漏量大。润滑系统的管路有泄漏，曲轴或凸轮轴等处因磨损配合间隙过大，造成润滑系统泄漏量增加，导致机油压力降低。此时应检查润滑管路是否破裂，按要求检查、调整曲轴、凸轮轴等处轴承的配合间隙。

④ 机油滤清器或冷却器堵塞。机油滤清器、冷却器随着使用时间的延长，机械杂质等污物增多，使机油流通的截面减小，甚至堵塞滤清器和冷却器，导致润滑部位机油压力降低。此时应检查、清洗机油滤清器和冷却器。

⑤ 机油黏度过小。如果柴油喷射雾化不良，就会使柴油油滴进入机油中，从而使机油黏度变小，机油压力下降；机油中进水，机油黏度变小，也会导致机油压力下降；机油牌号选择不正确，如夏季选用冬季机油，由于黏度过小，也会造成机油压力下降；发动机的温度过高，也会使机油黏度下降，从而引起内摩擦阻力减小，润滑系统泄漏量增加而压力减小。此时应校正喷油器，检修漏水处，按要求选择适当牌号的机油，查明发动机温度过高的原因并修复。

⑥ 限压阀调整不当。限压阀弹簧弹力过小或弹簧弹力因疲劳而折断，会使机油压力过低；限压阀（因受机械杂质的影响）关闭不严，也会使机油压力下降。此时应清洗限压阀，调整或更换弹簧。

⑦ 机油压力显示过低。机油压力传感器和机油压力表如有故障，显示值会失真，使之误认为润滑系统发生故障而导致机油压力过低。此时应检查、更换机油压力传感器和机油压力表。

（3）没有机油压力

没有机油压力是指压力表显示为 0。

① 机油压力表损坏或机油管路破裂。旋松机油压力表管接头，如有压力油流出，则是机油压力表损坏，应更换压力表。机油管路破裂而大量漏油，也会造成没有机油压力，应检修机油管路。

② 限压阀弹簧损坏。限压阀弹簧损坏，致使机油压力表显示为 0，应更换弹簧。

③ 机油泵损坏。机油泵因严重磨损导致没有机油压力，应修理机油泵。

④ 机油滤清器纸垫装反。大修发动机时，如果不注意，很容易将机油滤清器与缸体连接处的纸垫装反，进油孔与回油孔相通，机油不能进入主油道，造成没有机油压力，此时应重装机油滤清器纸垫。

另外，如果机油油量不足或旁通阀弹簧变形而导致弹力不足、关闭不严，可致机油压力表指针来回摆动，此时应添加合格的机油，检修旁通阀。

复习思考题

1. 柴油机中循环流动的机油的作用是什么？

2. 简述 16V240ZJB 型柴油机内部循环油路。

3. 16V240ZJB 型柴油机日常需要少量补油的原因有哪些？

4. 简述 16V240ZJB 型柴油机主机油泵调压阀的作用及组成特点。

5. 16V240ZJB 型柴油机机油热交换器由哪几部分组成？

6. 16V240ZJB 型柴油机机油热交换器的常见故障有哪些？

7. 16V240ZJB 型柴油机运转时如果油压突降、油温剧升，并伴有强烈异音、异味及机体颤动，则可能发生哪些故障？

8. 导致 16V240ZJB 型柴油机机油压力过低的原因有哪些？

9. 简述 GEVO16 型柴油机润滑油循环油路。

10. GEVO16 型柴油机机油压力过高的原因有哪些？

模块 8　柴油机冷却水系统

学习目标

- 认识冷却水系统的部件；
- 了解常温、开式冷却水系统；
- 了解高温、闭式冷却水系统；
- 了解冷却水系统发生故障后的处理办法。

内燃机车冷却水系统是指冷却机车柴油机、增压器、润滑油及增压空气的循环水系统，主要由水泵、空气中间冷却器、油水热交换器、散热器、膨胀水箱及各种阀、仪表、管路所组成。内燃机车冷却水系统常为常温、开式、压力强制循环水系统，其作用为：对柴油机的气缸套、气缸盖和增压器的涡轮出气壳等零部件进行冷却，以免过热，降低机械性能；对润滑和冷却柴油机各运动摩擦副的润滑油进行冷却，使润滑油温度保持在适当范围内，保证柴油机运动副间隙正常，保持润滑油性能，延长润滑油使用寿命；对柴油机增压空气进行冷却，提高空气密度，增加柴油机功率。由于各部分对温度要求不同，内燃机车冷却水系统分为两个独立的循环系统：冷却柴油机、增压器的高温冷却水系统和冷却增压空气、润滑油的低温冷却水系统。柴油机工作时，在水泵驱动下，冷却水流经柴油机、增压器、空气中间冷却器和油水热交换器时吸收的热量，在流经散热器时又将热量传递给空气；水得到冷却后，再次被水泵吸入，吸热、放热，循环流动。

内燃机车柴油机的冷却普遍以液体作为中间冷却剂，带走受热零部件的部分热量，然后输送到机车散热装置中，用空液冷却的方式将热量散入大气。柴油机通常用水及机油作为中间冷却剂，机油主要用于活塞、轴承、齿轮及各运动摩擦面之间的冷却和润滑；水主要用于气缸套、气缸盖、增压器、中冷器及机车热交换器等处的直接冷却，用于气门、活塞等处的间接冷却。中间冷却剂在管系内强制流动，循环使用。柴油机冷却水系统通常是指以水作为中间冷却剂的冷却水系统。

任务 *8.1*　常温、开式循环冷却

1. 我国内燃机车用冷却水及其处理

我国内燃机车用冷却水及其处理经历了以下三个阶段。

第一阶段采用软化水加重铬酸钾、亚硝酸钠等复合软化防腐剂，其防垢及缓蚀效果

较好，管系内基本无水垢，且在金属表面形成一层保护膜。但是该冷却液对人体有致癌性，污染环境严重，因此在 1972 年左右停用。

第二阶段采用自来水加 NL 型乳化防锈油的冷却液，但使用一段时间后发现该冷却液析油析皂严重，缸套表面及管系内沉积油泥，散热器性能下降，缸套穴蚀，橡胶密封圈溶胀易造成泄漏且成本较高，故已停止使用。

第三阶段是在各机务段探索冷却液新配方的基础上，推广 1 号、2 号硅系复合缓蚀剂，初步试验结果良好，水系内清洁，缸套穴蚀大大减少，且成本降低。但是还存在对焊锡及铝质水泵的电化腐蚀问题，有待于进一步探索。

2. 设置冷却水循环的原因

设置冷却水循环，是因为：燃油在气缸内燃烧，使柴油机内部与高温燃气接触的零部件强烈受热，如果不对受热零部件进行冷却，则高温将使零部件机械强度降低；机油过早老化变质，压力下降，润滑条件恶化，零部件摩擦和磨损加剧；活塞头部胀大，活塞环传热困难；活塞环槽结胶，活塞顶面发生热裂或烧损，甚至产生拉缸；空气充量系数降低，进气量减少等。所以，必须对柴油机进行冷却。但也不宜冷却过度，否则将增加散热损失，使混合气的形成条件变差，燃烧"粗暴"，机油黏度过大，柴油机机械效率降低，各零部件冲击及噪声增大；在燃用高硫分柴油时，还会使气缸壁产生腐蚀、磨损等。所以对柴油机要进行适当冷却，控制最佳的冷却液温度。

3. 16V240ZJB 型柴油机冷却水的特点

16V240ZJB 型柴油机采用 2 号硅系复合缓蚀剂、去离子水（包括去离子交换水、电渗析法预处理后再经离子交换的水及蒸馏水等）配制的冷却液。

在机车使用过程中，不允许添加不含 2 号硅系复合缓蚀剂的自来水或其他水质。如果迫不得已补充了这类冷却水，机车到机务段后应及时检验水质和补充药剂或更换冷却水。通常在机车辅修及小修时检验水质。应在柴油机运转时取水样，打开高温散热器放气塞门，取 0.5 kg 的水作为样品。冷却水系统如图 8-1 所示。

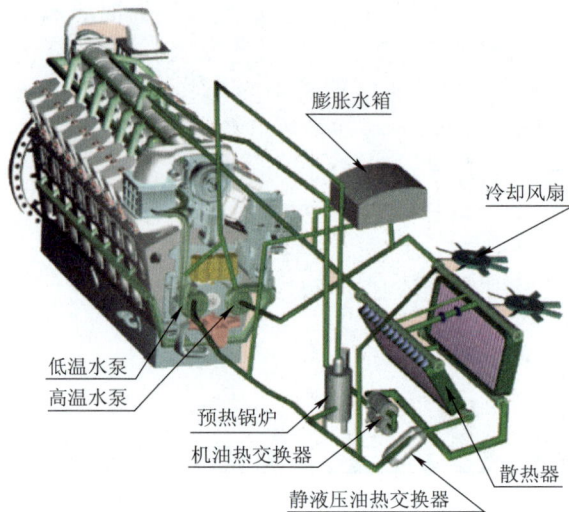

图 8-1 冷却水系统

4. 常温、开式循环冷却

内燃机车柴油机的冷却水系统通常有两种形式：常温、开式循环冷却系统和高温、闭式循环冷却系统。常温、开式循环冷却系统使循环冷却水管与大气相通，为了使循环水不出现汽化现象，其最高工作水温应低于 100 ℃，并且还应留有一定余地。16V240ZJB 型柴油机采用这种冷却形式。

5. DF₄B 型机车冷却水系统的组成

　　DF₄B 型机车的冷却水系统为常温、开式循环冷却系统，它主要由高、低温冷却水泵，膨胀水箱，冷却风扇，散热器及各种阀门，仪表，管路等组成。图 8-2 是 16V240ZJB 型柴油机冷却水系统的组成。

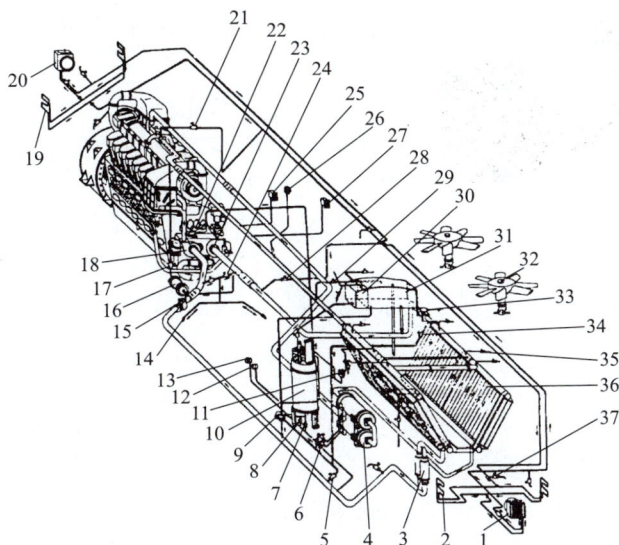

1—司机室热风机；2—司机室暖水管；3—静液压油热交换器；4—机油热交换器；5—预热锅炉进水截止阀；6—机油热交换器放水阀；7—预热锅炉排污塞门；8—放水塞门；9—预热锅炉循环水泵组；10—预热锅炉；11—预热锅炉水温继电器；12—预热锅炉出口水压表；13—预热锅炉进口水温表；14—上（或排）水阀；15—逆止阀；16—燃油预热器；17—截止阀；18—低温冷却水泵；19—司机室暖水管；20—司机室热风机；21—截止阀；22—预热锅炉出水截止阀；23—高温冷却水泵；24—上水（或排水）截止阀；25—司机室出口水温表；26—柴油机出口水温继电器；27—司机室出口水温表；28—截止阀；29—放气截止阀；30—预热锅炉燃油箱；31—膨胀水箱；32—冷却风扇；33—逆止阀；34—预热锅炉进水截止阀；35—放气塞门；36—散热器；37—放水阀。

图 8-2　DF₄B 型机车冷却水系统的组成

（1）冷却水泵

　　16V240ZJB 型柴油机采用离心式水泵。离心式水泵具有结构简单、工作可靠、压头与流量均能满足需要等优点。水泵叶轮高速旋转，使从芯部进入的水被叶轮带动旋转而获得动能，水被离心甩到叶轮外缘，并以一定方向及流速冲入蜗壳流道，水流在变截面的蜗壳流道内逐渐减速，一部分动能逐渐转化为压力能，提高压力而进入循环水管。同时，由于叶轮芯部的水被离心甩出，进水道内形成局部真空，使冷却水从吸水口不断被抽吸而进入叶轮芯部。

　　高、低温冷却水泵安装在泵支承箱的上部，它们由曲轴的泵传动主动齿轮驱动。高、低温冷却水泵均由叶轮、蜗壳、吸水盖、水泵体、水泵轴、驱动齿轮、油封和水封装置等组成。两个水泵除了叶轮、泵体和吸水盖的几何尺寸不同外，其他零部件均相同。

蜗壳由铸铁整体铸成，它的两端分别与吸水盖、泵体用双头螺栓连接在一起。水泵轴由钢制成。水泵轴的一端装有驱动齿轮，另一端安装水泵叶轮。

水泵叶轮为灰铸铁。叶轮用键传动并借盖形螺母（左螺纹）和止动垫压紧防松。7 个叶片均匀分布在叶轮壁上，在叶轮壁上还设有平衡水孔，以减小水压对叶轮的轴向力。

图 8-3　离心式水泵实物图

水泵轴支承在 3 个滚轮轴承上，在靠近齿轮一端的泵体处装有滚动轴承，靠近叶轮一端的泵体处装有 2 个滚动轴承。齿轮和两端的轴承由泵体凸肩、中间套筒及轴端螺母紧固定位。靠近蜗壳的轴承座处设密封环，以使水泵叶轮后部的泄水腔与轴承油腔隔离。

为了进一步阻止叶轮后部的水沿轴向流到水泵泄水腔，在蜗壳后部设有水封装置。图 8-3 是离心式水泵实物图。

（2）水箱

为了使系统的冷却水有热胀冷缩的余地，并为日常添水、加入缓蚀剂及管路内微量泄漏的冷却水能不断得到补充等目的，在冷却系统的最高处——机车动力室后墙上部装有膨胀水箱。膨胀水箱由钢板焊接而成，其左侧隔出一间作为预热锅炉的燃油箱。膨胀水箱上连通排气管、补水管、通气管和溢水管。溢水管插入水箱内的高度决定了最高水位。膨胀水箱的前面装有玻璃水表，运用时的正常水位应为水表的三分之二及以上，最低水位一般距表底不低于 30 mm。

（3）冷却室

冷却室位于动力室与二端司机室之间。在冷却室内装有整体吊装的 V 形散热装置，其上方装有 2 个规格相同的冷却风扇，其下方装有静液压油箱、静液压变速箱、牵引电动机通风机、2 个卧置串联的机油热交换器、2 个直立并联的静液压油热交换器、机油粗滤器及有关油、水管路。机车车体两侧设有侧百叶窗，上面一排为自动百叶窗，其开关由静液压系统的温度控制阀控制；下面一排为手动百叶窗，根据需要由人工操纵。冷却室的顶部设有顶百叶窗，借叶片自重关闭，在冷却风扇工作时由空气压力开启。

试验表明，柴油机高温水约带走总发热量的 10%～11.4%，中冷器冷却水约带走总热量的 6%，机油及静液压工作油约带走总热量的 5.2%～8%，这些热量均需通过散热装置进行散热冷却。

散热器采用水与空气热交换的形式，而不是采用油与空气热交换的形式，这是因为后者传热系数低，所需要的散热面积大，消耗冷却风扇功率多。所以即使在机油系统中也是采用油与水热交换的形式，而不是采用油与空气热交换的形式。

散热装置主要由散热器、冷却风扇、顶百叶窗及作为安装基础的钢结构框架组成。两个冷却水系统的散热器分置于装置的前、后部，前部安装高温散热器，左、右各 12 组（24 个单节），后部安装低温散热器，左、右各 16 组（32 个单节）。在前部左、右下集流管之间设置连接管，连接管上设有放水管和放水塞门。在后部左、右上集流管之间设置连接管、放气管及放气塞门。图 8-4 是冷却室布置图。

钢结构框架上部有 2 个风扇导流筒，导流筒内安装静液压马达，冷却风扇安装在马达上。左、右各 28 个散热器组以 50°夹角斜置于钢结构框架上。上、下集流管与散热器上、

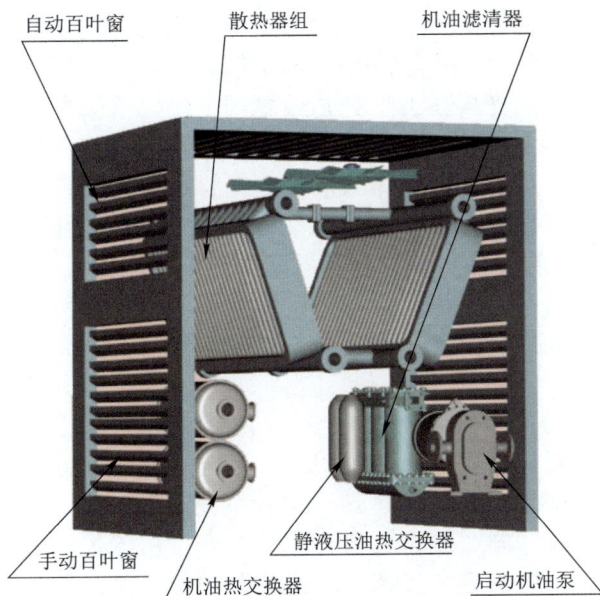

图 8-4　冷却间布置示意图

下端的连接箱紧固，并在接触面之间用橡胶圈密封。为了保证由风扇抽吸的气流集中流过各散热器组，冷却装置的底面及两端面采用封闭结构。在钢结构框架前、后端面设有玻璃观察孔，可观察风扇及静液压马达的运转情况。在冷却装置底部设有 2 扇小门，必要时可进入内部作业。

（4）冷却风扇

冷却风扇为加强散热器通风冷却而设，可提高流经散热器的空气流速，增大散热器的传热系数，减少散热面积，并保持机车温度在一定范围内。图 8-5 是冷却风扇的示意图。

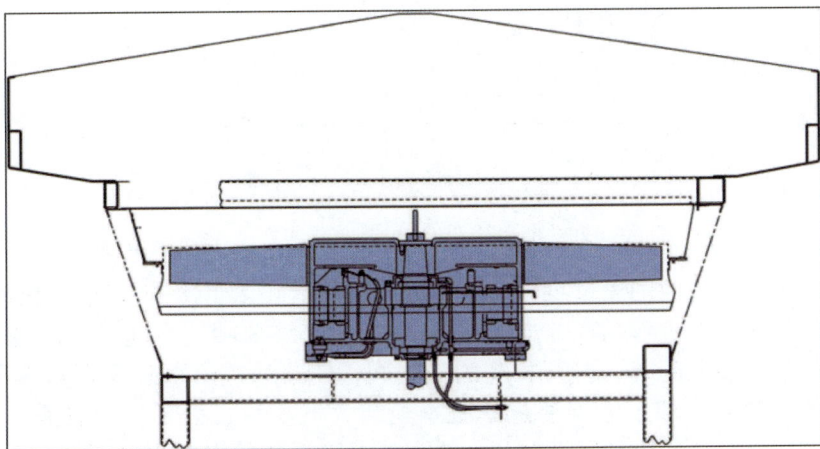

图 8-5　冷却风扇的示意图

（5）散热器组

散热器冷却单节采用管片式结构。散热器组由上下铸钢连接箱、紫铜管板、散热片及扁铜散热器等组成。散热管呈棋盘形布置，沿空气流动方向布置扁铜管。在每半组散热器的四角各有 1 根支撑管，支撑管的规格与散热管相同。每个散热器组共有 68 根散热管，它们伸出管板外，支撑管焊在上下补强板之间，用以增强散热器的刚度。散热片由紫铜片制成，每片包容 34 根散热管，经冲压后穿在散热管和支撑管上。为了增加空气流动的紊流程度，提高传热系数，在强化散热片上交错冲出许多菱形小孔。散热片与散热管采用铅锡热熔焊接，每组散热管焊有 980 片散热片。为增加管板的刚度，散热器采用铜铆钉将补强板与管板紧固在一起。侧护板布置于散热器的两侧，并插入散热片的缺口内，使散热片不易撞坏及折角。上、下连接箱用锌铜焊料与管板相互焊接，连接箱与管板之间形成散热器的上、下水腔。在连接箱安装法兰上有 2 个安装孔，由双头螺栓将集流管和连接箱紧固。

（6）机车散热装置的工作原理

在柴油机工作时，高、低温冷却水分别进入各自的散热器组。水流在散热器水管内自上而下或自下而上流动，当两系统达到一定的温度时，在水、油管路上的温度控制阀动作，冷却风扇开始转动，同时侧百叶窗也随之打开。由于风扇的抽吸作用，外界空气从车体侧百叶窗吸入，并以一定的流速横向通过散热器单节，使水流与空气流呈垂直交叉流动，气流经冷却风扇从顶百叶窗排入大气。在这个过程中，冷却水流将热量传给散热器，再由散热器把热量传给空气，因此冷却水的温度下降，空气的温度上升，从而将冷却水的一部分热量散入大气。图 8-6 是冷却室空气流向图。

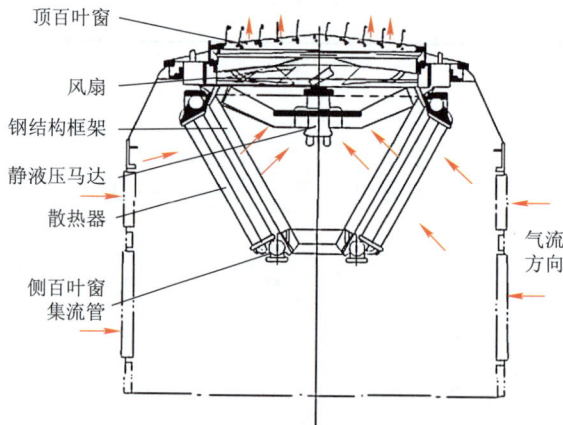

图 8-6　冷却室空气流向图

6. 高温水系统

在柴油机工作时，曲轴通过泵传动装置带动水泵运转，将冷却水送入柴油机气缸套、气缸盖和前后增压器内进行循环冷却，其工作水温为 65~80 ℃，一般称为高温水系统。

冬季司机室需要取暖时，打开相应的截止阀，使柴油机出水总管中的热水沿取暖管路进入热风机放热。冷却水系统通过膨胀水箱与大气相通，为了不使管系中的水汽化、蒸发而积聚在死角，造成机件局部过热，要求高温水系统的出口水温不超过 88 ℃。一旦水温超过 88 ℃，则由水温继电器控制，柴油机自动卸载。在司机操纵台上还设有高温出水口的水温表，便于随时监控水温变化。为了提高柴油机的机械效率，同时又不使各受热机件温度过分上升，高温水系统的进口水温应控制在 70~78 ℃。柴油机不宜在高水温下停机，因为机器内各机件散热条件的恶化，会引起各机件局部过热及机油加速老化，因此要求在高温冷却水降到 60 ℃ 以下才停机。图 8-7 是高温冷却水循环通路。

(a) 实物图

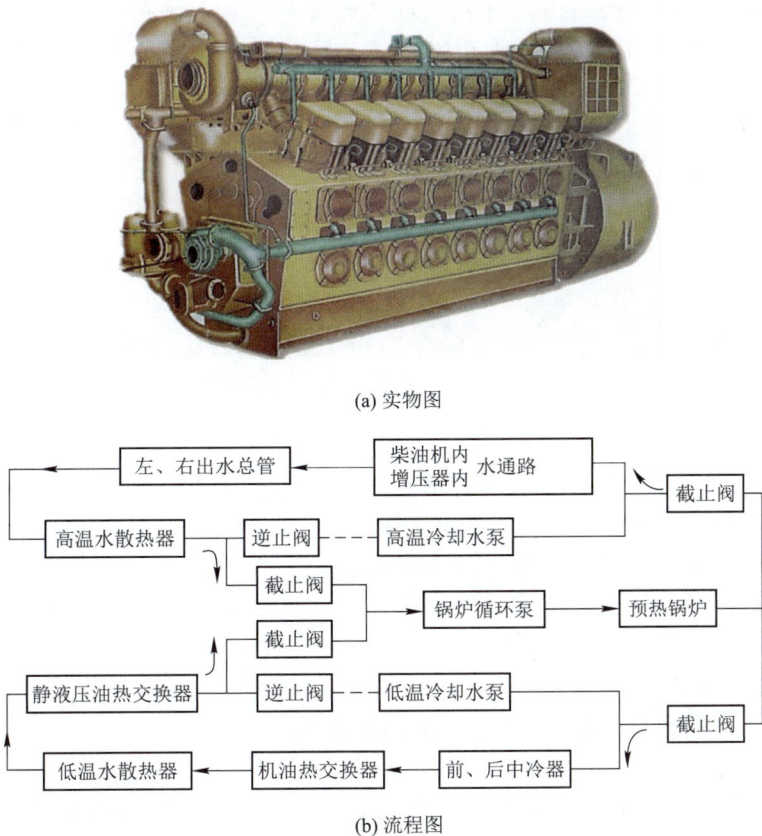

(b) 流程图

图 8-7　高温冷却水循环通路

7. 低温水系统

为了增加气缸内的空气充量，增压空气也用水冷却，水温为 40~60 ℃，一般称为低温水系统或中冷水系统。考虑到机车上散热器的布置，使高、低温水系统的散热量基本平衡，将机油热交换器、静液压油热交换器等串联在低温水系统中，这也为机油的散热创造了良好条件，有利于提高柴油机的可靠性。

为了增大柴油机功率及降低排气温度，对低温水系统的工作水温也有所限制，在标准状态下中冷器的进口水温不高于 45 ℃，在最高环境气温 40 ℃ 时进口水温不超过 64 ℃。图 8-8 是低温冷却水循环通路。

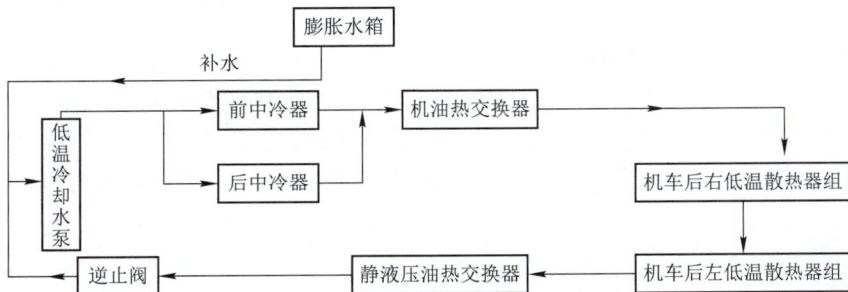

图 8-8　低温冷却水循环通路

少量补水可以从膨胀水箱顶部的加水口注入，大量上水则由上水设备在车架下部两侧的上水阀处加入。此时应打开散热器上部的放气塞门和上水截止阀，以排净系统内的空气，到适量水位时关闭上水截止阀和塞门。

当柴油机需要彻底排水时，应将冷却水管路上的放气塞门、排水截止阀、机油热交换器的放水阀、预热锅炉的放水塞门、高低温冷却水泵的放水堵和涡轮增压器的放水堵打开。

任务 8.2 高温、闭式循环冷却

1. 高温、闭式循环冷却简介

高温、闭式循环冷却的水管系为封闭式，在最高水位处作用高于一个大气压的压力空气，在这种条件下的水沸点通常为 120~140 ℃，因此冷却水能在超过 100 ℃ 的条件下工作。当高温、闭式循环的冷却水在机车散热器中降温时，因为与大气有较大温差，所以有较佳的散热效果。所以，高温、闭式循环冷却是解决机车冷却系统散热能力不足的一个有效途径。

内燃机车柴油机冷却水采用经过净化的软水，以减少结垢、电化腐蚀及气泡穴蚀等问题，同时还可提高散热效果和延长机件的工作寿命。

2. HX$_N$5 型机车冷却水系统

HX$_N$5 型机车冷却水系统主要由水泵和相关管路等组成。冷却水系统属于高温、闭式循环冷却水系统，水管系为封闭式。通常，柴油机的最高工作水温为 110~130 ℃，所作用的绝对气压为 205~345 kPa。但是随着水温增高，机油温度也有所提高，同时气缸套和气缸盖等处的橡胶密封圈容易老化失效，因而必须采用黏度稍大的机油、适当的零件配合间隙及耐高温的橡胶密封圈。

GEVO16 型柴油机设有一台水泵，担负着输送柴油机的冷却水和机油的冷却水功能。其中柴油机冷却水的流向是：高温水从柴油机出水总管经机车管路进入主散热器，进行冷却后分成两路，一路直接经柴油机水泵进入柴油机，另一路通过管路进入子散热器进行冷却后再次分成两路。其中一路经四通换向阀进入机油冷却器，对机油冷却后进入柴油机水泵，另一路再经子散热器进一步冷却后经由四通换向阀进入柴油机中冷器，然后进入柴油机水泵。经水泵提升压力后，冷却水进入柴油机冷却系统。冷却水流道如图 8-9 所示。

从水泵出来的冷却水流经前端盖组件后分成两路：一路进入机体 V 形角内的纵向冷却水腔，由机体各个气缸的出水口经加强套流入气缸水套，然后再向上去冷却气缸盖，最后由各个气缸盖上部的出水口过渡接管汇入柴油机出水总管；另一路进入增压器，对增压器进行冷却后进入柴油机出水总管，然后返回发动机冷却系统。冷却水系统通路如图 8-10 所示。

水泵向柴油机输送一定流量和压力的冷却水，对柴油机进行强制冷却，以便带走由于柴油机摩擦和燃烧所产生的热量。

水泵安装在柴油机的前端盖上，由曲轴前端齿轮驱动。GEVO16 型柴油机水泵为单

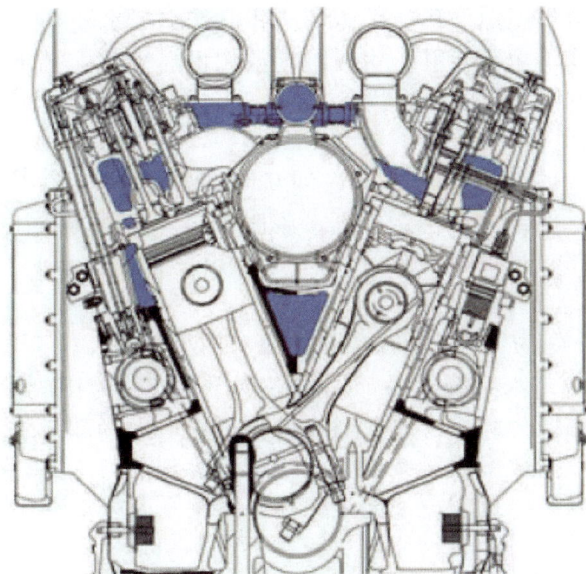

图 8-9　冷却水流道

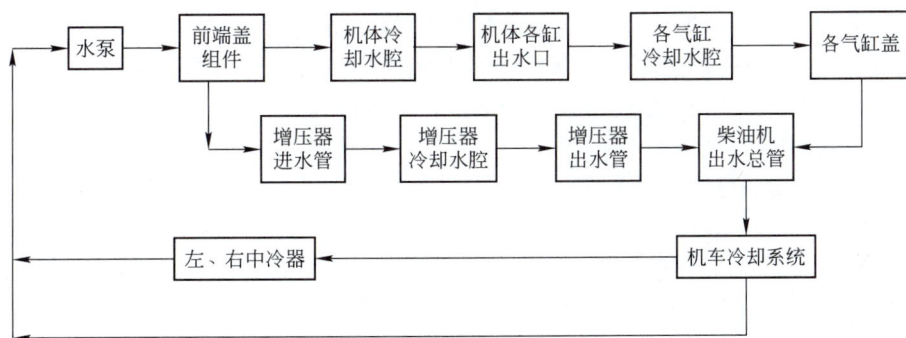

图 8-10　冷却水系统通路

吸、单级、闭式低压离心泵。离心式水泵结构简单、工作可靠，可满足柴油机对冷却水压力和流量的要求，它主要由叶轮、泵体、蜗壳、轴、轴承、齿轮、油封和水封等组成。图 8-11 是水泵实物图。

　　水泵叶轮采用的是双扭后弯叶片，可以使水流在叶片通道中各截面处的流速一致并符合设计要求。水泵采用泵体和蜗壳分开的结构，分别加工后再用定位凸台定位，通过螺栓连接。该泵体具有结构简单、加工方便、检测容易、工艺性能好等优点。在泵体上部（吊环方向）有一个集油小孔，用以收集润滑油，多余的润滑油从泵体下部的水平钻孔流回曲轴箱。水泵轴由合金钢制成，一端装有传动齿轮，另一端安装水泵叶轮。水

图 8-11　水泵实物图

泵齿轮与轴以锥面配合，用螺母和垫片紧固，用开口销锁紧。

水泵中部的底面有一个警示孔，水或油泄漏出来后由此孔排出。根据排出的油或水的数量，可以判断油封和水封的工作状态。

3. 冷却水系统的组成

HX$_N$5型机车的冷却水系统采用加压冷却方式，它由柴油机冷却水系统及机车冷却水系统组成。机车冷却水系统主要由散热器、膨胀水箱、润滑油冷却器、流向控制阀、燃油加热器及相应的管路、阀门等组成。

4. 冷却水系统的冷却模式及循环回路

在HX$_N$5型机车中，为了优化机车的排放、功率及燃油效率，对冷却系统回路加装了流向控制阀，以控制冷却水系统的冷却模式。冷却模式分为排放模式和热机模式两种。排放模式是指冷却水系统为优化排放而对中冷器提供最大冷却能力。热机模式是指冷却水系统为优化功率和燃油效率而对柴油机提供最大冷却能力。根据冷却水的几个设置点温度、空气歧管温度及柴油机润滑油温度，机车控制系统将冷却水系统转换到排放模式或热机模式下运行。

（1）排放模式及其循环回路

为了达到柴油机排放标准，需要机车精确监测和控制歧管空气温度，因此在排放模式，从散热器出来的最低温度的冷却水被输往安装于柴油机前部的中冷器以调节进气歧管空气温度。当需要提高柴油机功率时，因为涡轮增压器压缩了更多的空气，歧管空气温度升高。从燃油效率方面考虑，这是有益的，但对排放不利。因此，冷却水系统必须降低歧管空气温度以保证符合排放标准。当柴油机惰转时，较低的歧管空气温度并不是最佳工况。在惰转或低挡位工况条件下，水温有助于提高歧管空气温度，以取得更高的燃油效率。

综上所述，对机车及环境来说，歧管空气温度有不同的值。机车惰转时高歧管空气温度最佳。当机车加载时，低歧管空气温度将降低排放，改变燃烧特性以达到功率的最优化。

一台单级离心式水泵由柴油机曲轴通过齿轮直接驱动。从柴油机冷却水泵出来的冷却水进入柴油机，对柴油机冷却后，一部分水直接回到水泵前再次进入柴油机循环，另一部分水则进入主散热器，从主散热器出来的冷却水进入子散热器1。经过子散热器1进一步冷却后，一部分水通过管路、流向选择阀进入燃油加热器及润滑油冷却器，然后进入水泵；一部分水进入子散热器2，得到进一步冷却的冷却水用来冷却流过两台柴油机中冷器的增压空气，降低流过中冷器的空气（也称为柴油机燃烧空气或进气空气）的温度，从而降低柴油机排放和增强涡轮增压器的喘振极限。

在空气滤清器箱上方装有两个膨胀水箱，膨胀水箱提供散热器的排气、冷却水的膨胀和柴油机冷却水系统的补水。当柴油机停机时，散热器中的水将排回水箱。

由两台90 kW交流电动机驱动的冷却风扇给散热器提供冷却。柴油机水温由安装在柴油机进水管路中的水温传感器传送，并通过改变两台冷却风扇的转速和百叶窗的开关来控制。柴油机进水温度传感器也用于监测机车在隧道中运行和其他异常高温环境下运行的水温。如果柴油机水温太高，达到110 ℃，柴油机将降低功率。如果水温继续上升，达到115.6 ℃，则柴油机将怠速运行。图8-12是排放模式的工作回路。

（2）热机模式及其循环回路

热机模式将最低温度冷却水输送至润滑油冷却器，以防止柴油机过热。在这种模式下最低温度的水快速冷却柴油机润滑油，润滑油温度越低，柴油机部件冷却越快。

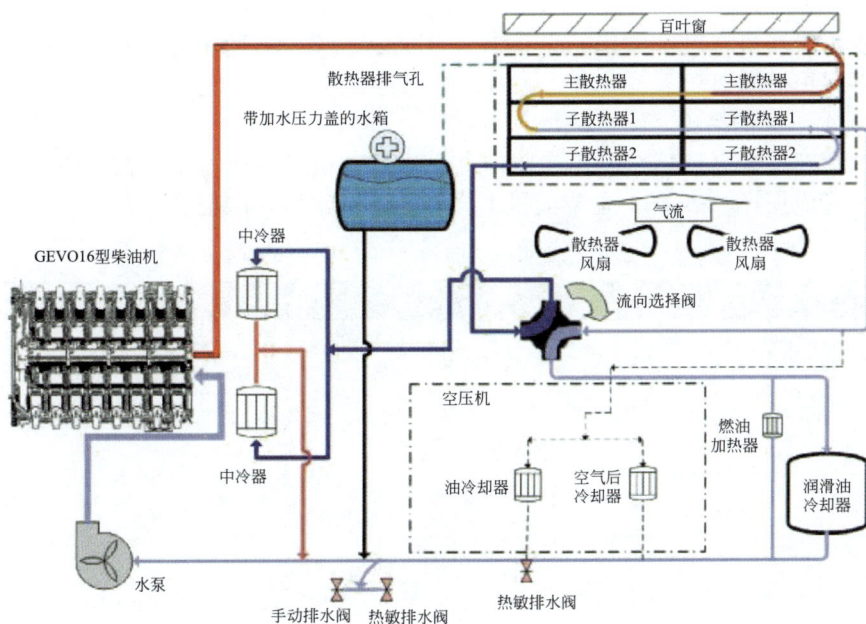

图 8-12　排放模式的工作回路

热机模式的工作回路如图 8-13 所示，从子散热器 1 出来的冷却水通过流向选择阀进入了柴油机中冷器，而从子散热器 2 出来的最低温度冷却水通过流向选择阀进入了燃油加热器及润滑油冷却器，从而达到对润滑油强劲冷却的目的，保护热机模式下的柴油机安全运行。

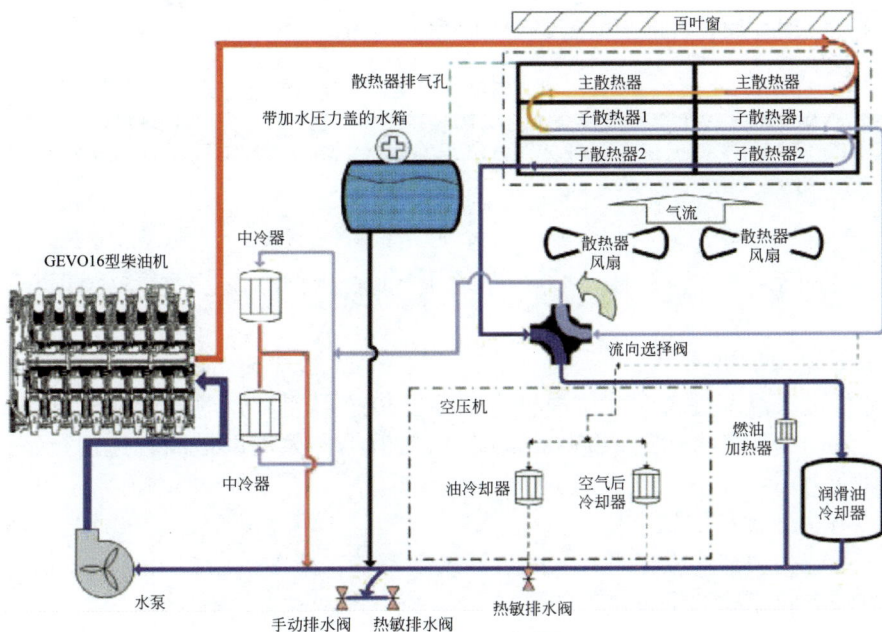

图 8-13　热机模式的工作回路

5. 冷却水系统的保护措施

为了防止柴油机在极端的运行范围或非正常运行条件下损坏，特别针对冷却水系统设置了以下保护措施。

（1）低水压保护措施

柴油机管理系统（EMS）利用水压信息（由柴油机进水压力传感器提供），防止低水压对柴油机造成损坏。表 8-1 是柴油机不同转速下的水压极限值。

表 8-1　柴油机不同转速下的水压极限值

柴油机转速（r/min）	水压极限值/kPa
335	不动作
440	25.72
580	37.09
888	62.05
925	65.08
995	70.74
1 050	75.22

（2）柴油机润滑油高温保护措施

当柴油机进口润滑油温度过高（由柴油机润滑油进口温度传感器测量）时，降低柴油机进水温度有助于冷却润滑油和柴油机。如果润滑油进口温度大于 88 ℃，柴油机管理系统会逐渐提高柴油机转速以增加从润滑油向冷却水的热量传递。如果柴油机进口水温高于 91 ℃，柴油机管理系统将调整其总功率，防止润滑油过热。如果进口水温长时间（24 小时持续 8 挡）超过 85 ℃，则进口水温设定值要降低到 85 ℃，以确保润滑油获得充分冷却。表 8-2 是柴油机润滑油进口温度设定值超温对策。

表 8-2　柴油机润滑油进口温度设定值超温对策

柴油机润滑油进口温度/℃	柴油机转速（r/min）	柴油机总功率
低于 88 ℃	正常	正常
88~91 ℃	按比例递增（由柴油机管理系统控制）	正常
高于 91 ℃	按比例递增（由柴油机管理系统控制）	降低总功率

（3）高水温保护措施

当柴油机进水温度过高（由柴油机进水温度传感器测量）时，柴油机有功功率会降低。同时，发动机转速将达到 1 050 r/min，以使散热器风扇以最高转速运行，达到尽可能大的冷却能力。

（4）冷却失效保护措施

冷却水系统相关部件故障时，如散热器风扇不转，柴油机会被限制在 2 挡以下运行，这种措施可预先防止柴油机过热。

6. 冷却水系统的主要部件

（1）膨胀水箱

HX$_N$5 型机车上安装了两个膨胀水箱，水箱总容量为 1 125 L，整个冷却水系统容量为

1 550 L。膨胀水箱安装于冷却间与散热器总成邻近的位置。水箱内部的水位高于柴油机水泵的吸水口位置，通过补水管路可以随时补充由于冷却水的泄漏、汽化而减少的水。由于水箱内的水位低于散热器的水位，所以柴油机停机后散热器内部的冷却水全部流回水箱，这样可起到减少散热、保温的作用，并且在寒冷季节起到防止散热器冻坏的作用。膨胀水箱还对冷却水系统的热胀冷缩起到调节作用。

在膨胀水箱的端部装有一个水位表，可以随时显示水箱内部的水位。在水箱上部安装有压力/真空安全阀。当系统大量补水时，可以打开压力/真空安全阀用作上水口。膨胀水箱的外形如图 8-14 所示。

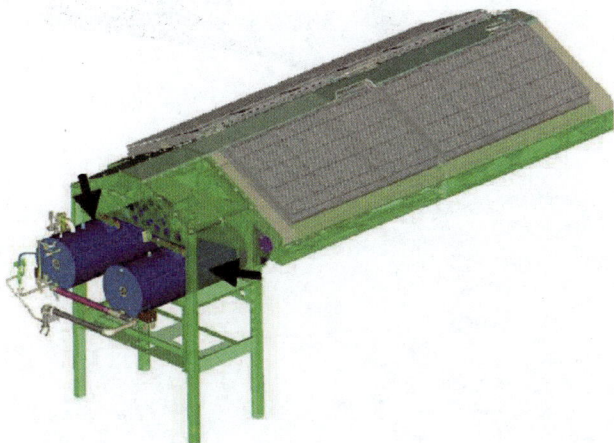

图 8-14　膨胀水箱的外形

（2）散热器

内燃机车用散热器结构性能的好坏，不仅影响到内燃机车的冷却效果，而且关系到冷却室的结构和机车的总体布置。HX_N5 型机车上安装的散热器为机械胀接式铜散热器，共有两个，一个安装在冷却室左侧，另一个安装在冷却室右侧。每个散热器由第一流程（主散热器）、第二流程（子散热器 1）和第三流程（子散热器 2）组成，中间通过空气间隙隔开。散热器以 27.5°的夹角装在冷却室顶部。柴油机停机时，散热器中的水由于重力作用自动流回膨胀水箱。

（3）冷却风扇电机组

冷却风扇的作用是强迫空气通过散热器以冷却散热器中的冷却水。机车有两个冷却风扇组件。每个风扇组件由一台交流电动机和一个直径为 1 829 mm 的风扇叶轮组成。每台冷却风扇电动机由一个固态调节器控制，用于控制风扇转速（关、1/4、1/2 或全速）。冷却风扇的外形如图 8-15 所示。

冷却风扇的速度随着柴油机润滑油进口温度（由润滑油进口温度传感器测量）和流量信号的改变而改变。安装在智能显示器上的软件将确定需要开启几个风扇及其运行速度。另外，流量信号和润滑油进口温度是确定风扇转速所必需的输入信息。

（4）顶百叶窗

散热器的顶百叶窗用于调节流向散热器的空气流量。在周围环境温度较低时，顶百叶窗阻止自由对流的气流通过散热器，以获得理想的柴油机冷却水温，避免散热器管内的水冻结。在低环境温度下，机车惰转时，散热器风扇不工作。顶百叶窗如图 8-16 所示。

百叶窗叶片由轴承衬套支持，叶片组通过与联动气缸相连的控制杆机构驱动。格栅

图 8-15　冷却风扇的外形

图 8-16　顶百叶窗

（栅网/滤网）装在百叶窗装配的外面，以防止碎片掉在百叶窗的叶片上。百叶窗提供了手动操作机构，以方便百叶窗的手动操作。

顶百叶窗的开启主要由柴油机进水温度控制，传感器将监测到的柴油机进水温度传给 DS3，以便确定顶百叶窗是打开还是关闭。在与顶百叶窗相连的管路上装有气动控制阀，两个电磁阀控制流向气动控制阀的空气。这两个电磁阀通常情况下是开启的，因此顶百叶窗处于开启位置。这样设计是为了防止损坏散热器和冷却水系统。

（5）流向选择阀

为了使冷却水系统能够在排放模式和热机模式下转换，设置了流向选择阀，用于控制系统中冷却水的流向。在排放模式下，流向选择阀控制最低温度的冷却水流向安装在柴油机上的中冷器，这样可以降低进气歧管空气温度，有利于排放控制。在热机模式下，流向选择阀控制最低温度的冷却水流向油冷却器，有助于快速冷却润滑油，从而降低柴油机温度。图 8-17 是流向选择阀的工作原理图。

流向选择阀（添加手柄后）的外形如图 8-18 所示，内部结构如图 8-19 所示。

（6）排水阀

HX_N5 型机车上设有自动排水阀和手动排水阀。自动排水阀的作用是保护柴油机冷却水系统，防止冷却水冻结。如果温度降到 4.4 ℃，且在柴油机自动启动系统故障、固定电源故障或操作人员启动系统故障等原因而不能工作时，柴油机冷却水将自动排至排污箱。

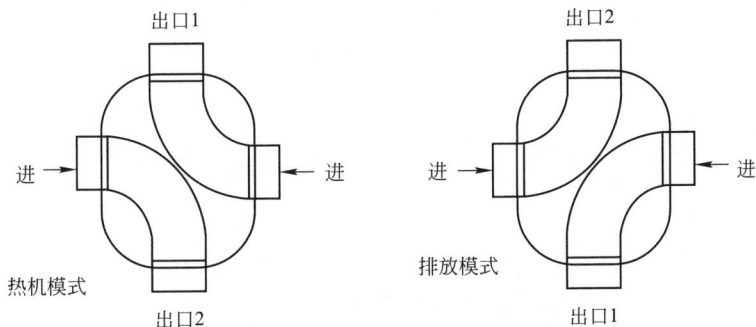

图 8-17　流向选择阀的工作原理图

出口1　出口2　进　进　热机模式　出口2

出口2　进　进　排放模式　出口1

图 8-18　流向选择阀的外形

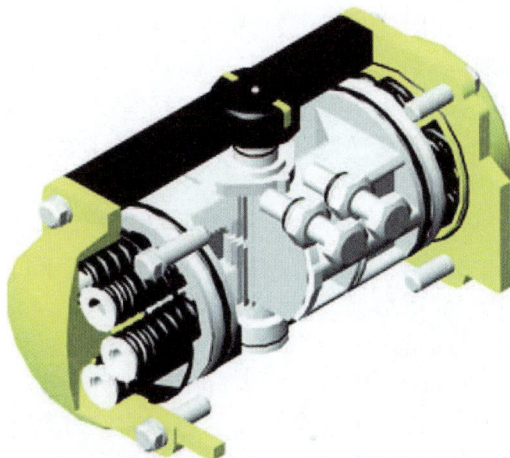

图 8-19　流向选择阀内部结构

自动排水阀的工作原理是利用热敏元件的热胀冷缩来控制阀上的一个弹簧承载活塞运动，从而达到自动排水功能。自动排水阀的结构如图 8-20 所示。手动排水阀是用人工将冷却水系统中的水排掉。自动排水阀和手动排水阀一起安装在设备安装架上，位于机车的冷却室与散热器室之间。排水阀安装如图 8-21 所示。

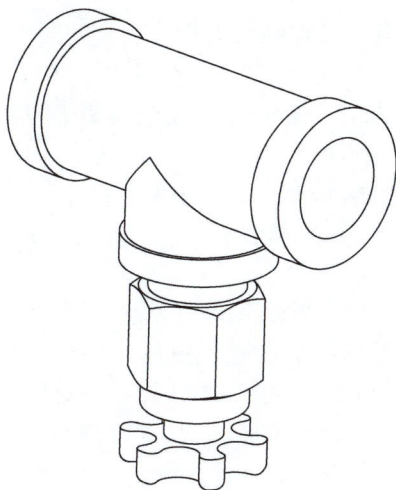

图 8-20　自动排水阀的结构

图 8-21　排水阀安装

任务 8.3 柴油机冷却水系统常见故障处理方法

冷却水的充分供应及保持一定的工作温度，对柴油机的经济性及耐久性有很大影响。在机车运用过程中，对冷却水系统的主要保养工作如下。

①经常注意膨胀水箱的水位，应特别注意虚水位。

②拧开空气稳压箱排污阀，检验空气通道中的油、水情况。

③甩车时应检验气缸内油、水积聚量，如大量喷水，则应进行细致检查，以防发生水锤破坏。柴油机停机较长时间再启动时，应重新进行甩车检查。

④气缸盖进水管外密封垫圈易漏水，应经常检查。

⑤注意热交换器有无油、水互掺现象，检查压环小孔有无油、水漏出，油底壳及水箱中有无油、水痕迹。

⑥散热器表面经常保持清洁，在运用中防止散热片撞坏和折角，以免影响散热效果。

⑦允许水泵泄水腔管接头在额定转速下每分钟漏水5滴，若滴水太多，需检查水封。

⑧在规定水温下启动、加载和停机。经常检查柴油机的出口水温、机油温度及冷却风扇的转动情况。

⑨操纵时，应尽量减小负荷波动幅度，如无紧急情况，严禁动用紧急停车按钮。

机车运行时出现水温高的原因有：环境温度过高；水位过低，冷却水量不足；静液压系统故障；冷却风扇不转或转速太低；散热器单节过脏或散热管、片脱焊；柴油机燃烧不良；柴油机超负荷运转时间过长；水温表不准确。

机车长期停机存放时，须将管路存水排尽，以免管道冻裂，同时应关闭百叶窗，挂上保温被。

1. 出水总管法兰紧固螺栓松动漏水

事由：2010年3月13日，DF$_{8B}$型0199机车，牵引11077次货物列车，运行在兰新线柳园至哈密区段的柳园至小泉东间。车上机组人员发现柴油机右侧出水总管法兰处漏水严重，水箱水位迅速下降，回主手柄后，检查水箱无水位显示。该车立即停在K1066+057 m处，柴油机停机。与段技术支助热线"110"联系，按专业技术员指导处理无效，请求救援。区间停车为5时02分，经救援于6时37分开车，区间总停时95 min。

分析：该台机车返回段内后，经检查，为柴油机出水总管（靠自由端右侧上端）的三角法兰漏水，其原因是法兰紧固螺钉松动（没有滑扣），法兰垫良好。运行中若发现及时，采取措施紧固松动的螺钉，此故障是可避免的。

预防措施：机车出段前技术检查时应将柴油机水、油各管路接口（法兰）作为重点检查对象，其方法为目视加手摸和锤检。目视的方法是根据漏水水迹（白色）判断，手摸是对目视故障后的确认；锤检是对目视不易发现的部件进行动态检查，其主要检查对象是各管路接口及法兰接口的螺母，确认是否松动。锤检分轻、重、缓三种，水、油管路的接口与法兰螺栓均为带压力的部件，应采取轻、缓锤检的方法。

机车运行中，发现水、油管路接口（法兰）泄漏时，应用紧固工具，按工艺要求，轻带慢紧，使泄漏位置停止或减缓泄漏，视情况维持机车运行至前方站或目的站，尽可能避免机车途停堵塞正线的情况发生。

2. 管路内存有空气

事由： 2010 年 7 月 5 日，DF_{4B} 型 7273 机车，机车段内检查水位正常，哈密开车（单机）后，巡视机械间时发现水箱水位有所下降。经检查，将冷却间排气阀打开，排出大量空气，水箱水位下降至 2/3。运行到柳树泉站，牵引 81053 次货物列车，机车加载满负荷运行，水箱水位下降至 1/2。检查柴油机外循环水管路无漏水。与段技术支助热线"110"联系，得知此台机车因高温水泵问题，刚刚进行临修，重新补（加）水，运行到鄯善站，水箱水位下降至 1/3，入段（折返点）更换机车。

分析： 该台机车属于机车虚水位故障。在机车运行中，水循环系统虚水位故障一般发生在需要放水再重新补水时，因为在对设备进行更换或补修时需进行管路排水（如该台机车因高温水泵故障需更换时），因而充进了大量空气。重新补水时，管路内的空气排出受阻，从而造成水箱呈现虚水位的现象。

预防措施： 在机车出段前或继乘站接班时，可通过机车运行日志了解、掌握机车之前的运行情况。当水循环系统（高温水泵）发生故障更换时，应着重对该系统进行检查。其检查方法是：打开冷却水循环系统的排气阀，如有大量空气排出，水箱水位为虚水位，这样的排气有时可持续 30 min，在排气的同时，水箱水位会缓慢下降。因为空气是能被压缩的，机车水循环系统为低压水系统（低温水系统的压力为 250 kPa 左右，高温水系统的压力为 350 kPa 左右），而机车上（补）水设备的压力均在 500 kPa 或以上。在上（补）水管路内的空气是不易被排净的，未排出的空气被压缩在管路内，占用了一定的空间而形成"虚水位"，而上（补）水标识是以水箱溢水为满位。当柴油机启机运行时，在水泵的驱动下，水管路的空气会逐渐移动至水箱，经水箱通气口排向大气。若该台机车初始加载就处于高负载，水箱就会出现窜水、溢水现象，使水管路系统出现缺水故障。而该台机车初始是单机，负载较小，未发生窜水、溢水现象，因此水位在逐渐下降，到柳树泉站挂车后，能牵引列车维持运行到鄯善站换车。对于该类故障，最好的检查与判断方法就是排气检查法。

3. 温控阀卡滞水温高卸载

事由： 2011 年 1 月，DF 型 5270 机车，牵引 83152 次货物列车，运行在兰新线哈密至柳园的山口至思甜间。微机屏显示Ⅱ号冷却风扇转速为"0"、水温为 88 ℃、柴油机卸载，于 3 时 34 分停在 K1215+31 m 处。将温控阀顶死，效果不佳，于 3 时 40 分开车，3 时 59 分在思甜站停车，水温再次上升至 86 ℃。与段技术支助热线"110"联系，说明故障情况，按其指导要求准备换车时，又对温控阀进行松动再拧紧处理后，效果良好，于 4 时 14 分开车。区间总停时 6 min，站停总停时 15 min。

分析： 待该台机车返回段内后，通过手动调整螺钉，冷却风扇转速正常，将两个温控阀拆下，在试验台进行试验，低温恒温元件动作值为 50 ℃开始关闭、60 ℃完全关闭，高温恒温元件动作值为 57 ℃开始关闭，进行泄漏试验，高温温控阀泄漏严重。造成机车故障的主要原因是温控阀泄漏量大，恒温元件动作值偏高，冷却风扇转速偏低，司乘人员未注意温度变化，水温偏高时未及时采取调整螺钉的应急措施，在卸载停机后，温控阀未顶到位，在区间停车未处理到位的情况下，造成思甜站再次停车处理。

预防措施： 此故障属于温控阀结构性故障。该台机车在机车大修保质期内。机车运行中，当柴油机油、水温过高时，司机室操纵台微机屏会有相应显示。

机车出段前，在进行高手柄试验时，应相应检查冷却风扇的转速，观察冷却间的外侧进风量与冷却风扇的转速，即冷却风扇全速时，其顶百叶窗的叶片应在垂直位。机车运行中发生水（油）温度持续升高时，应考虑是否由温控阀失效引起，并立即改用手动控制。在进行手动调整时，应将调整阀顶死，否则将不能完全起作用；如遇阻力，应进行回旋后，再进行顺时针调整，直至拧不动为止。

复习思考题

1. 简述 DF_{4B} 型机车各种冷却水循环的通路。

2. 柴油机工作时，对于冷却水系统要注意哪几个温度值？

3. 膨胀水箱有何作用？运用中要注意什么？

4. 分析柴油机在运用中水温上升过快的原因。对冷却水系统的保养应注意哪些方面？

5. 柴油机冷却不足或过度冷却有什么不好？

6. 机车上哪些部件需要用水进行冷却？

7. 常温、开式和高温、闭式这两种冷却循环类型各有什么特点？

8. HX_N5 型机车两种模式的冷却方式有什么特点？

参 考 文 献

［1］ 李晓村．内燃机车柴油机．北京：中国铁道出版社，2008.

［2］ 北京铁路局．HX_N5 型内燃机车乘务员手册．北京：中国铁道出版社，2011.

［3］ 陈纯北．内燃机车运用典型故障案例分析．北京：中国铁道出版社，2012.

［4］ 张世芳．内燃机车柴油机．北京：中国铁道出版社，1991.

［5］ 刘达德．东风$_{4B}$型内燃机车：结构·原理·检修．北京：中国铁道出版社，1998.